명나라로 끌려간

조선 공녀
잔혹사

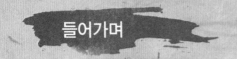

중국 명나라 시대의 역사를 기록했던 명사明史는 당시 살아있는 황
제 이야기를 기록했기 때문에 사실을 사실대로 기록하지 못하는 폐단
이 있었다. 황제의 체면을 살리기 위해 차마 낯부끄럽고 말 못할 일들
은 모두 밝히지 않고 숨겨버린 것이다. 심지어 단지 몇 구절을 적더라
도 말이 두루뭉술하여 전혀 상세하지 않고 무슨 내용인지 모를 기록
이 많았다.

역모에 의해 정권을 찬탈한 황제나 또는 선대 황제의 위대한 업적
중에 후대 황제가 나라를 다스리는 데 지장이 있는 비도덕적인 행위
가 있을 경우, 선대왕의 치적을 축소하거나 삭제하는 경우가 바로 그
러한 예라고 할 수 있다.

이와는 달리 《조선왕조실록》은 현재 재위 중인 국왕에 대한 기록이
아니라 다음 왕조에서 기록하기 때문에 사관들은 자기 왕조의 이야기
가 아니니 부담감이 없어 그 시대에도 밝히지 못할 이야기들을 여과
없이 남겨두었다. 그래서 그런지 《조선왕조실록》은 조선의 공녀들이
명나라 황제들에 의해 비와 빈 그리고 황제들의 여자로 살다가 황제가
죽으면 순장 당하는 잔혹한 기록을 그대로 적어두었을 뿐만 아니라 오
히려 더 풍부하고 상세한 이야기를 기록으로 남겨 놓았다.

게다가 명나라가 조선에 공녀와 환관을 요구한 사실은 물론 그 숫자까지를 기록하여 당시 명나라 기록에는 없는 사실들이 《조선왕조실록》을 통해 속속들이 드러났다.

　그런데 왜 《조선왕조실록》에서는 그런 수치스러운 명나라 궁궐 비사를 기록했을까 하는 의문이 든다. 어떻게 보면 비굴한 역사이자, 명나라에 대한 사대를 넘어 백성들이 분노하고 치를 떨어야 할 사건인데도 말이다.

　《조선왕조실록》은 명·청 실록과 달리 모두 국가의 군주가 죽은 후에 실록청에서 편수를 책임졌으며, 책이 나온 후에는 금궤석실에 보관하여 일반인에게 공개하지 않은 비밀문서로 보관했다. 한자로 기록한 이 위대한 책은 명나라 사람이 볼지도 모른다는 걱정이 필요 없었기 때문에 명나라의 황제의 일을 조금도 거리낌 없이 기록했다. 명조에 대한 수많은 기록을 남겼는데, 모두 비교적 사실과 일치하여 굳이 위장하려는 폐단도 없었다.

　예를 들어, 명조 전기에 조선에 환관을 보내 요청한 '공물' 중에는 두 가지가 있었는데, 그것은 유가 사상에서도 특별히 패륜적인 것으로 여겼던 사냥개와 미녀였다. 위풍당당한 명나라 황제가 환관을 보내 미녀를 선발하고 음란한 욕구를 한껏 채우려고 했던 것이다.

그러나 명조의 실록청 역사엔 이런 이야기는 회피한 채 기록하지 않았다. 하지만, 《조선왕조실록》에서는 고려뿐만 아니라 조선에 공녀를 요구해 공녀로 보내진 소녀들이 많았다고 기록하고 있으며, 이를 '처녀 수집'이란 말로 표현하고 기록했다.

이러한 기록을 근거로 살펴보건대, 《조선왕조실록》의 기록은 모두 사실인 것으로 보인다. 그 단편적인 예로 명나라 황제의 궁궐에는 엄연한 조선 국적의 많은 미녀가 출현했고, 특히 영락 말년의 궁란에서 '황궁에 입궁한 수많은 조선 처녀'가 큰 역할을 하면서 조선에서 끌려간 '조선 처녀'들의 생활사와 황제가 죽으면서 같이 순장된 비극적인 역사도 세상에 드러나게 되었다. 게다가 영락제 시절 환관에 의한 정치가 성세하면서 조선에서 명나라로 끌려간 내시들의 근황도 드러나게 되었다.

반면에 《조선왕조실록》에 기록되지 않은 내용이 명나라의 각종 사서에 나타나는 기록도 있다. 그 내용은 명나라 주원장이 중국 한족인들이 자랑하는 한족이 아니라 고려의 피를 받은 여진족의 아들이며, 중국 역사상 가장 위대한 황제로 칭송받고 있는 영락제 주체는 고려 여인 '적비'의 아들이고, 그의 아들 홍희제洪熙帝를 거쳐 손자인 선종宣宗은 조선인 공녀 출신인 오황후吳皇后로부터 명 7대 황제 경제景帝를 낳았다는 기록이다. 그 후 명나라 황제 11명은 모두 조선의 피를 받은 경제의 후손이었고, 그들 중 여러 황제 또한 조선 공녀를 후비로 삼은 이야기들이 바로 그것이다.

이런 기록들은 세상에 드러내지 않은 채, 중국은 당시의 역사적 사실에 대한 왜곡작업을 시작해 지금은 어느 누구도 이 사실에 대해 거론하는 사람도 없다. 설사 이런 숨겨진 이야기를 연구나 주제로 삼는다면 중국의 역사를 왜곡하는 발언이라고 비난을 받을 것이기 때문이다. 게다가 정부도 외교적 마찰을 피하기 위해 '좋은 게 좋다'는 식으로 쉬쉬하고 있는 실정이니, 누가 이런 연구를 할 수 있단 말인가?

하지만 이 책은 바로 그런 부분을 다룰 것이다. 그 밖에도 별도로 고려와 조선이 원나라와 명나라에 스스로 속국이라 칭하며 어린 처녀들과 어린 남자아이들의 불알을 제거한 후 명나라에 바친 비극적인 역사도 함께 세상에 밝힐 것이다. 이는 다 망해가는 원나라와 명나라의 정세를 제대로 파악하지도 못하고 나라를 통째로 갖다 바친 조선 초기 국왕들에 의해 일어난 사건이었다.

대부분 학자가 연구논문을 발표하면 인기 있는 연구주제라 할지라도 기껏해야 2~3백 명 정도의 관심 있는 독자가 논문을 열람하거나 인터넷을 통해 검색한다. 그런데 얼마 전 《조선왕은 어떻게 죽었을까》라는 저자의 책을 보고 많은 사람들이 관심을 보이면서 인터넷이 뜨겁게 달궈졌다. 학자의 입장에서 관심있는 사람이 많으면 많을수록 유명해지니 좋은 일이지만, 이와 반대로 비난도 쇄도했다. 이유는 단 하나였다. 조선의 성군이라고 알려진 태종이나 세종, 그리고 성종이나 정조의 질병이 우리의 생각과 달리 그리 입에 올릴만한 그런 병명이 아니었기 때문이었다.

고기와 여자를 좋아하고 성병의 일종인 임질을 앓았다는 내용은 이미 《조선왕조실록》을 통해 밝혀졌음에도 이를 발췌해 세상에 알렸다는 이유로 저자는 호된 비난을 감수해야 했다. 그래서 저자는 출판사로부터 출판 요청을 받고도 쉽게 수락할 수 없었다. 조용히 살면 편한데, 오랜 시간 고생한 대가로 비난을 받고 싶지 않았다.

아마 이 책도 상당히 많은 사람들로부터 비난받을 것으로 보인다. 성군인 태조 이성계와 그의 아들 태종, 그리고 다시 그의 아들인 세종과 조선의 일부 국왕들이 사대주의에 빠져 명나라에 조선의 공녀와 환관을 수시로 보내 백성들이 얼마나 고통받았는지를 보여줄 테니까 말이다.

특히 사대주의 빠진 조선의 위대한 국왕들은 명나라에 처녀를 진상하는가 하면, 멀쩡한 어린 소년들의 불알을 제거하여 내시로 만들어 명나라에 바치는 무조건적 봉사를 단행하였다. 그리고 그로 인해 명나라로 끌려간 어린 처녀들과 내시들은 비참한 최후를 맞이하였다.

당시 사대주의에 빠져 어린 처녀들까지 바친 몇몇 왕 때문에 조선은 대대로 명나라와 청나라의 속국이 되었던 것이다. 만약 그들이 조금만 생각을 바꿔 국제정세를 똑바로 알고 대처했다면 조선은 명나라의 신하 국가가 아닌, 명나라를 지배하는 민족이 되었을 것이다.

반면 중국인들이 자랑으로 여기는 명나라가 조선 혈맥으로 이어져 계승되었다는 사실도 저자는 비난을 감수하며 써 내려갈 것이다. 역사는 승자의 기록이다. 실록에 기록되는 왕은 대부분 현왕의 아버지이고, 신하들은 생존해 있는 경우가 대부분이다. 그래서 실록 편찬에 살아 있는 권력의 간섭을 막는 것이 절대 과제였다. 이런 이유로 《조선왕조실록》은 대신들은 물론 후왕도 실록을 볼 수 없었다. 선왕 때의 일이 필요한 경우 해당 부분만 따로 등사해 국정에 참고하게 했을 뿐이다.

《조선왕조실록》은 《명사》, 《청사고》와 달리 살아 있는 권력을 원천적으로 차단했다. 조선의 선비들은 당대의 진실을 후대에 전하기 위해 목숨을 걸었고, 따라서 실록을 편찬한 사관들은 자신을 부정하는 왕들에게 목숨을 잃기까지 했다.

그러나 목숨을 걸면서까지 사실을 기록한 왕은 일부에 불과하고, 대부분 실록은 선왕을 칭송하는 쪽으로 작성된 것도 사실이다. 반역으로 왕권을 잡은 행적이나 선대왕의 훌륭한 업적은 다음 왕에게는 부담일 수밖에 없고, 그래서 실록은 새로운 왕권에 의해 수정되고 재편찬 되는 것이 일반적이었다. 하물며 명나라의 역사를 기록한《명사》의 경우는 황제가 살아있을 때 집필된, 그래서 황제의 눈치를 보며 작성한 것이라 황제의 위대한 업적만을 기록해야 했다.

이렇게 숨겨진 역사의 뒷면을 찾아 외로운 여행을 떠나지만, 일부 사람들은 '왜 어두운 역사를 굳이 찾아 세상에 드러낼 필요가 있을까?' 하며 반문하는 사람들이 있을 것이다. 그렇다면 그들에게 반문하고 싶다. 왜 명나라가 조선이 세운 나라라고 주장하지 못하고 김치까지 중국의 파오차이라고 주장하는 그들을 향해 함구하고 있는지…. 자랑스러운 선조들의 역사도 중요하지만 비굴했던 조선 군왕들의 어리석었던 역사도 같이 들여다봐야 하는 것이 역사를 바로 배우는 길이다. 게다가 시중에는 언론과 방송을 통해 조선 군왕들을 찬양하는 학자들이 인기를 얻고 있고, 서점에는 이런 책들이 산더미처럼 쌓여 있다. 칭찬은 다른 책들을 통해 충분히 설명되었으리라고 생각하고,

저자는 칭찬보다는 비난을 받더라도 숨겨진 어두운 과거를 찾고자 한다.

"역사를 잊은 민족에게 미래는 없다."라는 말이 최근에 많이 회자되고 있다. 미래의 길이 보이지 않을 때일수록 과거를 돌아봐야 하듯이 그 시대 역사에 대한 의문이 생길수록 진실을 밝혀야 하는 것이 학자의 길이기도 하다. 역사를 바로 알고, 만약 오류가 있다면 '반면교사'로 삼아 다시는 잘못을 저지르지 않아야 하는 것이 역사를 배우거나 가르쳐야 할 모든 사람들의 의무이자 책임이다. 만약 칭찬으로 일색한다면 무슨 교훈이 있어 책을 본단 말인가?

먹고살기 위해 현업에 종사하면서 역사의 기록을 찾아 집필하는 일은 실로 많은 고생과 인내를 동반했지만, 세상 밖으로 나오게 된 책을 보면서 저자는 그 고생을 대신하고자 스스로 나 자신을 위로해 본다. 끝으로 그동안 부족한 저자의 졸필을 다듬어 독자가 쉽게 읽을 수 있도록 힘써주신 출판사 여러분들에게 감사의 말을 전한다.

아울러 오랜 시간 동안 많은 정부기관과 연구소를 찾아 자료를 수합하고 체계적으로 연구자료를 정리·정돈하여 이 책이 출판되도록 도와주신 남서울대학교 김수진 교수님, 그리고 자료 수집에 도움을 준 남다바 인드라닐 양에게도 감사의 말씀을 드린다.

세종 6년 10월 17일 뜻밖의 사건에 대한 진상이 밝혀진다. 명나라 황제 영락제명태종 주체가 조선에서 보낸 궁녀 가여의 죽음에 대한 진실을 파헤치기 위해 "그녀의 죽음과 관련된 황궁의 궁녀와 환관 2,800여 명을 모두 죽였다."라는 것이다. 《세종실록》에서는 이 사건을 '어여魚呂의 변', 또는 '어여의 난'이라고 한다.

그런데 이 사건과 관련하여 몇 가지 이상한 점이 있다.

첫 번째, '조선에서 보낸 궁녀 한 명 때문에 명나라에서 가장 위대한 황제 영락제가 그렇게 많은 궁궐 사람들을 자신이 직접 나서서 모두 죽였을까?' 하는 것이다. 무슨 일로 그렇게 이성을 잃고 직접 나서서 살이 발리고 목이 달아나는 참혹한 형벌을 가했을까? 분명 그런 행동 뒤에는 이유가 있다. 게다가 당시 조선은 스스로 신하의 나라로 자처하며 명을 섬기는 변방국가에 불과했다고 하는데, 그런 나라에서 보낸 궁녀 하나가 죽었다고 그토록 많은 사람들을 도륙했다는 것은 이해가 쉽게 되지 않는다.

두 번째, 이 사건에 대한 기록이 명나라 역사를 기록한《명사明史》에는 남아있지 않다는 것이다. 남의 나라에서 강제로 데려온 여자를 자신의 비로 만들어 비참하게 죽게 한 사실이 명나라뿐만 아니라 조선에 알려질까 두려워서인지 중국에는 아무런 기록이 없다. 그럼에도 불구하고 비극적인 조선 공녀들의 죽음이 밝혀진 것은《조선왕조실록》에 기록된 짤막한 내용 때문이었다.

세 번째, '조선에서 보낸 궁녀 여씨는 영락제의 비, 즉 미인美人 여씨라고 부르는데, 그렇다면 조선에서 보낸 여인들은 단순히 명나라를 사대하는 차원에서 해마다 보내진 공녀가 아니라 명나라 황제의 비나 후비를 삼기 위해 보내진 여자들이 아니었을까?' 하는 추측이다. 알다시피 황제의 부인을 황후皇后라고 하고, 그 아래에는 비妃라고 칭하며, 비의 하위 등급으로 첩여婕妤, 소의昭儀, 귀인貴人, 미인美人, 답응答應 등이 있다. 이들을 서비庶妃라고 불렀다. 여씨는 미인으로 중국 황실에서는 하찮은 직급이 아니었다. 게다가 여씨가 죽인 권현비는 명나라 황제 영락제가 가장 사랑한, 그래서 황실의 육궁을 책임지는 막중한 업무까지 맡긴, 사실상의 황후와 마찬가지 신분을 가지고 있었다.

그런데 명나라와 같은 대국에서, 조선을 마치 자신들이 지배하는 제후국으로 대하면서도 왜 제후국의 여자들을 명나라 황제의 비妃나 빈嬪으로 삼았을까 하는 것이다.

네 번째, 영락제는 특히 조선의 여자들과 내시들을 좋아했다. 명나라에는 조선의 여인들보다 아름다운 여인들이 많았음에도 해마다 조선에 공녀를 요구한 이유는 무엇이었을까? 게다가 여자들뿐만 아니라 환관정치를 주도한 명나라에도 우수한 환관들이 많았을 텐데, 왜 영락제는 조선에서 데려온 환관들에게 높은 벼슬을 내렸을까 하는 의문이 든다.

다 알고 있겠지만, 남자는 자신의 어머니와 닮은 여자를 좋아한다. 그것도 아니라면 '같은 동족의 사람들을 황궁에 가득 채우기 위해 그런 행동을 한 것은 아니었을까?' 하는 생각이 든다. 그렇다면 영락제는 고려나 조선인의 아들은 아니었을까? 영락제 시절 황실에는 대략 2,000이 넘는 조선인 출신 궁녀와 환관이 있었다고 한다.

그리고 마지막으로 도대체 얼마나 많은 조선의 여자들이 명나라로 끌려갔으며, 그들의 최후는 어떻게 되었을까 하는 것이다.

이 책은 600년 전의 역사를 거슬러 올라가 조선 전기 일어났던 명나라와 조선 초기의 숨겨진 위 다섯 가지 의문을 추적하여 세상에 밝히는 작업이다.

어떤 독자는 그렇게 오래된 역사의 숨은 이야기에 대해 '정말 그랬을까?' 하는 의문을 제기할 것이다. 또 어떤 독자는 '정말 그랬으면 좋겠다.'라는 생각도 할 것이다. 왜냐면 이 책은 조선에서 명나라로 보내진 공녀들의 슬픈 잔혹사뿐만 아니라 명나라가 고려와 조선 혈맥의 황제들에 의해 계승되었다는 즐겁고 놀라운 사실도 다루기 때문이다. 분명한 것은 책의 내용은 기록을 근거로 했다는 점이다.

역사적 사실에 대한 판단은 독자의 몫이지만, 적어도 역사를 왜곡하는 주변국가들에 치여 위대한 고구려나 발해에 대한 선조들의 자랑스러운 역사가 변방의 제후국으로 전락하고 있음에도 이를 문제 삼지 않고 있는 작금의 현실을 지켜보면서, 오히려 중국인들이 자랑으로 삼고 있는 명나라가 고려, 후에 조선으로 이름이 바뀐 조선 여인들의 혈맥으로 계승되었다고 주장하는 것은 어쩌면 당연한 주장이라고 생각한다.

목차

제1부

비극적인 조선 궁녀의
대학살

조선의 치욕적인 사건,
세상에 드러나다

    중국 명나라 시대의 역사를 기록했던 실록청은 조선과는 달리 당시 재위 기간 중 황제 이야기를 기록했기 때문에 있는 사실을 그대로 기록하지 못했다. 차마 기록하지 못할 일이 많기에 황제의 체면을 살리기 위해 낯부끄럽고 비도덕적인 일들은 모두 밝히지 않고 숨겨버렸다. 심지어 단지 몇 구절을 적더라도 말이 두루뭉술하여 전혀 상세하지도 않았다. 그도 그럴 것이 자신의 목숨을 부지하기 위해, 혹은 출세를 위해 황제의 기록에서 나쁜 구석이라고는 하나도 찾아볼 수 없게끔 작성될 수밖에 없었다.

    그에 비하면 《조선왕조실록》은 당시의 국왕에 대한 이야기를 다음 왕조에서 기록하기 때문에 그것이 자기 왕조의 이야기가 아닌데다 그 시대에도 밝히지 못할 이야기가 없었다. 특히 명나라를 다녀온 사신들의 보고내용은 더더욱 그러했다. 그래서 그런지 명나라가 잔인한 순장제도를 실시했다는 사실과 조선에서 보낸 궁녀들의 죽음에 대해 그 기록을 남겼을 뿐만 아니라 오히려 더 많고 상세한 이야기를 기록했다.

게다가 명나라가 조선에 공녀와 환관을 요구한 사례는 물론 그 숫자까지를 기록하여 당시 명나라 기록에는 없는 많은 사실들이 《조선왕조실록》을 통해 속속들이 밝혀졌다.

그렇다면 명조의 궁궐 비사가 어떻게 《조선왕조실록》에 기록되게 되었을까?

이유는 간단하다. 조선의 전 왕조였던 고려가 원나라의 속국이었기 때문이다. 원·명의 왕조 교체 후, 고려는 원나라를 버리고 명나라를 찾아 신하의 나라를 자청했다. 얼마 후 고려는 이성계 장군이 일으킨 위화도 회군의 반란으로 멸망하고, 1392년에 조선이 건국되었다. 조선은 대명 제국을 자신의 종주국으로 계속 섬기면서 명을 향해 자신을 신하의 나라로 칭했으며, 명은 '천조'로 높인 반면, 조선은 스스로 명나라의 '속국'을 자처했다.

조선은 명나라와 밀접한 관계를 유지하여 때마다 신하가 황제를 배알하고 축하하던 '조하朝賀', 은혜에 감사하는 '사은謝恩', 신하가 자신의 의견을 올리는 '상표上表', 원조를 요청하는 '청걸請乞', 공물을 헌납하는 '공헌貢獻' 등의 각종 명목으로 사절단을 파견했으며 그들은 요동을 거쳐 산해관을 넘어 북경에 도착했다.

조선사절단의 방문은 매우 빈번했는데, 사절단 본연의 임무를 완수하는 것 외에도 명나라 정치, 경제, 사회 각 방면의 동향을 이해하는 사명을 부여받았으며, 귀국 후에는 관례대로 중국에서의 견문을 서면 보고서로 작성해 국왕에게 상세하게 보고해야 했다. 명나라 왕조는 명나라를 건국한 태조 홍무제주원장,1368~1398부터 제11대 세종 가정제 주후총,1521~1567에 이르기까지 조선에 자주 사자를 보내어 공무를 처리했는데, 그래서 이씨 왕조의 《조선왕조실록》에는 명·청 두 시대의 사료를 풍부하게 보존하고 있다. 저명한 명나라 사학자 우한 선생은 《조선왕조실록 중의 중국사료》라는 이름으로 체계적인 작업을 벌인 바 있다. 이 책은 중화서국에서 12권의 대형 서적으로 출판되었는데, 그 내용이 백만여 자에 달하여 명·청 양대의 중국 사료가 가장 많기로 유명하다. 그런데 이 책의 근간이 《조선왕조실록》이었다. 이러한 점으로 미루어 보건대, 외국의 기록 서적으로는 《조선왕조실록》이 절대적임이 여실히 증명됐다.

《조선왕조실록》은 군주가 죽은 후에 실록청에서 편수를 책임졌으며, 책이 나온 후에는 금궤석실에 보관하여 일반인에게 공개하지 않은 비밀문서로 보관했다. 한자로 기록한 이 대단한 책은 명나라 사람이 볼지도 모른다는 걱정이 필요 없었기 때문에 명나라의 황제의 일을 조금도 거리낌 없이 기록했으며, 명나라에 대한 수많은 내용의 기재를 남겼는데, 모두 비교적 사실에 근거하여 작성되었으므로 거짓으로 위장하려는 폐단도 없었다.

예를 들어, 명조 전기에 조선에 환관을 보내어 요청한 '공물' 중에서 특히 명나라에서 유가 사상의 입장에서 금기된 패륜적인 것이 있었는데, 이는 바로 사냥개와 미녀였다.

위풍당당한 명나라 황제가 환관을 보내 미녀를 선발하고 음란한 욕구를 한껏 채우려고 했는데, 《조선왕조실록》에서는 이를 '처녀수집'이

■ 조선왕조실록

란 말로 표현했다. 그러나 명조의 실록청 역사인 《명사明史》에는 이런 이야기를 눈을 씻고 봐도 찾아볼 수 없다. 다만 고려비에 대한 언급은 하고 있지만 자신들에게 불리한 내용은 아예 기록하지 않거나 애매한 내용으로 포장되어 있다. 명사의 기록을 잠시 들여다보자.

> "주원장의 비妃 중에 고려 출신으로 한비가 있었다. 한비는 주원장이 원나라 궁에서 노예로 잡아 온 수많은 궁인 중에서 적어도 신분 확인이 가능했던 고려 소녀 두 명 중 한 명이었다. 홍무 연간태조 홍무제 주원장의 시기에 명나라와 고려 양국은 관계가 계속 불안정했기 때문에, 주원장이 고려에 미녀 공물을 요구했을 가능성은 비교적 적다. 한씨 성을 가진 고려비는 아마도 원나라 혹은 타타르인 측에서 '접수'해 온 여인으로, 그녀가 고려에서 공물로 바친 처녀라는 증거는 없다."
>
> ─《명사明史》

위 명나라 사서 《명사》의 기록을 살펴보면 마치 명나라가 고려에 궁녀를 요구한 사실이 없으며 고려 여인을 원나라 혹은 타타르인이라고 둘러대고 있다. 이에 반해 《조선왕조실록》에서는 주원장이 고려에 공녀를 요구해 궁녀로 보내진 소녀였다고 기록하고 있다. 그러나 태조 이성계가 권력을 잡고도 이를 조선이라고 명이 인정하기 전 명 태조 주원장이 이성계에게 공녀를 요구한 기록도 있다.

그 뒤 영락명 3대 황제 영락제 주체시기 및 선덕 연간명 5대 선종 선덕제 주첨기에 이르러서는 조선에 툭하면 사자를 보내어 '처녀미혼 소녀'를 공물로 요구했다. 게다가 공물 요구 명령과 명나라 사자의 조선 방문은 너무 빈번하여 조선은 접대에 눈코 뜰 겨를이 없었을 정도였다. 제3대 영락제가 자주 요청한 공물은 처녀와 내시였고, 제5대 황제 선덕제는 사냥개였으며, 처녀도 요구했다. 하지만 요구한 규모 면에서는 자기 조부보다 훨씬 적었다.

예로부터 주색잡기는 성군의 이미지와는 크게 거리가 멀었다. 그래서 황제를 도와 외국 미녀까지 수집해 온 사람은 주로 황제를 가까이서 모시던 환관이었다. 예를 들어 영락제 시대의 사예감司禮監, 태감太監, 황엄黃儼 같은 환관은 모두 황제 개인을 대표하여 이런 파렴치한 비밀 임무를 완수했다.

타국의 미색을 탐하는 일은 천조의 성군과는 거리가 멀다고 철석같이 믿고 있던 백성들에게 철저히 숨기기 위해 외부인에게는 어린 처녀의 요구나 부정부패와 같은 나쁜 일들은 철저히 비밀에 부쳤다. 이런 일은 문무 관원에게 맡기지 않고, 내시와 환관을 통해 이루어졌으며, 이유도 백성이나 타인의 이목을 피하기 위해서였다.

하지만 명나라 황궁의 내정에는 조선 국적의 미녀가 대규모로 자리 잡고 있었고, 특히 영락 말년의 궁란에서 '황궁에 입궁한 수많은 조선 처녀'들이 높은 자리를 차지하면서 조선에서 끌려간 '조선 처녀'들의 생활사가 세상에 드러나게 되었다.

황제에게 바칠
조선 처녀 간택

　명나라 3대 황제인 영락제 시기에는 수차례 '궁란'이 일어나 계속적인 대학살을 초래했는데, 그 피해자는 대부분 궁중의 여성이었다. 이런 궁궐 참사를 두고 중국의 사적은 단 한 글자도 적지 않고 있으며, 개인적인 학자들의 저술에서도 거의 기록을 찾아볼 수 없다. 하지만 조선의 《조선왕조실록》에는 매우 다행스럽게도 직접 재난을 겪은 유경험자의 사료 한 부가 보관되어 있다.

　이 귀중한 사료의 제공자는 명나라 황제 영락제의 비妃 중 조선 국적이었던 여비 한씨의 유모 김흑이었다. 한씨는 영락제의 죽음 후 순장되었으며, 명 4대 황제 홍희제인종: 1424~1425은 김흑이 이국땅에서 지내는 생활이 괴롭고 고통스러울까 걱정해 그녀를 조선으로 돌려보내주려 했다. 하지만 그녀가 조선으로 돌아간 후 명나라 황궁의 비밀, 특히 야만적인 순장제도를 폭로해 버릴까 봐 결국 그녀를 황궁에 묶어두었다. 김흑은 훗날 명 5대 황제 선덕제선종, 주첨기(1425~1435)가 죽은 후에야 선종의 어머니 장태후명 3대 황제 인종의 비의 특별 배려를 통해 조선으로 귀국할 수 있었다.

　김흑이 조선으로 귀국한 후, 명나라 황실에서 발생했던 그 참혹한 사건은 전부 호기심 많은 조선사람들에게 알려졌고, 고스란히 《조선왕조실록》에 기록되었다. 만일 김흑의 진술이 없었다면 명대 후궁사상 유례가 없던 그 처량하고 비참한 피바람의 역사는 허공으로 사라졌을 것이다. 이 이야기는 우선 영락제가 총애하던 권씨에서부터 시작된다.

　조선 태종 5년1405 4월 6일, 명나라의 내사內史, 환관 정승鄭昇, 김각金角, 김보金甫 등이 예부禮部의 자문咨文, 문서를 가지고 조선에 왔다. 명나라 예부에서 작성한 문서는 다른 문서들과 달랐다. 명나라 영락제가 예부에 내린 특별명령이 담겨 있었다.

　　"지금 내사 정승, 김각, 김보 등이 조선국으로 돌아가니, 너희 예부는 즉시 문서를 보내 조선 국왕이 알게 하라, 똑똑하고 영민해서 황실에서 쓰기에 알맞은 화자환관가 있으면 많이 뽑아서 내놓게 하라. 병든 내사 김보는 의약으로 치료해서 나으면 돌려보내고, 내사 정승은 잣나무 묘목을 구하게 하고, 김각은 모친상을 마친 뒤에 들어오게 하라"

　예부의 자문은 사신으로 조선에 온 환관들에 대한 내용이었다. 특히 환관들이 조선국으로 "돌아간다回去"라는 표현을 썼다. 이들은 애초에 조선에서 명나라에 보낸 환관들이기 때문이다. 게다가 명나라는 환관으로 쓸 조선사람들을 본격적으로 요구했다. 이들을 화자라고 칭한 것은 성기에서 고환을 제거해 정자가 생기지 못하게 되었다는 뜻이다. 고려 출신 환관들이 똑똑하고 일을 잘한다는 소문이 원나라 조정에서 자자했기 때문에 명나라도 조선 화자를 요구한 것이다.

고려와 조선은 왕의 권력이 강했지만, 중국은 전통적으로 환관의 권력이 강한 나라였다. 중국의 역대 왕조는 100년에서 200년 정도밖에 가지 못했지만, 황제의 권력은 막강했다. 진시황이 병사하자 진나라 환관 조고趙高가 승상 이사李斯와 조서를 위조해 시황제의 맏아들 부소扶蘇와 장군 몽염蒙恬을 자결하게 하고 막내 호해胡亥를 즉위시킨 것처럼, 중국사에서 환관들의 발호제멋대로 날뜀는 그 뿌리가 오래되었고 극심했다.

이에 따라 환관들의 발호에 대한 경계가 끊이지 않았는데, 환관 세력을 견제하는 방편의 하나로 조선 출신 화자를 요구한 것이다. 조선 출신 환관은 황제의 명을 받는 대신들에게 맞서 세력을 형성하지 않을 것이라는 생각 때문이었다. 다시 말해 황제의 말에 순응하리라고 믿었던 것이다.

명나라에서 조선 출신 화자를 요구한 또 다른 이유는 조선의 기를 꺾기 위한 것도 있었다. 주원장은 조선 출신 환관들을 자주 사신으로 임명해 조선에 보냈는데, 조선 국왕은 이들을 극진하게 대우할 수밖에 없었다. 그런데 이 환관들은 대부분 가난한 평민 출신이었다. 양반들이 치욕스럽고 고통스럽게 죽을지도 모르는 고환 제거 수술을 받을리 없었기 때문이다. 화자가 되어 명나라로 들어간 조선 환관이 황제의 조서를 갖고 오면 조선 국왕으로선 극도의 예를 다해 대접하지 않을 수 없었다. 얼마 전까지만 해도 가난하고 천하던 일개 백성이 황제의 위세를 등에 업고 조선 임금과 거의 동렬에 서게 된 것이다. 명나라는 바로 이런 효과를 내기 위해 조선 출신 화자를 요구했던 것이다.

■ 고환제거 수술칼: 초록불, 2021/05/25

물론 화자들도 조선에 복수할 수 있는 좋은 기회였다. 가난하다고, 혹은 임금의 명이라는 이유로 남자이기를 포기하고 자신의 성기를 제거하는 일은 죽는 것보다도 수치스럽고 비참했을 것이다. 그렇게 자신을 내친 나라 그 조선의 임금을 욕보이는 일은 통쾌하고 시원했으리라 짐작하고도 남음이 있다.

조선이 건국한 1392년, 명 태조 주원장이 화자를 요구하자 이성계는 수십 명의 화자를 보냈다. 주원장은 그중 대부분을 조선으로 돌려보냈지만, 영흥 출신인 신귀생申貴生이란 환관만은 끼고 돌았다. 무인난1차 왕자의 난이 발생하기 직전인 태조이성계 7년1398 6월 24일, 주원장은 신귀생을 조선으로 보내며 그를 후대하라는 예조의 자문을 내렸다. 또한 신귀생이 몇 년 동안 일을 잘 처리했다면서 상으로 대은大銀과 비단과 저폐楮幣, 종이돈 등을 내려 주었다. 그렇게 의주에 도착한 신귀생은 중국말만 썼기 때문에 모두 중국인인 줄 알았다. 그는 영락제가 내린 물건을 가리키면서 이렇게 말했다.

"사여賜與, 황제가 내린 상한 것이다."

그러나 영접사迎接使 유운柳雲은 황제가 조선 임금에게 전하는 물건이라는 뜻으로 알아들었다. 신귀생은 이 물건들을 탁자 위에 높이 두고, 앉을 때는 칼을 뽑아 들고 지켰다. 행차할 때는 이 물건들을 실은 말을 먼저 달리게 하고는 칼을 차고 뒤따라갔다.

나중에야 이 물건들이 주원장이 조선 국왕에게 전하는 것이 아니라 신귀생 자신이 받은 물건이란 사실을 알게 되었다. 신귀생은 대궐에 도착해 예부의 자문을 읽고 이성계와 돈수례頓首禮를 행했다. 신귀생이 조선 출신인 것을 안 이성계는 자신이 직접 그를 위로하지 않고 찬성사 우인열禹仁烈과 영접사 유운에게 위로하게 했다. 신귀생은 불쾌한 표정을 지으며 술도 마시지 않았다. 신귀생은 또한 이성계가 개최하는 연회에서 술에 취해 칼을 뽑으려고 했는데, 환관 조순이 즉시 말려 큰 사건으로 번지지는 않았다. 이에 좌정승 조준과 봉화백 정도전이 조순을 남은의 집으로 초청해 위로하고 말 한 필을 선물로 주었다.

무인난이 일어나기 한 달 반 전의 일이다. 이런 사건들은 태조와 정도전의 북벌 의지를 더욱 굳게 했다. 그러나 무인난으로 북벌 기도는 좌절되고 사대는 더욱 심해졌다.

한편 내전에서 승리한 영락제 주체는 후궁으로 들일 조선 출신 처녀들을 요구했다. 영락제 주체는 영락 6년태종 8년, 1408년 4월 16일 사신 황엄을 보내 조선 처녀를 요구했다.[1]

---

1) 태종 8년 1408년 4월 16일

"너는 조선국에 가서 국왕에게 말해 예쁘게 생긴 여자들이 있으면 몇 명을 선발하여 데리고 오라."

이는 소위 황제의 말을 사신을 통해 구두로 전달하는 황제의 칙서였다. 황엄의 말은 비록 매우 간단했지만, 어찌 되었건 간에 '성지'가 내려진 상황이기 때문에 조선의 태종은 건성으로 대할 수 없어 곧 미녀 선발 전문 기구인 '진헌색進獻色'을 설립하고, 관원과 내시를 전국 8개 도로 보내어 처녀를 선발했다. 관청과 개인 소유의 여종을 제외하고 열세 살 이상 스물다섯 살 이하의 양가 처녀를 간택해 명나라에 보내기 위한 것이었다. 금혼령이 내려지고 경차관敬差官, 특수임무를 띠고 각 도에 파견된 특명관이 파견되어 처녀를 간택하자 사방에서 소동이 일어났다.

선발되는 미혼의 동녀童女: 여자아이는 천조 황제의 '성적인 행복'을 위해 특별히 진상되는 성적 노리개나 다름없었기 때문에 과거 명나라에 바칠 처녀선발령이 있을 때마다 딸을 서둘러 시집보내 선발을 피해 가는 풍조가 있었다. 그래서 조선 정부는 미녀를 선발하기 앞서 우선 백성이 소리소문없이 딸을 시집보내거나 며느리를 맞는 일을 금지한 것이다. "미녀는 전부 남겨 두어라! 제일 먼저 중국 황제에게 진상해야 한다!"라는 뜻이었다.

조선의 미녀를 달라고 하는 명나라의 영락제나 처녀를 바치겠다고 미녀선발 전문 기구인 '진헌색'까지 만든 조선의 태종은 미쳐도 단단히 미친 사람들이었다.

아무튼 조선은 세자世子, 대군大君, 국왕의 적자에 대한 호칭이며, 서자는 그냥

군君이라고 불렸다의 신붓감을 선발할 때에도 전국의 처녀 가운데서 대대적인 선발작업을 해왔기 때문에, 이런 쪽의 경험은 자못 풍부하다고 할 수 있었다.

1차로 선발된 처녀들이 차례차례 한양이 도착했다. 이 1차 선발을 통해 한양에서 73명, 팔도에서 총 30명의 여인이 선발되었다. 조선의 태종은 신중에 신중을 기하기 위해 수차례 직접 '심사'를 실시했다. 수차례의 재심을 거쳐, 부모가 상을 당했거나 무남독녀에 형제가 없는 소녀는 돌려보내고, 최후에 총 7명의 여인이 선발되었다.

7월 초 이튿날, 이 일곱 명의 소녀는 조선 왕궁의 경복궁으로 가서 '황제의 사자'의 선발을 받아야 했다. 하지만 전국을 이 잡듯이 뒤져 어렵사리 물색한 이 미녀를 보고 황엄은 별로 예쁘지 않다는 이유로 노발대발했다. 그리고 경상도에서 미녀를 물색했던 환관 박유朴輶를 당장 포박해 대령하도록 했다. 그는 박유를 때리며 힐문했다.

"경상도만 해도 나라의 절반은 될 텐데, 왜 미녀가 없더냐? 내가 모를 줄 알고 이런 여자를 선발했단 말이냐!"

그리고 황엄은 소매를 휘두르고 씩씩거리며 거처인 태평관太平館으로 돌아갔다. 조선 국왕 태종은 그 이야기를 듣자 대경실색했다. 국왕은 상세한 자초지종을 물어본 후에야 그 원인을 알게 되었다. 이 소녀들은 결코 아름답지 않았던 것이 아니었다. 모두들 선발되어 중국에 가고 싶지 않았던 것이다. 그래서 황엄이 현장 면접을 할 때 모두 약속이나 한 듯이 입과 눈을 뒤룩거리거나 머리를 부들거리는 중풍 환자 흉내를 냈던 것이다. 또 다른 한 명은 다리를 저는 척 절뚝거리며 천조의 사자 앞을 왔다 갔다 했다.

조선을 대표하는 미녀가 모두 이 모양 이 꼴이니 황엄은 화가 나지 않을 수 없었던 것이다. 태종은 매우 언짢았다. 상국을 섬기는 일에 '마음과 정성'을 다 해야 하거늘, 어찌 이렇게 소홀하게 처녀들을 뽑았단 말인가. 태종은 급히 헌사憲司, 명나라의 도찰원都察院에 해당, 고발과 탄핵 담당에 명해 미친 척, 바보인 척을 했던 소녀들의 아버지를 잡아들여 "딸 교육이 신중하지 못했다."라는 죄명으로 엄중히 탄핵하고 또한 황엄에게 사자를 보내어 이 일을 해명했다. 제대로 명나라의 충견 노릇을 하고 있었던 것이다.

태종은 이 소녀들이 앞으로 부모를 떠날 것을 걱정한 나머지 밥도 제대로 먹지 못하고 날마다 수척해지다가 모습이 이렇게 기이해진 것이고 이런 현상 또한 이해를 못할 일은 아니니, 소녀들을 전부 중국옷으로 갈아입혀 재선발을 실시하자고 요청했다.

하지만 황제가 보낸 사자가 한번 퇴짜 놓은 여자를 다시 '포장'만 바꿔 선발대에 올릴 수는 없는 법, 그리하여 조선은 또 다시 벌집 쑤신 듯한 대대적인 미인선발 작업에 들어가야 했다.

조선 정부는 각급 관원을 각 도로 파견해 재선발을 실시했다. 앞서 한 차례 선발에서 여자를 바치지 않기 위해 숨겨두거나, 혹은 부항 자국을 내거나, 머리를 자르거나, 고약을 붙이는 등 각종 고육책을 동원해 선발되는 불행을 피하려 했던 경험이 있던 바라 그래서 이번 재선발 시에는 처벌의 강도를 높여, 명령을 거부하여 준수하지 않는 자에게는 엄중한 처벌을 했고 심지어 '가산과 관직까지 몰수'했다. 결론적으로 미녀란 하나도 놓치지 않는 물 샐 틈 없는 선발작업을 벌인 것이다.

그리고 황엄은 다시 경복궁의 미녀 심사대로 초청되었다. 이때는 꽤 많은 소녀가 선발되었고, 모두 중국식 옷과 장신구를 착용하고 있었다. 황엄은 만족스러운 표정으로 이리저리 돌아다니며 살펴보더니 고개를 끄떡이며 말했다.

"이 중 서너 명은 괜찮은 편이다."

그는 불알을 까고 남자구실도 제대로 하지 못한 채 명나라 황실에서 태감이라는 높은 벼슬을 돈 주고 샀는지는 모르겠지만, 무슨 재주로 미녀의 장점까지 꿰뚫고 있었는지 신통방통하기만 했다. 아마 태생이 조선사람이라 조선 처녀들을 보는 식견이 있었을 것이다.

그래서 권집중權執重, 임첨년任添年 등 가문의 소녀 31명을 남기고 낙선자는 전부 집으로 돌려보냈다. 황엄은 후보의 숫자가 너무 적다고 생각한데다, 조선이 또 진짜 미인은 감춰두려고 꾀를 쓸지도 모른다는 걱정에 스스로 전국을 돌며 미녀를 선발하려고 했다. 그러나 조선 정부의 간절한 권고에 간신히 이런 계획을 포기할 수 있었다.

각도의 소녀들이 차례로 도착하자, 7월 9일부터 10월 11일까지 황엄은 또다시 11차례에 걸친 선발작업을 시작했다. 이렇게 어린 소녀들을 뽑아 명나라 황제의 성적 노리개로 삼으려고 했으니 쳐 죽여도 시원치 않을 놈들인데, 여기에 태종까지 처녀간택에 직접 참석했으니 저자는 비난이 두려워 태종을 향해 욕할 수도 없고, 무슨 말을 해야 할지 가슴이 먹먹하기만 하다. 어쨌든 있을 수 없는 일이 벌어지고 있었다.

'처녀 추천 및 선발작업'이 진행됨에 따라, 조선 안에서는 민간의 개와 닭까지 소동하고 민원이 끓어올랐으며 도처에서 재난과 변고가 보고되었으니, 이는 처녀 선발이 가져온 '어두운 기운 때문에 발생한 재앙'이라는 말이 나돌았다.

어린 딸을 명나라에 보내고 싶은 부모가 있을 턱이 없었다. 금혼령을 어기고 몰래 혼인하는 집안이 속출했다. 딸을 감추고 신고하지 않으면 지방관에게 죄를 묻겠다고 했지만, 자식을 먼 타국으로 보내기 싫어서 감추거나 몰래 혼인시켰다고 해서 처벌할 수는 없었다. 그런데 풍해도 순찰사 여창黎昌이 황엄에게 지평주사知平州事 권문의權文毅에게 감춰둔 딸이 있다고 알리면서 사건이 발생했다. 출세를 위해 간신 짓을 한 것이다.

"지평주사 권문의의 딸이 공조전서工曹典書 권집중權執中 딸 못지 않은 절색입니다."

황엄이 권문의의 딸을 만나겠다고 나섰지만, 권문의는 병이 났다고 말하며 보내지 않았다. 의정부에서 지인知印 양영발楊榮發을 시켜 딸을 보내라고 재촉하자, 권문의는 딸을 치장하는 척 시간을 끌다가 양영

발이 돌아가자 보내지 않았다. 황엄이 화가 나서 말했다.

"저런 미관微官, 낮은 관직도 국왕이 제어하지 못하니 하물며 거가巨家, 큰 집안
나 대실大室, 대감집에 미색이 있다 한들 어찌 내놓겠는가?"

태종은 할 수 없이 8월 28일 권문의를 순금사 옥에 가두었다. 권문
의는 옥에 갇혀서도 딸을 내놓지 않았다. 그 여파는 황엄에게 권문의
의 딸이 미색이라고 일러바친 풍해도 순찰사 여창에게 미쳤다. 일주
일이 지나도 권문의의 딸이 한양에 도착하지 않자 황엄 등은 화를 냈
고, 태종은 여창을 순금사에 가두었다. 황엄에게 잘 보이기 위해 남의
딸을 넘기려다 그 자신이 옥에 갇히는 신세가 된 것이다.

권문의와 여창이 갇힌 순금사는 왕명에 의해 처벌은 해야 했지만 처
벌하는 시늉만 내는 사람들을 가두는 곳이었다. 태종 자신도 "순금사
는 내가 사정을 봐주는 곳이다."라고 말할 정도로 명나라 사신의 눈치
를 보기 위해 형식상 처벌한 후 잠시 머무르는 옥사였다.

태종은 10월 6일 권문의를 석방했다. 한창 기세를 떨치는 명나라와
대적할 수는 없지만, 딸을 지키려는 부정도 처벌하기는 어려웠다. 이
런 소동 끝에 다섯 명의 처녀가 선발되었다. 공조전서 권집중權執中의
열여덟 살짜리 딸과 좌사윤左司尹 임첨년任添年의 열일곱 살짜리 딸, 공
안부 판관恭安府判官 이문명李文命의 열일곱 살짜리 딸, 선략장군宣略將軍
여귀진呂貴眞의 열여섯 살짜리 딸, 중군 부사정中軍副司正 최득비崔得霏의
열네 살짜리 딸이었다.

태종은 그해 10월 명나라 사신 황엄과 함께 소녀들의 간택에 참석

하고 돌아와 대언代言들에게 말했다.

"황엄이 뽑은 처녀들의 높고 낮음과 등수가 틀렸다. 임씨는 곧 관음觀音의
상이어서 애교하는 마음씨가 없고, 여씨는 입술이 두껍고 이마가 좁으니
이것이 무슨 인물이냐?"

―《태종실록》태종 8년 10월

황엄보다 여자 보는 눈이 한 수위인 조선의 태종은 명나라로 끌려
갈 처녀들을 직접 쳐다보며 이런 소리까지 했다는데 실록이 거짓말할
리도 없고 이런 비참한 사실을 자랑이라고 실록에 기록했을까 의문이
든다. 어쨌든 태종은 이 분야에 있어서는 전문가 중의 전문가였다.

태종은 이들을 명나라에 보내면서 처녀들을 진헌하는 사신進獻使이라
고 이름 붙이지 않았다. 자신의 죄를 알았는지 아니면 처녀들의 진상
을 백성들이 알까 창피했는지 대신 대제학 이문화를 보내면서 종이
진헌사라고 이름 붙였다. 이때 조선의 질 좋은 순백의 후지厚紙 6,000
장도 같이 가져갔는데, 처녀를 진헌한다는 이름을 남기기 싫어서 종
이 진헌사라고 허위선전까지 했다.

종이 진헌사 이문화李文和는 딸을 보내는 판관 이문명李文蓂의 형을
특별히 진헌사로 파견한 것이다. 그리고 처녀들의 아버지인 이문명, 여
귀진呂貴眞, 최득비崔得霏와 권집중權漢中의 아들 권영균權永均도 진헌사
편에 명나라까지 따라가게 했다. 병이 난 임첨년任添年을 제외하고는
명나라에 보내는 공녀들의 가족들을 함께 보낸 것이다.

"길을 떠나가니, 그 부모와 친척의 울음소리가 온 거리에 가득했다." [2]

비록 황후가 아니라 후궁으로 가는 것이지만 스물도 안 된 어린 딸을 타국으로 보내는 부모의 가슴은 찢어졌다. 출발하기 전인 11월 3일 다섯 명의 처녀가 궁중에 나와 태종의 정비원경왕후 민씨에게 하직인사를 올렸다. 왕비는 먼 이국으로 떠나는 어린 처녀들을 예로 대우해 직접 위로를 전하는 한편 과실주 및 중국식으로 바느질된 채단 옷을 선물로 하사했다. 황엄과 이문화가 처녀들을 데리고 떠나는 날, 부모 친척들의 울음소리가 길에 끊어지지 않았다. 이때 권근權瑾이 처녀들을 위해서 시를 지었다.

> 부모와 이별하는 말을 마치기 어렵고
> 눈물을 참지만 씻으면 도로 떨어진다
> 슬프고도 섭섭하게 서로 떠나는 곳
> 여러 산들이 꿈속에 들어와 푸르겠지
> ─《태종 8년(1408) 11월 12일》

황엄은 조선에서 처녀를 선발하여 명나라로 돌아갔는데 알려진 바에 의하면 북경에 막 입성할 무렵 조선에서는 지진이 일어났다고 한다. 아마 하늘이 태종에게 천벌을 내리려고 그랬던 것이 아닌가 싶다.

황엄과 처녀들 일행은 육로를 따라 요동을 거쳐 산해관을 통해 북

---

2) 《태종실록》 16권 태종 8년 11월 12일

경으로 돌아갔다. 주인의 마음은 종이 가장 잘 안다고 황엄은 주체 영락제를 수년간 따른 노복으로, 황제의 기호와 취향을 속속들이 알고 있었다.

이듬해인 영락 7년 2월 9일태종 9년, 1409년 2월 9일 영락제 주체는 북경까지 행차하여 조선에서 온 처녀들을 직접 만났다. 그가 도읍을 남경에서 북경으로 옮긴 것은 그로부터 12년 후인 1421년이다. 달단韃靼, 몽골 정벌을 위해 북경까지 온 김에 조선 처녀들을 만난 것이다. 영락제는 그곳에서 조선 처녀들과의 쾌락을 만끽하고 그중에서 조선의 여러 처녀 중 권집중의 딸 권씨가 가장 아름답다고 생각해 그녀를 현인비顯仁妃에 봉했다. 그리고 그 오빠 권영균을 3품 광록시경에 제수하고, 채단 69필, 채견 300필, 금錦 10필, 황금 2정, 백은 10정, 말 5필, 말안장 2개, 옷 2벌, 초 3,000장이란 막대한 물품을 내렸다. 다른 처녀들은 비妃보다 낮은 미인美人 등의 후궁으로 봉하고, 그 부친 임첨년은 홍려경鴻臚卿, 이문명, 여귀진은 광록소경光錄少卿에 제수했는데 모두 4품이었다. 최득비는 5품 홍려소경에 제수했으며, 이들에게도 권영균과 약간 차이는 나지만 막대한 물품을 내려주었다.

영락제는 현인비 권씨에게 푹 빠졌다. 자신의 비인 명나라 개국공신 서달徐達의 딸 인효문황후 서씨가 2년 전1407 세상을 떠난 이후 현인비 권씨를 사실상 황후로 대접했다.

태종 9년 유정현이 북경에 사신으로 갔는데, 현인비 권씨와 친척이라는 말을 듣고 황엄을 시켜 권씨가 본가에 전하는 말을 대신 전하게 하고 채단 2필, 견 10필, 초 500장, 안마를 선물로 내려줄 정도였다. 태종도 마찬가지였다. 태종은 재위 10년1410 11월 6일 광록시경 권영균이 누이동생을 만나러 남경으로 가자 홍저포紅紵布 10필과 흑마포黑麻布 10필을 주어 현인비에게 전하게 했다. 영락제가 사실상 황후처럼 대하는 권비의 존재는 조선에 큰 힘이 되었다.

《명태종영락제실록》의 기록에도 권비의 기록이 보이는데 기록에 의하면 영락 7년 영락제 주체의 첫 번째 북정 중, 황제의 마차가 출발하기 전에 수명의 처녀를 비빈으로 책봉했다고 한다. 장씨는 귀빈, 권씨는 현비, 임씨는 순비, 왕씨는 소용, 이씨는 소의昭儀, 여씨는 첩여婕妤, 최씨는 미인으로, 총 7명이 책봉되었는데 그중 장귀비는 하간왕河間王 장옥張玉의 딸이요, 영국공 장보의 여동생이었으며, 왕씨는 소주 사람이었다. 그리고 그 외에 권, 임, 이, 여, 최 다섯 명은 모두 조선에서 진상되어 궁으로 보내진 '처녀'들이었다.

권씨는 다섯 명 중에서 나이가 가장 많았으며, 그녀의 외모나 성격은 조선의 사적에서는 그 평가를 찾을 수 없다. 그러나 중국의 야사에서는 "피부가 하얗고 피부 결이 뽀얗고 맑았다. 옥퉁소를 잘 불었고 얌전하고 아리따우며 목소리가 멀리까지 들렸다."라고 평가했다. 해당 야사 《승조동사습유기》의 작자 모기령[3]은 《명사》의 편찬에도 참가했었기 때문에 이 야사는 '정사'의 전당에 들어갈 수 있었다. 또한 《명사·후비전》에서도 권씨는 "피부 결이 뽀얗고 맑았으며, 옥퉁소를 잘

---

3) 모기령(1623~1713): 중국 청초의 문인화가이며 저장성 소산(蕭山)의 사람이다. 박식하고 고증에 뛰어나 경(經), 사(史) 외에 지리, 음악에도 통달했고, 고문(古文)을 특히 잘하였다.

불었다."라고 소개한 것을 보면, 남녀 간의 사랑 이야기를 할 때 정사와 야사는 이구동성으로 서로 장단이 잘 맞는다는 것을 알 수 있다.

> "황제永樂帝께서 권현비의 피부색이 하얗고 농수穠粹한 것을 보고, 그 재주를 물었다. 이에 권현비가 가지고 있던 옥관玉琯을 불자 그 소리가 정미롭고 아름다우며 멀리까지 퍼졌다. 상이 크게 기뻐하며 권현비를 여러 여인들의 위로 뽑았고, 한 달이 지나 현비顯妃에 책봉冊封하였다." 영락 연간에 상황제가 고려 현비 권씨의 아름다움과 퉁소를 잘 부는 것을 총애하자, 궁중에서 앞다투어 모방하였다. 〈…중략…〉 왕사채王司彩의 《궁사宮詞》에도 역시 '옥퉁소 소리 달 밝은 속에 멀리 퍼지누나'라고 하였는데, 모두 사실을 기술한 것이다.[4]

권씨는 피부가 하얗고 다재다능하여 황제의 '사랑과 연민'을 받아 현비賢妃로 봉해졌다. 조선왕조실록에서는 '현인비顯仁妃'라고 했는데 음역이 잘못된 것이 아닌가 생각된다. 그때는 서徐황후가 이미 죽은 시점이었기 때문에 주체는 '권비가 육궁에서 사무를 관리'하도록 했다. 즉 전 왕조의 이숙비, 곽녕비와 마찬가지로 '육궁의 사무를 섭정'하도록 했으니 칭호만 없을 뿐 실질적인 황후가 된 것이다.

---

4) 《해동역사海東繹史》 권70, 《인물고人物考》4, 《명성조권비明成祖權妃》

◈ 조선과 명나라의 내명부 등급

【조선】

직급	내 명 부	세 자 궁
정1품	빈嬪(앞에 숙, 희, 수, 혜, 정, 영, 경, 창, 원, 의, 인 등을 붙여 사용)	
종1품	귀인貴人	
정2품	소의昭儀	
종2품	숙의淑儀	양제良娣
정3품	소용昭容	
종3품	숙용淑容	양원良媛
정4품	소원昭媛	
종4품	숙원淑媛	승휘承徽
정5품	상궁尙宮, 상의尙儀	
종5품	상복尙服, 상식尙食	소훈昭訓
정6품	상침尙寢, 상공尙功	
종6품	상정尙正, 상기尙記	수규守閨, 수칙守則
정7품	전빈典賓, 전의典儀, 전선典膳	
종7품	전설傳說, 전제典製, 전언典言	장찬掌饌, 장정掌正
정8품	전찬典贊, 전식典飾, 전약典藥	
종8품	전등典燈, 전채典彩, 전정典正	장서掌書, 장봉掌縫
정9품	주궁奏宮, 주상奏商, 주각奏角	
종9품	주변치奏變徵, 주치奏徵, 주우奏羽, 주변궁奏變宮	장장掌藏, 장식掌食, 장의掌醫

【명나라】

등급	구분	명칭
정1품	비(妃)	황귀비-특별히 공이 있는비 귀비, 숙비, 영비, 현비(조선권씨), 공비(영락제 생모), 신비, 강비, 장비, 유비
정2품	9빈(嬪)	

정3품	완의(婉儀)	소의昭儀, 소용昭容, 소원昭媛 수의修儀, 수용修容, 수원修媛 충의充儀, 충용充容, 충원充媛
정4품	용	소용, 수용, 충용
정5품	원	소원, 수원, 충원
서비		첩여婕妤, 소의昭儀, 귀인貴人 미인美人, 답응答應

■ 궁녀 출신은 상의(정5품)–상궁(정5품)–소용(정3품)–빈(정1품)의 순서로 품계가 올라감

 그러나 젊은 조선 여인이 언어도 통하지 않는 중국에서 나라 풍습도 잘 모르는데, 육궁六宮, 6개의 궁의 사무를 주관한다면, 육궁의 분란이 일어나지 않는 것이 오히려 이상한 일이었다. 황제가 사랑하는 사람에게 관직을 내리는 일은 너무나 당연했지만, 영락제가 권비를 총애하다 보니 그녀를 너무 높은 곳까지 올려버렸다. 권비를 사랑해서 자신의 비중에 가장 윗자리에 앉혔으나 이 일은 권비에게는 독이 될 수도 있었다. 누구나 높은 자리에 앉다 보면 자기도 모르게 '내가 최고니 나는 너희들과 다르다.'는 태도를 보일 수 있었다. 만일 한 걸음 더 나가 권비가 아들이라도 낳았다면 '오랜 숙적' 황태자 주고치영락제의 장남의 분노에 더욱 기름을 붓는 꼴이 되었을 것이다.

 사랑은 남자의 눈을 멀게 하고 눈이 멀면 여자와 관련된 모든 것이 다 예뻐 보이게 마련이다. 한 사람을 사랑하면 그 사람과 관계된 모든 것을 다 좋아하게 되는 것이다.

 조선 처녀들의 아버지와 형제가 자기 딸과 누이를 배웅하기 위해 명나라로 공물을 납품한다는 핑계로 북경을 방문하자 영락제는 그들에

게 수고비를 지급했다. 권비의 오라버니 권영균을 《명사》에서는 권비의 아버지라고 잘못 적고 있는데, 권비의 아버지의 이름은 권집중이다. 권영균은 정삼품 광록시경光禄寺卿을 하사받았으며, 다른 사람 역시 4, 5품에 해당하는 관직과 직함을 수여 받았다.

명나라 말기 청나라 초기의 경학자 모기령毛奇齡은 자신의 《동사습유彤史拾遺》에서 조선 출신 현비賢妃 권씨權氏가 옥피리를 잘 불었다며, 영락제의 동생인 영헌왕寧獻王이 피리를 부는 권씨를 묘사한 시를 함께 소개했다.

권씨는 《명태종실록》에 단 두 번 출현한다. 한 번은 비로 봉했을 때, 또 한 번은 죽었을 때 조정에서 제사를 지내며 호를 주었다는 기록인데, 그 외에는 기록을 찾아볼 수 없다. 권비가 명나라 궁중에서 생활했던 시간은 약 1년 반으로 매우 짧았다. 당시 권씨와 같이 태감 황엄을 따라온 처녀들이 중국에 입국한 시기는 때마침 주체 영락제의 첫 번째 북방 순시 시기와 맞물렸기 때문에 처녀들은 북경에 도착한 후 어가를 기다렸다. 그녀들은 남경으로 남하하지 않고 주체영락제가 북경에 오기를 기다렸다가 후에야 그를 만났다.

영락 8년 2월, 영락제는 직접 군대를 이끌고 북정해서 본아실리本雅失裡와 아노대阿魯대를 평정했으며 7월에 개선했다. 10월에 황제의 어가가 남경으로 돌아가는 길에 권비가 황제를 모셨으나 산동 임성臨城에 도착해 갑자기 병으로 급사하고 말았다. 영락제는 그녀의 시체를 '역현嶧縣'에 '가매장假埋葬'해 두었다.

"이듬해영락 8년 10월 황제의 북정北征을 모시고 돌아오는 길에 임성臨城현 河北省城西南部의 邢臺市 臨城縣에서 병이 났고, 역현嶧縣, 山東省 南部의 莊市 嶧城區에 묻혔다."

—《명사》권113, 〈후비전〉1

가매장이란 임시적인 매장, 혹은 관을 잠시 어떤 곳에 두거나 살짝 흙만 덮어놓았다가 나중에 정식 이장을 기다리는 것을 말한다. 권영균이 조선으로 돌아와 국왕에게 보고한 바로는 영락제 주체가 처음에는 '권비의 시체를 옮겨 노老황후徐皇后와 합장하려' 했다고 한다.

즉 다시 북방 순회를 할 때에 사랑하는 권비를 북경의 장릉에 옮겨 부장하려 했다는 것이다. 그러나 어떤 이유 때문인지 주체는 후에 생각을 바꾸었다. 권비는 영원히 산동에 머물렀고, 그녀의 무덤은 현재까지 남아 현지인에게 냥냥묘娘娘廟, 황후 혹은 귀비의 무덤이라는 뜻라고 불리고 있다. 권비의 사망원인에 대해 실록에서는 '병'으로 기록하고 있다.

그런데 그녀가 죽은 지 3~4년 후에 영락제는 한 가지 놀라운 소문을 듣게 되었다. 권비는 갑자기 병으로 죽은 것이 아니라 독살되었으며 독을 넣은 사람은 그녀와 함께 중국에 온 여呂씨라는 조선의 처녀였다. 당시 영락제 주체는 이렇게 말했다.

"(서) 황후가 죽은 후에 나는 권현비에게 육궁六宮을 관리하게 하였다. 이때 주체의 후비로 있던 여씨가 권현비에게 '자손이 있는 황후도 죽는데, 네가 몇 개월이나 맡을 수 있겠느냐?'라며 시기하였다. 그리고 내관 두 놈과 조선의 내관 김득, 김랑, 이 네놈이 친형제처럼 지냈는데, 한 은장銀匠 집에서 비연砒礪을 빌려와 여씨에게 주었다. 영락 8년, 남경으로 돌아갈 때 량향良鄉에 이르러 그 비상독약을 가루로 갈아 호도차胡桃茶 안에 넣어 권현비에게 먹게 하여 죽었다.

당초 나 영락은 이 연고緣故에 놀랐으나, 작년 두 집안 권현비와 여씨의 노비가 서로 다툴 때, 권현비의 노비가 여씨의 노비에게 '너희 사장使長, 여씨가 약으로 우리 권현비를 죽였다.'라고 하였다. 이때서야 비로소 알아 물어보니 결국 그러하였다. 이에 나는 내관 몇 놈과 은장을 모두 죽였고, 여씨는 낙형에 처해 한 달을 지져 죽였다. 너 사신 유민생은 조선으로 돌아가서 이 연고를 상세히 말해 알게 하라. 권영균에게 말하고, 여씨 집안에서 말하여 다시는 오지 못하게 하라."

—《태종실록》권28, 태종 14년 9월

이 소문의 자초지종을 좀 더 영락제 주체의 진술을 통해 들어보자면, 그는 영락 12년1414에 조선의 '흠문기거사欽問起居使, 문안 사절'인 윤자당尹子當에게 이렇게 말했다.

"황후가 서거한 후에, 권비에게 육궁의 사무를 관리하도록 했네. 그런데 이 여씨여미인가 권씨의 면전에서 이렇게 말했다는군. '자기 자식이 있는 황후도 죽었는데, 네가 앞으로 몇 개월이나 더 버티겠느냐?' 여씨가 어떻게 이렇게 무례할 수 있단 말인가!"

여씨와 권씨의 대화는 하인이 고발을 했기 때문에 알게 된 것이지 영락제 주체 자신이 들은 내용은 아니었다. 여씨가 말한 '자식이 있는 황후'란 영락제의 비 서황후를 가리키는 것이고 '자기 자식이 있는 황후도 죽었는데, 네가 앞으로 몇 개월이나 더 버티겠느냐?'는 말은 질투에서 비롯된 말처럼 들린다. 그러나 자세히 음미해보면 그 말은 더 깊은 뜻을 내포하고 있다. 그 말은 마치 "황후는 자기 자식, 손자가 있었는데도 얼마 살지 못했는데, 네가 며칠이나 더 버틸 수 있다고 생각하느냐?"라고 말하는 듯하다.

권씨의 생명이 길지 않기를 바라는 저주의 뜻이었다. 이 말은 확실히 '무서운' 말이었다. 왜냐하면 그 말에는 마치 "아들을 낳은 서황후도 주체 영락제 때문에 죽음을 면치 못했고, 그것이 아니라면 어쩔 수 없이 자살을 선택하고 말았는데, 너 같은 대리 황후는 어떻겠느냐!"라는 뜻이 숨겨져 있는 듯 들리기 때문이다. 해석은 우선 차치하고 다시 주체의 자술을 들어보자.

"여씨 궁중에는 일을 맡아 하는 태감이 네 명이 있었는데, 두 명은 중국인, 다른 두 명은 조선인으로 이름은 김득金得과 김량金良이라고 했다. 이 네 사람은 '진짜 형제, 단짝, 의형제의 결의를 맺었다는 뜻'이 되었는데, 여씨가 '불의'하여 김득 등 태감과 비밀리에 공모하고 은 세공사의 집에서 빌려온 비상을 가지고 있다가 영락 8년에 남경으로 돌아가는 길에 양향良鄕, 지금의 베이징 량샹良鄕에 도착해 비상을 가루로 빻아 호두차 안에 집어넣고 권씨를

'음독'시켰다."

또 다른 장면에서 주체가 한 말은 조금 다르다.

"여씨가 비상을 몰래 사와 약에 섞어 마시게 하고 다시 국수와 차를 먹이
니 죽고 말았다. 애당초 나는 이런 사실을 몰랐다"

이것이 명나라 사적에 대한 기록이다. 그렇다면 영락제는 이 사실을
어떻게 알게 되었을까? 그 사실은 이렇다.
영락 11년의 어느 날, 권, 여씨 두 집안의 노비가 사소한 일로 말다
툼을 하다가 쌍방이 서로 쌍욕을 해대게 되었다. 우선 권비의 노비가
여씨 집안의 노비에다 대고 말했다.

"너희 큰 어른노비의 주인인 궁중의 비께서 약으로 우리 비를 살해했잖아!"

궁중 안에서 독약을 사용한 것은 중죄였다. 이 중대 정보는 누군가
에 의해서 영락제 주체에게 보고되었고, 영락제는 매우 놀라 크게 진
노하며 곧 다음과 같이 명했다.

"그 여가여씨에게 일 개월 동안 화인을 찍어 죽여라!"

그러나 일설에는 능지처참을 했다고 한다. 그리고 몇 명의 내관, 은
세공사도 죽었고, 여씨 궁중에 있던 사람도 전부 죽여서 씨를 말려버

렸다고 한다.

영락제 주체가 이 상황을 조선의 윤자당尹子當에게 들려준 것은 분명히 그에게 돌아가 조선의 태종에게 여가呂家의 아버지에게 말하고서, 다시 뒷날 쉬었다가 오도록 하라는 뜻이었다.[5]

사실상 조선의 태종에게 여씨 일가를 처단하라는 명령을 했던 셈이다. 주체가 일부러 "내가 권씨에게 육궁의 사무를 관리하도록 했다"라고 말한 것은, 조선의 태종에게 여씨 일족을 반드시 모반을 일으킨 대역죄에 준하여 주살해야 함을 암시한 것이었다.

이에 조선의 태종은 다시 이렇게 말한다.

> "차마 그럴 수는 없다. 권씨는 비이고, 여씨는 미인, 정확하게 첩여였다. 비록 계급의 차이는 있었지만, 정실과 첩실의 차이가 있었던 것은 아니었다. 게다가 권비가 과연 여씨의 독살로 죽었는지는 여전히 애매하기 때문에 죄를 단정지어 일족을 멸하는 것은 차마 할 수 없는 일이다."

결국 여씨의 친족은 석방되었으며, 오로지 어머니 한 명만을 남겨두었다. 여씨의 아버지 여귀진呂貴眞은 영락 8년 9월에 이미 세상을 떠났기 때문이다. 결국 처형을 당한 사람은 여씨의 어머니 한 사람이었지만 한 집안이 명나라 황제의 명령 때문에 풍비박산이 나고 말았던 것이다. 조선에서는 명나라 황제의 명을 거행했다며 이를 위해 특별히 사자를 보내어 사형의 상황을 영락제에게 보고했으며, 영락제는 이의

---

5) 《태종실록》 28권 14년 9월 19일

를 표시하지 않았다.

태종의 의구심은 나름대로 근거가 있었다. 주체의 이야기 속에서 여씨가 왜 같은 동족을 그렇게 괴롭혔고 권씨를 독살했는지 이유가 명확하지 않았다. 영락제는 그저 여씨가 '불의'했다고 했는데 '불의'란 그 행위 후의 평가이지 동기는 아니었던 것이다.

여씨는 중국 궁정에 들어온 후로 첩여로 봉해졌고《조선왕조실록》에서는 '여미인'이라 칭함 지위는 권비보다 낮아 황제의 총애 역시 권비보다 못했다. 권비는 육궁의 사무를 관리했지만, 그녀는 오히려 이를 조소하며 "네가 몇 개월이나 버티나 보자."라고 했다. 그녀는 시기 질투 때문에 이런 초강수를 두었던 것이다. 하지만 이 일은 두 비의 하인이 벌인 말다툼에서 발단이 되었다.

사람이 격분했을 때에는 어떤 극단적인 말을 할 가능성도 많기 때문에 그 말을 곧이곧대로 믿을 필요는 없다. 하지만 영락제 주체는 이런 근거 없는 말을 듣고 여씨와 그 궁의 궁인들을 포함하여 수천 명을 참혹하게 살해했다. 어디 그뿐인가, 당시 조선의 태종은 명 황제 영락제의 명을 받들어 여씨의 어머니를 처형했고, 결국 이 사건은 궁중 대참극의 시발점이 되었다. 조선 태종 역시 여씨를 생각하며 이렇게 한탄했다고 한다.

"여씨는 왜 그렇게 예쁘게 생겨 화를 자초했단 말인가?"

언제는 전국을 샅샅이 뒤져 여씨를 명나라로 보낸 사람이 이제는 예쁘게 생겨 화를 자초했다니, 이게 뭔 말인지 똥인지 모를 소리였다.

자신의 죄를 마치 명나라 영락제가 저지른 것처럼 떠넘기는 이 말에 태종을 이해할 수 있는 사람이 누가 또 있을까? 그러나 사실 태종의 말은 틀렸다. 여씨는 권비를 독살하지 않았다. 그녀는 타인에게 모함을 당해 억울하게 죽었을 뿐이다. 그렇다면 조선의 태종이 여씨의 어머니를 처형한 것은 어떻게 된단 말인가, 억울한 누명을 씌워 처형했으니 그에 대한 책임을 져야 하는 것은 아닌가? 하지만 조선의 태종은 이미 재위 기간 중에 자신에게 대항하는 수천 명을 죽였는데 여인 하나 처형한 것은 그리 큰일이 아니었다. 하지만 사랑하는 어머니가 억울하게 죽어가는 것을 목격한 가족들은 어쩌란 말인가,

죽음을 저항 없이 받아들이는 사람은 없다. 특히 억울하게 죽음을 맞이하는 사람은 살고 싶어 한다. 어쨌든 죽음이란 삶의 과정에서 가장 극적인 사건 가운데 하나이자, 현존하는 말과 행동을 능가하는 일이기 때문이다. 그렇다면 실제 어씨와 여씨의 난의 진실은 무엇이었을까?

그 진실은 이렇다.

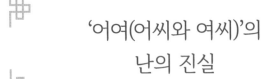

'어여(어씨와 여씨)'의
난의 진실

여씨를 모함한 사람은 다른 사람이 아닌 같은 조선에서 온 한 여인이었다. 이 여인은 《조선왕조실록》에서는 '가여賈呂'라고 부르고 있다.[6] 아마도 상고商賈, 상인의 딸이었던 듯싶다. 고대 조선 사회는 엄격한 계급 사회로서 상인은 모두 하층 서민 계층에 속했고, 사대부 가문 출신인 여씨와는 신분 차이가 현격했다. 가여는 권비를 따라 중국 조정을 찾는 시녀 중의 한 명이었다. 영락제가 비빈으로 봉한 여인은 조선에서 정식으로 진상한 '처녀'들에 한했지만, 영락제 주체는 그녀들을 따라 온 시녀들도 전부 기쁘게 맞이하여 모두 자신의 비처럼 데리고 놀았다.

신분이 미천한 시녀가 황제와 배꼽을 맞추게 되면, 평상심을 잃고 다른 비들에 대한 질투의 마음이 불처럼 뜨거워지게 마련이다. 그리하

---

6) 《세종실록》 26권 세종 6년 10월 17일

여 그녀는 얼마 후 '어여의 난어씨와 여씨의 난'을 일으키게 된다.

사실 '어여의 난'은 《명사》에는 그 기록이 없어 주로 《조선왕조실록》에 나타난 기록을 근거로 알 수 있으며, 일부 조선 사신의 견문록도 참고로 하고 있다. 이 내용을 종합해 보면, 영락 말년의 참혹한 대학살의 자초지종은 이렇다.

'가여'는 여첩여와 같은 성씨로, 이 때문에 서로 좋은 관계를 유지하고 싶어했다. 그러나 여첩여에게 거절을 당하자 이 일로 마음에 원한을 품고 있었다. 권비가 죽은 후, 그녀는 여씨가 권비의 '차에 독약을 넣어' 권비를 독살했다고 모함했다. 위에서 언급했듯이 권비는 영락제가 너무나 사랑했던 조선의 여인이었다. 진노한 영락제는 가여의 모함을 곧이곧대로 믿고는 여첩여 및 궁의 노비, 환관 등 수백 명을 주살해 버렸다. 이 궁궐 대참사는 영락 11년에 발생했는데, 주목할 점은 이는 단지 서막에 불과했다는 것이다.

가여는 아직 젊디젊은 나이였다. 하지만 그녀는 개인적인 원한 때문에 타인이 대역죄를 지었다고 모함을 했고, 이로 말미암아 공포의 대학살을 초래했으니, 진정 마음이 독사나 전갈 같은 여인이었다. 그녀는 또한 욕심도 많았다. 가정환경이 좋지 않았던 탓에 자신의 욕망을 어떻게 예의와 도덕으로 다스려야 하는지 배우지 못 했던 것이다. 그녀는 깊은 궁궐의 고독을 견디다 못해 어씨라고 불리는 궁인과 더불어 환관과 몰래 사통했다.

어씨가 조선 사람인지는 모르겠지만, 그녀 역시 영락제와 배꼽을 맞춘 적이 있는 영락제의 성적 노리개였다. 다만 황제가 아무리 일당백의 강력한 힘을 자랑해도 정력은 점차 딸리게 마련이었다. 어씨 역시

'총애'를 많이 받으면 받을수록 자신의 '쾌감'은 작았기에 자기 능력을 맘껏 과시해보고 싶은 생각에 몸이 달았다.

가여는 이런 어씨와 죽이 딱 맞는 한패였다. 한편으로는 황제의 사랑을 받으며, 또 다른 한편으로는 환관과 치근덕거렸다. 지존하신 황상의 여인을 일개 환관이라는 작자가 데리고 놀았으니 그 재미와 스릴이 얼마나 극적이었을지 상상이 되고도 남는다.

그러나 여자의 향기는 거쳐 간 남자에 따라 달라지게 마련이다. 다른 남자와 몸을 섞은 여인을 알아보는 방법은 얼마든지 있다. 그런 행동이나 향기는 숨긴다고 숨겨지는 것이 아니다.

아나나 다를까, 수상한 낌새를 알아챈 영락제 주체는 이 일의 진상을 조사하기 시작했다. 가여와 어씨는 너무나 두려운 나머지 목을 매달아 자살해 버렸다.

'어차피 죽을 건데 왜 자살을 했을까?' 하는 의문을 품는 사람도 있을 것이다. 하지만 살아서 영락제에게 잡히면 사지가 찢겨 죽거나 기름에 튀겨 죽기 때문에 자살은 어쩌면 행복한 죽음이었기에 그랬을 것이다.

'가여'와 같은 사악한 여자를 만나게 되면, 그 사람과 친하건 혹은 거리를 두며 무시를 하든 간에, 어느 경우라도 화를 당할 수 있다. 그래서 사람을 잘 만나야 한다는 그 흔한 진리는 지금도 명언이 되고 있는 듯하다. 어씨와 여첩여의 결말을 보면 그 사실을 확실히 알 수 있다.

가여와 여씨는 죄를 추궁받을까 봐 두려워 자살을 선택했다고 하지만, 어떤 사적에는 여씨가 스물한 살의 꽃다운 나이로 숱한 악형을 받다가 죽음을 당했고, 그녀의 궁에 소속된 궁녀와 태감太監, 환관 등도 모두 죽음을 당했다고 한다. 영락제의 남은 분노는 오히려 이 때문에 더 폭발하고 말았다. 가여가 모함한 여씨의 일마저 풍문이 거세어 왔기에 영락제는 가여의 노비를 전부 잡아 와 이 일을 철저히 조사하도록 명했다.

알다시피 참혹한 형벌로 자백을 강요받을 경우, 종종 본래 지은 죄보다 더 큰 죄를 고백하기 마련이다. 그러니 가여의 죄상은 단순한 스캔들 정도가 아니라 '시해와 반역을 기도했다.'는 중죄로 업그레이드되었다. 폭군 영락제에게는 죄명이 이 정도는 되어야 자신의 특이한 입맛에 맞았을 것이다.

눈 깜짝할 사이에 가여는 궁정 시해 사건의 주범으로 전락했고, 비록 목매달아 자살하며 요행히 중형을 받는 비극은 모면했지만, 그 시비의 구두진술이 눈덩이처럼 불어나면서 다수의 무고한 사람이 이 사건에 연루되었다. 지금도 마찬가지지만 죽은 사람에게 모든 죄를 뒤집어씌워 버리는 것은 예나 지금이나 똑같다. 다만 다른 점이라면 지금이야 모든 죄를 뒤집어씌우고 죽어버리면 끝이지만, 옛날에는 9족을 넘어 10족[7]을 멸했다고 하니 죄 없는 사람들도 함께 죽어야 했다.

---

7) 9족이라는 말은 흔히 사용되지만 10족이라는 표현은 생소할 것이다. 10족이란 아버지 쪽으로 4, 어머니 쪽으로 3, 처가 쪽으로 2 일족을 합한 9족에 친구와 제자와 동문을 합쳐 10족이라고 부른다.

결국 가여는 황천길을 가면서 수천 명의 목숨을 빼앗고 간 꼴이 되었다. 《세종실록》에서는 이렇게 기재한다.

"연루된 사람은 2,800명이며, 주체는 매번 직접 그들의 살을 발라냈다."[8]

사람들은 이 사료를 고증도 하지 않은 채 수많은 서적에 그대로 기록·인용했는데, 이 부분은 약간 과장된 부분이 있다. 영락제가 죄수 2,800명의 살을 직접 발라냈다니 너무 경악스럽지 않은가? 주체의 잔인하고 폭력적인 성격은 추호도 의심치 않지만, 그것이 소위 '사실'이라는 것은 여전히 믿지 않는 사람이 많다. 그러나 이와 비슷한 일이 《명사》에도 기록되고 있는데 영락제의 아버지 주원장이 완의국[9]의 부녀자 오천 명의 가죽을 벗겼다는 내용이 그것이다. 상식적으로 볼 때, 이것은 있을 수 없는 일이다. 다만 그만큼 잔인했다는 뜻일 것이다.

조선 사신은 당시 명나라 진상을 알지 못했을 테고, 게다가 북경에 각종 소문이 난무하니 과장된 이야기를 곧이곧대로 믿고 돌아가서 조선왕에게 보고했을 것이다. 전해지는 바에 의하면 살이 발리는 형을 받았던 사람은 영락제의 면전에서 입에 담지 못할 욕을 퍼부었다고 한다.

---

8) 《세종실록》 14년
9) 중국 명나라에서는 환관의 직무에 따라 12감(監), 4사(司), 8국(局)으로 구분하며 이를 24 아문(衙門)이라고 한다. 그중에서 8국은 병장국(兵仗局), 완의국(浣衣局), 은작국(銀作局), 건모국(巾帽局), 침공국(針工局), 내직염국(內織染局), 주작면국(酒醋麵局), 사원국(四苑局)이 있다. 이 중에 완의국은 황궁 내의 빨래를 담당하는 부서이다.

"자기 정력이 딸려서 젊은 환관들이랑 간통한 건데, 그게 누구 잘못이라는 거냐!"

자기 몸이 곧 회로 떠질 텐데, 이제 와서 뭘 두려워했으랴? 지존한 군주에게 모진 욕을 퍼붓는 한이 있더라도 속이나마 통쾌해지고 싶었던 것이다.

원래 인간은 극한 상황에 직면하면 그 순간을 벗어나기 위해 모든 수단과 방법을 강구하지만, 벗어날 수 없다고 판단되면 두려움이 사라지고 분노가 폭발하여 자신의 생명은 안중에도 없게 된다.

그러나 명나라로 끌려간 여인들의 비극은 이것으로 끝나지 않았다. 영락제 주체는 영락 22년세종 6년, 1424 7월 세상을 떠나고 8월에 장남인 태자 주고치朱高熾가 즉위했다. 그가 바로 인종명 4대 황제 홍희제이다. 영락제 주체는 중국인 여씨가 궁인 어씨와 함께 환관과 간통하다가 수많은 사람과 함께 죽은 사건을 화공을 시켜 그래서 후세에까지 보이려고까지 하다가 그만두었다. 아버지 영락제가 끝내 궁인 어씨를 잊지 못했는데, 아버지가 사랑한 여인까지 욕되게 될 것을 걱정했기 때문이다. 그래서 자신의 수릉壽陵, 죽기 전에 만든 무덤에 어씨를 묻었는데, 명 인종명 4대 황제은 즉위하자마자 어씨의 시신을 파내버렸다.

어씨는 명나라 여씨의 누명을 쓰고 억울하게 죽었는데, 죄를 사면받기는커녕 영락제 주체의 아들 인종에게 다시 부관참시剖棺斬屍, 죽은 자의 무덤을 파헤쳐 목을 베는 형 당했으니 이같이 억울한 일이 또 어디 있을까?

이 같은 사실로 보아도 2,800명이 극형을 받은 이유는 시해와 반역 때문도 있지만, 황제의 여자를 감히 환관이라는 놈이 건드린 것에 대한 복수극이었다.

사실 궁인과 환관이 서로 통정하여 간음을 하거나, 혹은 서로 의지하며 세월을 보내는 일은 역사적으로 이미 오래전부터 존재하던 일이었으며, 이를 대식對食, 여자와 고자 간의 '비정상적인 행위'[10] 혹은 채호菜戶라고 불렀다. 영락제 주체가 이들을 절대 용인하지 않고 철저히 숙청했다 하더라도, 이렇게 참혹한 살육을 했다는 것은 그가 어떤 사람이었다는 것을 반증하는 것이라 하겠다.

더욱 이상한 것은 영락제는 어씨의 잘못으로 그렇게 많은 사람을 죽였지만, 그 일 후에는 오히려 어씨를 잊지 못하여 그녀를 자신의 능인 장릉의 곁에 안장하겠다는 용서의 뜻까지 보였다는 점이다. 영락제는 감정이 변덕스럽기가 정상인으로서는 도저히 이해할 수 없는 정도까지 이르렀다. 그는 정신을 상실하고 미쳐버린 것이었을까? 사실 노년에 영락제는 정신질환 증세와 간질 증세가 있었다고 한다.

어여씨의 사건은 영락시대 말년에 발생했으니, 대략 영락 18~19년 때의 일이었다. 조선에서 온 여인들은 대부분 이 사건으로 유명을 달리했다. 사건의 당사자였던 가여와 어씨 외에도 자살을 한 임씨와 정씨는 사건이 무차별 확대되자 목을 매어 자살했고 황씨와 이씨는 국문 끝에 목이 베였다. 이들은 모두 권씨 후에 명나라 궁에 차례차례

---

10) 대식(對食)이란 말은 같이 잠을 자지는 못하고, 그저 함께 밥을 먹으며 고독을 달래기만 하는 사이일 뿐이라는 뜻이다. 명대 궁녀의 '배우자'가 된 태감을 '채호(菜戶)'라고 불렀다

입궁한 조선 여성이었다. 하지만 이들의 억울한 죽음에 대해 기억하는 사람은 단 한 명도 없었다. 그저 그녀들은 여자라는 기구한 운명을 타고나 조용히 슬픈 역사 속으로 사라졌을 뿐이다.

《조선왕조실록》에서는 특별히 이씨를 칭찬하고 있다. 황씨가 심문을 견디지 못하고 함부로 타인을 모함하자 이씨는 그녀를 비웃으며 이렇게 말했다 한다.

> "어차피 모두 죽을 목숨인데 무엇 때문에 무고한 사람을 죽게 하느냐? 나는 혼자 죽겠다."

그녀는 결국 타인을 모함하지 않고 홀로 죽음의 고통을 감내했다고 한다. 사실 주범과 공범을 조사할 때에 심문을 받는 사람은 너무 고통스러운 나머지 무고한 사람을 계속 모함하게 되는데, 이 과정에서 결국 더 많은 사람을 연루시켜 피비린내 나는 사건을 조작하게 된다. 어쩌면 황씨 같은 반응은 보편적이라고 할 수 있었다. 그래서 한 사람이 조사를 받게 되면 그녀의 친구와 아는 사람도 마수에서 벗어나기가 어려워진다. 조사하는 사람이야 조사받는 사람이 많으면 많을수록 좋기 마련이다. 그만큼 조사의 정당성과 지위가 확보되기 때문이다. 이는 수백 년이 지난 지금에도 누구도 부인할 수 없는 사실이다.

《조선왕조실록》에서는 이렇게 말한다.

> "본국의 여인은 모두 죽음을 당했다."

오로지 최씨만은 다른 궁녀가 모두 북경으로 옮겨졌을 때에 혼자 병이 나서 남경에 남아 있었기 때문에 구사일생으로 목숨을 건졌다.

이러한 기록으로 살펴보건대, 조선에서 끌려간 그 많은 여인들이 어떻게 억울하게 죽어갔는지 상상이 가고도 남는다. 영락제 때 많은 조선 여인들을 끌고 가서 성적 노리개로 삼다가 죽여버린 후, 또다시 그의 아들인종, 1424~1425, 주고치의 아들선종, 주첨기, 1425~1435은 조선에서 수많은 공녀들을 데려다가 황실의 궁녀로 채운다. 이 시기는 우리가 가장 위대한 왕으로 알고 있는 세종1418~1450시기였다.

《조선왕조실록》에서는 각종 소문을 종합한 내용이 기록되어 있다. 여기에는 명나라 사신인 태감 윤봉尹鳳, 조선인이 전하는 '소문의 대략적인 줄거리'와 한씨의 유모인 김흑이 귀국한 후의 진술 등을 포함하고 있다. 그래서 비교적 많은 내용이 기재되어 있으며 기록도 혼란스럽다. 하지만 이 이야기를 정리해보면 전대미문의 참사를 일으킨 조선 후궁의 대학살은 여첩여가 권비를 독살했다고 모함한 가여사건 외에도 궁중의 음란함으로 인해 이런 비극적인 사건들이 수도 없이 발생했음을 알 수 있다.

처녀맛을 본
명나라 황제의 성욕사건

조선은 공조전서 권집중權執中과 임첨년任添年, 여귀진呂貴眞의 딸들을 명나라로 보낸 뒤 간신히 숨을 돌리고 있는데, 생각지 못하게 그 다음 해태종 9년 5월에 또다시 성지를 받들고 조선을 찾은 황대인을 마주해야 했다. 조선이 무슨 명나라의 성적 노리개를 대주는 포주도 아닌데 이런 황당한 경우는 없었다.

"작년에 네가 이곳에서 고른 여자는 뚱뚱한 사람은 퉁퉁하고, 곰보는 곰보지고, 키 작은 이는 작달막하여 전부 예쁘지 않았다."

이게 어찌 된 일인가? 작년에 그렇게 신경을 써서 고르고 데려간 처녀가 전부 황제의 마음에 들지 않았던 말인가? 조선의 태종은 불안해지기 시작했다. 황엄은 조선 국왕의 얼굴색이 파래지자 얼른 표정과 말투를 부드럽게 바꾸며 말했다.

"황상께서 말씀하셨소. 황상은 국왕이 공경하는 마음으로 극진히 진상한 것을 아시고 이미 비로 봉할 사람은 비로, 미인으로 봉할 사람은 미인으로, 소용으로 봉할 사람은 소용으로 다 봉해 주었소, 황상께서 지금 원하는 여인이 있으신데 많으면 둘이고 적어도 한 명일 뿐이요. 그래서 다시 오게 되었소."

어린 처녀를 바친 지 얼마나 되었다고 또다시 조선의 어린 처녀를 찾아 다시 조선에 왔다니 이게 뭔 말인가? 정력이 남아도는 것인지, 아니면 조선의 어린 처녀들의 피라도 빨아먹기 위해 요구하는 것인지 알 수가 없었다.

조선의 태종은 그제야 황제의 뜻을 알아차렸다. 알고 보니 황제는 한번 처녀의 단맛을 보자 환장하기 시작한 것이었다. 밥그릇의 밥을 먹고 있으면서 솥단지 속의 밥을 욕심내고 있는 셈이었다. 그래서 지난번에 선발한 여성이 별로 예쁘지 않았다고 생트집을 잡아 조선이 재선발 작업을 하도록 문책했지만, 실은 이렇게 추궁해서 미녀를 몇 명이나마 더 얻어가려는 속셈이었다.

조선의 국왕은 그 응큼한 속셈을 알아차렸지만 하고 싶은 말을 그대로 말할 수는 없었다. 성지에 따라 울며 겨자 먹기로 미색 선발작업을 선포했으며, 또다시 팔도에서 미녀가 선발되었다.

금세 두 명의 소녀가 물색되었다. 한 명은 18세의 정씨鄭氏, 또 한 명은 13세의 송씨宋氏였다. 황제가 '호색한이 아니라는' 체면을 살려주기 위해, 조선이 이번에 사용한 방법은 '눈 가리고 아웅 하기'였다. 즉 국왕의 친형상왕이 중풍병을 앓고 있는데 날이 갈수록 심각해져서 사신에게 약품 목록을 딸려 북경에 약재를 사러 간다는 것이었다. 그 후에는 또 '집찬비執饌婢, 음식 만드는 궁녀', '창가비唱歌婢, 노래 부르는 궁녀' 등 각종 이름난 미녀들을 헌상했는데, 이는 모두 눈가림용 구실에 불과했다. 이런 처녀들이야말로 대명 황제의 색정병을 달래주기 위한 진정한 '약재'라는 사실을 누가 모른단 말인가? 주체는 발정한 수사자처럼, 자극적인 맛을 한번 보고 나서는 미친 듯이 신선한 맛을 원했다. 먹고 또 먹고 탐욕은 그침이 없었다. 그는 조선에는 이렇게 발정 난 추태를 부렸지만, 정작 중국 내에서는 백성과 신하가 이런 자신의 본모습을 알아차릴까 봐 두려워했다. 중국 한림원翰林院에서 성지를 작성할 경우, 문자적인 증거가 남기 때문에 자신의 '성스러운 덕'에 해가 될 것을 꺼린 영락제 주체는 황엄 등 태감이 전하는 '구전口傳, 구두로 전달하는 성지'만을 윤허했다. 하지만 환관이라는 개떼는 기회만 있으면 거짓 성지를 내려 자신의 사리사욕을 마음껏 채웠으니, 조선은 명나라 환관에 의해 처녀 선발은 물론이고 이들에게 뇌물을 바치는 데 정신이 없었다.

영락제 주체는 이번에는 정말로 정씨가 예쁘지 않다며 황엄에게 정씨를 돌려보내고 다시 미색을 선발해 대령할 것을 명했다. 해도 해도 너무한 행동이었다. 이미 처녀를 데려다 볼일 다 보고 돌려보내면서 예쁘지 않다니…. 사과를 골라 한 입 먹고 맛이 없다며 환불해 달라고 한다면 사과를 판 상인은 무슨 말을 할까? 분명 이런 상황에서 상인이 할 수 있는 말은 "이런 미친놈"이라는 말뿐일 것이다. 그럼 되돌아온 정씨는 어떻게 된단 말인가? 명나라로 끌려가 성적 노리개가 되었다가 되돌아온 정씨가 조선에서 온전하게 살아갈 수 있다는 말인가?

그러나 조선의 국왕 태종은 대명제국이 막북漠北을 북정한 전쟁에서 참패를 당해 대장군 기국공淇國公, 구복(丘福) 이하 공경 1명과 귀족 4명이 모두 전사하고 전군이 패퇴했다는 외교 정보를 듣자, 개인적으로 주위의 신하에게 이렇게 조용히 말했다고 한다.

"중국은 지금 전쟁을 해야 할 때인데, 황제는 계속 미녀를 수집하려고 하니 이 일이 도대체 시기적절한가?"

조선의 국왕 태종은 영락제 주체가 이렇게 급박한 정세 속에도 끈질지게 사자를 보내 어린 처녀를 요구하는 걸 보니, 혹시 중국 측이 '고의로 태연한 척하고 있는 것'이 아닌지 의심했다고 한다. 어린 처녀를 요구하는 것은 일부러 평온한 속내를 가장하기 위한 속임수가 아닌가 하고 말이다.

명나라 황제가 보낸 환관에게조차도 자신의 의중을 제대로 말도 못하고 시키는 대로 다하면서 머리를 조아리던 어리석은 조선 태종의 행동은 어쩌면 자업자득이었다. 아버지 태조 이성계가 스스로 위화도 회군을 통해 반역으로 나라를 쟁취한 후 스스로 명나라의 개가 되기를 자청하더니, 이번에는 그의 아들 태종이 처녀들과 어린 남자아이들의 불알을 제거하고 내시로 만들어 명나라에 바치는 충견 역할을 했다는 역사적 사실은 모두 《조선왕조실록》에 고스란히 기록되어 있다.

조선 궁녀 황씨와
한씨의 사건

영락제가 죽기 전 말년에 사랑했던 궁녀 중 조선의 공녀가 많았기 때문에 한씨와 유모 김흑의 이야기 역시 조선 공녀의 비극사로 남아 있다.

어·여 등의 궁인이 환관과 사통한 일로 영락제는 조선 여인의 정절을 의심하기 시작했고, 그는 이 '조선이 바친 공녀들이 절대 처녀가 아닐 것'이라는 의혹을 품었다. 그 예로 영락 15년에 여비 한씨와 함께 중국에 입조한 황씨 같은 여인들을 들 수 있다. 함께 진상된 처녀들 중에서 황씨, 한씨를 주체 영락제는 최고로 평가했는데, 《조선왕조실록》에서는 황씨는 '외모가 아름답다', 한씨는 달의 여신처럼 자태가 아리땁다고 했다. 그리고 조선 출신 명나라 태감 황엄 등이 궁녀를 선발할 때에는 한씨를 일등으로 삼았다.

비록 함께 선발이 되기는 했지만, 황씨의 반발은 비교적 컸다. 하루는 '황제의 사자' 황엄이 갑자기 황씨의 집을 찾았는데, 황씨는 고의로

'병이 있다'는 구실을 대며 밖으로 나와 황엄을 영접하지 않았고, 결국 억지로 나오긴 했지만, 얼굴에 눈물 자국만 보일 뿐 분도 바르지 않은 모습이었다. 황엄은 대노하여 당시 크게 화를 냈다고 한다.

그해 8월 황엄은 강제로 한씨와 황씨를 중국으로 데리고 갔다. 황씨는 아버지가 이미 돌아가셨기 때문에 중국으로 배웅하는 길에 형부 김덕장金德章이 그녀와 동행했다. 여행길에서 김덕장은 자주 황씨가 탄 가마의 창가로 몰래 다가가 시누이와 은밀히 이야기를 나누었는데 눈빛이 수상쩍은 것이 도대체 무슨 이야기를 하는지 도통 알 길이 없었다. 황엄은 그 꼴을 보며 더욱 그녀를 의심하고 주의를 줬다.

얼마 후 황씨는 복통을 앓았다. 의원이 각종 치료를 하고 여러 가지 약을 다 써보았지만 효과가 없었다. 그녀에게 아픈 증상이 어떠냐고 하자, 황씨는 '동치미'가 먹고 싶다고 했다. 황엄은 압송관인 조선첨총제朝鮮僉摠制 원민생元閔生에게 동치미가 뭐냐고 묻자, 원민생은 조선의 음식으로 어떻게 만드는지 알고 있다고 대답했다. 황엄은 매우 불쾌해하면서 대답했다.

"황씨가 사람고기가 먹고 싶다면 내 살이라도 잘라서 줄 수 있지만, 지금 들판을 걸어가고 있는데 어디서 동치미를 구한단 말이냐?"

황씨는 동치미도 먹지 못하고 복통은 여전했다. 매일 밤 시녀들이 손으로 배를 살살 어루만져 주어야만 아픔이 조금 덜했다. 그런데 어느 날 밤, 소변을 보는데 음부에서 무언가 쑥 떨어졌다. 매끈매끈한 피부가 있는 살덩어리로 크기는 가지만 했다. 시녀는 너무 무서운 나머지, 이 물건을 얼른 변소에 던져 버렸다. 하지만 그 비밀은 오래가지 않아 금세 모든 시녀 사이에 알려졌다. 게다가 황씨의 시녀는 황씨가 "처음 길을 출발할 때 김덕장과 서로 나무빗을 선물했다."고 말했다. 이는 황씨와 형부인 김덕장이 간통을 했다는 것과 같은 뜻이며, 게다가 중국에 보낼 동녀로 선발되기 전에 이미 임신을 하고 있었다는 이야기였다.

황씨가 여행길에서 계속 배가 아프다고 이야기하며 시녀들이 배를 문질러준 것은 배 속에 있는 태아를 떨어뜨리기 위한 행동이었으며, 그 살덩어리는 그녀의 배 속에서 자라던 아기였던 것이다. 그러나 이런 소문은 시녀들 사이에서만 퍼져있을 뿐 흠차태감欽差太監 황엄은 여전히 그 사실을 모르고 있었다.

북경에 도착한 후 황엄은 한씨와 황씨를 영락제에게 전달하고, 영락제는 이상이 없는지 확인를 했다. 영락제는 여색의 달인이었기 때문에 황씨와 첫날밤을 보내자마자 단번에 그녀가 처녀가 아니라는 걸 알아차렸다. 영락제가 그녀를 엄하게 힐문하자 결국 진상이 드러나게 되었다. 주체는 분명히 조선 조정에 처녀를 공물로 주문했는데, 결과적으로 다른 사람이 건드린 여자를 받았으니 주문과 실제에 차이가 있었다.

그러자 그는 고통스런 형벌을 내려 무고한 죄를 뒤집어씌우고 그 죄를 인정하도록 강요했다. 황씨는 김덕장과의 사통을 고백했을 뿐 아니라, 이웃 및 노복과도 사통한 적이 있음을 인정했다. 물론 이웃이나 노복과도 사통했다는 말은 고문에 못 이겨 나온 진술일 확률이 높다.

황씨가 다른 남자나 하인하고도 잠자리한 창녀라는 오명을 씌우고 나서야, 영락제의 가학적인 변태 심리가 겨우 만족되었다. 분기탱천한 영락제는 조선에 죄를 묻는 칙서를 쓰기로 결심했다. 그러자 양씨라는 조선 궁녀가 이 일을 알고는 한씨에게 이 일을 알렸다. 남자와 경험 많은 황씨와 비교할 때, 한씨는 영락제에게는 그야말로 순결한 백설공주였다. 그런데 한씨 역시 조선사람이기에 잠자리에서 영락제에게 간절히 애원했다.

"황씨 집안의 사사로운 사람을 조선의 왕께서 어찌 아신다는 말씀이시니까?"

그러자 영락제는 조선의 왕에게 그 죄를 묻지 않는 대신 이 가녀린 한씨에게 직접 황씨에게 벌을 주도록 명했다. 한씨는 어쩔 수 없이 여린 손을 들어 황씨의 뺨을 때릴 수밖에 없었다.

사실상 한씨는 이 사건에 연루된 피해자에 불과했다. 자기 동포의 편을 들었다는 이유로 그녀는 한때 아무것도 없는 빈방에 연금되어 수일 동안 음식 공급이 중단되었고 산채로 굶어 죽기만을 기다리고 있었다. 그러나 옥문지기 환관이 그녀를 애처롭고 불쌍하게 여겨 때마다 문 안으로 먹을 것을 던져 주었기 때문에 간신히 죽음을 면할 수 있었다. 그러나 그녀의 시녀와 노비는 전부 옥중에서 죽음을 맞이해야 했다. 오직 그녀의 유모인 김흑만이 유일하게 이 사건의 전말이 밝혀질 때까지 견뎌내어, 특별사면을 받고 감옥에서 나올 수 있었다. 그러나 한씨는 결과적으로 순장을 당하는 운명에서 벗어나지 못했다.

하지만 자신의 여인이 정말 타인과 사통해서 아이를 낳았다면 영락제는 겨우 뺨 몇 대 때린 것으로 황씨를 용서할 수 있었을까? 강요였지만 황씨가 통간한 남성 및 연루된 지인 등 다수의 '자백'을 받았으니 그들은 분명히 잔혹한 사형에 처해야 했다. 그런데도 참형이나 낙형 등은 하지 않고 순장을 했다는 것으로 보아 과연 황씨가 다른 사람과 통간했다는 영락제의 주장은 이해가 되지 않는다. 《조선왕조실록》에는 이렇게 기록하고 있다.

> "그 이듬해 무술戊戌년에, 흠차태감 선재善才는 조선으로 가서 조선의 태종 왕에게 이렇게 고했다. 황씨는 성격이 음험하고 따뜻하지 않은 것이 얼굴이 말썽을 일으킬 상이다."[11]

영락제는 황씨와 수많은 조선 여성의 죽음을 황씨의 진상 문제로 돌리며, 그녀가 천성적으로 말썽을 일으킬 운명을 타고났기 때문에 많은 사람들이 죽었다고 발뺌했다. 아직도 황씨에 대한 죽음이 미심쩍지만, 역사를 통해 아는 자명한 사실은 명나라 황제나 조선의 임금이 여자를 버릴 때는 그에 합당한 이유를 갖다 붙였다는 점이다. 숙종이 장희빈을 죽일 때도 그랬고, 태종이 자신의 부인인 민씨를 멀리하고 집안을 멸문시킬 때도 그랬다.

무술년은 영락 16년1418년이었다. 주체는 여, 어, 황씨 등이 이미 죽었지만, 이를 이유로 학살을 멈춰야겠다는 생각은 절대 하지 않았다.

---

11) 영락 16년(1418)

홍무 연간에 한 차례 공신의 대학살이 있었는데, 그때 사용한 것이 '호당胡黨'이라는 명분이었다.[12] 영락제가 후궁을 반복 세탁할 때는 바로 '어여의 난'이라는 명분을 들먹였다.

영락제는 영락 15년1417부터 북경에 황궁을 건축하였는데. 황궁이 점차 낙성되자 영락 18년1420 말에 정식 천도를 선언했다. 하지만 수십만의 군민과 궁을 만든 장인들, 그리고 황궁으로 들어갈 환관과 궁녀, 황제의 부하들의 들뜬 마음과는 반대로 이 새로운 도성을 건설하고 천도한다는 기쁨에 취해 있을 때 죽은 조선 궁녀들의 저주가 내리고 말았다.

영락 19년 4월 '어여지란魚呂之亂, 어씨와 여씨의 사건'이 극에 달하여 학살이 아직 끝나지 않을 때에, 낙성건축물의 완공을 축하하는 의식한 지 며칠 되지 않은 선대 황제의 3대전봉천(奉天), 화개(華蓋), 근신(謹身) 3전이 갑자기 벼락과 지진을 맞아 순식간에 잿더미로 변해 버렸다. 하지만 후궁들은 걱정은커녕 모두 이렇게 생각하며 기뻐했다.

'제왕은 분명 천재지변이 무서워서라도 학살을 멈출 것이다.'

그러나 영락제는 이러한 3전을 하늘의 징계로 여기지 않고 제멋대로 주살을 행하니, 평상시와 다름이 없었다. 이 천벌을 받을 황제 영락제

---

12) 승상 호유용(胡惟庸)의 반란 사건으로 홍무 13년에 발생되었지만, 호당에 대한 끈질긴 조사는 홍무 26년까지 계속되었다. 이해에 남옥의 '반란' 사건이 또다시 발생했기 때문에 호·남 두 당은 한 번에 체포되었다.

가 죽어야만 궁인들의 고난은 끝이 날 수 있었다.

사실 영락 말년 궁란의 피해자는 대부분 무고한 사람이었다. 태감 황엄 역시 그중의 하나였다. 황제의 명을 받아 조선에 처녀들을 공수해 가며 나쁜 짓을 일삼더니 천벌을 받아서 그런지 황엄은 인종^{명 4대} ^{황제 홍희제} 즉위 후에 죽음을 당했으며,《조선왕조실록》에서는 '관이 잘리는 죄', 즉 죽은 후 관을 도끼로 패는 죄에 처했다고 하는데, 이는 잘못된 소문에 의한 기록으로 보인다.《명사》에서는 황엄은 환관의 지위에서 물러났으며 처와 시종은 관직이 박탈되어 노비가 되었다고 적고 있다.[13]

조선 국적의 태감 윤봉은 선덕, 정통 연간에 수차례 조선에 사자로 파견되어 명나라 궁궐의 은밀한 상황을 다수 폭로했다. 그는 이렇게 말했다.

> "여씨가 권씨를 독살하고 능지처참을 당했지만, 능지처참은 그 죄 때문에 받은 것이 아니었다. 황엄이 그를 고소했기 때문이다."

그러니까 여첩여가 능지처참을 당한 것은 단순히 가여의 모함 때문만은 아니라는 것이다. 영락 연간에 황엄은 궁궐의 물시계를 주관했는데, 가여의 모함은 그가 지시했을 가능성이 농후하다는 것이다. 그렇지 않다면 일개 말단 시녀의 고발 한마디로 어떻게 수천 명의 궁인

---

13) 명나라 초기에는 환관이 처를 얻는 경우가 적지 않았다. 심지어 황제가 궁녀를 환관의 아내로 하사하기까지 했다

이 목숨을 잃을 수 있겠는가?

황엄이 모함을 한 것은 실제로는 자신의 사익을 위해서였다. 황엄이 히스테릭한 영락제의 학살벽을 유발해 후궁에서 피바람을 일으키게 한 후 후궁의 피로 갈수록 높아가는 후궁들의 권력을 제어하는 수단으로 이용했다는 것이다.

마지막으로 한 사람을 더 이야기하자면, 바로 영락 7년에 권비 등과 같이 책봉을 받고 귀비가 된 왕씨의 이야기이다.

《명사·후비전》에서는 그녀가 "지혜로운 덕이 있고, 인효황후仁孝皇后를 공경하며 정성스럽게 섬기니 황제가 귀중히 여겼다. 황제는 만년에 자주 불같이 화를 냈지만, 왕비가 완곡한 말로 변호하고 중재하니 태자와 뭇 왕자, 공주가 모두 그녀를 의지했다."라고 전한다. 영락 18년 7월 왕씨가 죽은 후, 그녀의 제사와 장례를 두고 영락제 주체는 모두 특별히 은혜를 더해 홍무 시대의 성목成穆 손귀비에게 했던 예를 완전히 똑같이 따라 했다. 이 설은 《조선왕조실록》도 방증하고 있다. 《세종실록》에서는 이렇게 말한다.

> "제일 처음에는, 황제가 왕씨를 총애하여 황후로 세우려 했다. 그러나 왕
> 씨가 붕어하자 황제는 심히 애통하고 애도하다 곧 실성하게 되었고 상심한
> 마음으로 이후 일 처리를 잘못했으며 사람들을 형벌로 참혹하게 학대했
> 다."[14]

---

14) 《세종실록》 26권 세종 6년 10월 17일

《조선왕조실록》에 등장하는 이러한 내용은 조선 공녀 왕씨를 칭찬하는 쪽으로, 그리고 황제 영락제는 살인광에 미치광이로 표현하여 공녀를 수시로 요구한 것에 대한 원망 차원에서 작성한 것으로 보인다.

실록이야 원래 그럴 수도 있다고 하지만 왕씨에 대한 이야기보다는 영락제가 순결한 백설공주라고 칭하던 한씨는 어떻게 순장되었는지가 궁금하다. 그리고 한씨 외에도 조선의 공녀들이 얼마나 많이 순장된 것일까? 지금부터 그 이야기를 살펴보도록 하겠다.

한씨의 순장 잔혹사

명나라는 초기 주원장 시절에 비교적 강한 국력을 배경으로 조선에 많은 위협을 가했다. 그러나 조선은 '북로남왜北虜南倭, 북과 남으로부터 받은 외환에 대한 총칭'의 불리한 형세 속에서 스스로 살아남기 위해 대명이라는 동맹국이 필요했고, '황제'의 과분한 요구에도 '마음과 정성을 다해야 한다.'는 원칙에 입각하여 최대한 명나라의 요구를 만족시키고자 노력했다.

그 뒤 명나라의 국력이 쇠퇴함에 따라 선덕제명나라 5대 황제 선종 이후, 대외적인 방침도 점차적으로 약화되어 조선에도 사신을 파견하지 않게 되었다. 황제가 독단과 독선을 행하던 권위 역시 쇠퇴의 기세를 보이는 동시에, 황제의 개인적인 욕망을 만족시키기 위해 공녀를 요구하는 환관을 파견하는 일도 다시는 할 수 없게 되었다.

나라가 외적청나라의 침입을 받아 망해가는데 여자를 요구할 수 있는 여유가 없었다. 그리하여 조선에서도 '상국'의 요구에 따라 처녀와 내시, 기타 특산물을 진상하던 일이 선덕 연간_{선종시대 1425~1435} 이후에 선종이 사망하자 갑자기 사라져 버렸다. 그와 동시에 장기간 중국에 머물러 있던 조선인들을 명나라 황국에서 조선으로 귀국시킴으로 인해 명나라 왕궁 내부의 수많은 스캔들도 함께 알려지게 되었다.

선덕 10년₁₄₃₅ 정월, 선종_{명5대 황제 선덕제 주첨기}이 병으로 세상을 떠나면서[15] 3월에 조선의 여성 김흑 등 53명이 명나라에서 풀려나 조선으로 귀국하게 되었다.[16] 김흑 등 사람들은 선덕 초년에 중국에 들어와 오랫동안 북경에 머물러 있었다. 조서는 새로 등극한 황제 영종_{英宗,} _{명나라 6대 황제 정통제}의 말투로 말하고 있다.

"'짐은 자신의 고향을 그리워하며 또한 부모 형제를 그리는 그들을 불쌍히 여기며' 특별히 환관 이충_{李忠}, 김각_{金角}, 김복_{金福} 등을 다시 고향으로 돌려 보내고, 또한 조선 국왕에게 그녀의 고향을 방문해 그녀가 귀향해 늙어서 보살핌을 받을 수 있도록 하겠다."

그들을 호송하는 환관 역시 모두 조선 사람으로 이충은 영락 6년에 권씨를 따라 중국 조정에 입조했으며, 두 김씨는 영락 원년에 입조한 사람이었다.

김흑은 입조한 처녀 한씨의 유모였다. 한씨는 영락 15년₁₄₁₇에 중국에 왔으며, 그 오빠 한확_{韓確}은 당시 조선의 부사정_{副司正}직을 맡고 있

---

15) 선덕 10년(1435) 1월
16) 선덕 10년(1435) 3월

었다. 영락제는 한씨의 미모를 보자마자 마음에 꽃이 피었고, 조선의 사신을 접견할 때에는 말도 꺼내지 못하며 '함박웃음만 짓다가' 이렇게 말했다고 한다.

"오랜만에 귀국 국왕의 이런 극진한 정성을 받아, 아름답고 영리한 한씨 집안의 따님을 보내주셨으니 돌아가서는 국왕에게 이 경위를 전하기 바란다."

황상이 이렇게 기뻐했으니 그녀의 오빠 한확은 복이 터졌다. 광록시소경光祿寺少卿에 봉해졌을 뿐만 아니라 수많은 상까지 하사받은 것이다. 한마디로 누이를 팔아 부귀영화는 물론 집안을 일으켜 세웠던 것이다.

그 뒤 명 영락제 주체는 영락 22년1424, 세종 6년, 즉위 22년 만에 세상을 떠났다.[17] 명나라 역사상 유일한 정복군주였던 영락제 주체는 주원장이 내린 《황명조훈皇明祖訓》[18]을 어기고 자주 전쟁을 일으켰다. 그 대상 중 하나가 안남이었다. 안남에서는 1225년 진경陳煚이 대월大越을 건국했는데, 중국에서는 대월이라고 하지 않고 낮춰서 진조陳朝라고 불렀다. 또 1400년 대월의 권신 호계리胡季犛가 대우大虞를 건국했는데,

---

17) 《세종실록》 6년 10월 18일
18) 황명조훈(皇明祖訓): 명나라의 건국자인 홍무제가 후대 황제들을 위해 남긴 일종의 지침서로 1373년에 처음으로 발간되어 '조상들의 가르침에 대한 기록'이라는 이름을 부여받았다. 이후 1395년에 새롭게 편찬하며 현재의 '황명조훈'이라는 이름을 가지게 되었다. 황명조훈은 크게 13부로 나뉘어 있다.

중국에서는 또한 호조胡朝라고 낮춰 불렀다. 명 영락제 주체는 1406년 광동의 군사 50여만 명을 보내 대우를 무너뜨리고 객국客國시조 부자를 납치해 왔다. 그리고 조선에 사신을 보내 이 사실을 알리면서 은근히 협박했다.

조선 태종은 군신들에게 "나는 한편으로는 명나라를 지성으로 섬기고, 한편으로는 성을 튼튼히 하고 군량을 저축하는 것이 급선무라고 생각한다."[19]라고 말했다. 명에 대한 사대事大로 전쟁을 예방하는 한편 전쟁 준비를 철저히 해서 만약의 사태에 대비하겠다는 뜻이었다.

명의 영락제 주체는 대우를 멸망시킨 후 북방으로 시선을 돌려 몽골과 여러 차례 전쟁을 치렀다. 그때마다 조선에 말을 요구했는데, 조선은 명나라에 말을 제공함으로써 스스로 명나라를 무너뜨릴 몽골과의 우의를 단절시켜버렸다. 이것이 모두 사대의 그늘에 있던 태종과 세종의 어리석은 행동 때문이었다.

이런 사대의 비극이 명 영락제의 죽음과 함께 조선 출신 여인들에게 닥쳤다. 살아생전에는 젊고 젊은 나이에 명나라로 끌려가 영락제의 성적 노리개가 되었다가 이번에는 영락제가 사망하자 고향 조선으로 돌아가지 못한 채 영락제와 같이 순장되는 운명이 된 것이다. 궁인 중 순장자는 30여 명에 달했는데 순장자 명단에는 한씨도 포함되었다. 원래 한씨는 조선에서 끌려와 명나라 영락제가 한눈에 반해 후궁이 되었던 인물이었다. 그런데 영락제의 뒤를 이은 그의 손자 선종명 5 대 황제 주첨기은 선황제 영락제와 함께 한씨를 순장시키기로 했던 것이

---

19)《태종실록》7년 4월 8일

다. 명나라를 원망해야 할지 누이를 명나라에 보낸 조선이나 한확을 원망해야 할지 모르겠지만 비극적인 순장의 역사는 시작되고 있었다.

태종과 세종 그리고 문종의 뒤를 이은 조선의 왕들이 천자로 모시던 명나라는 그야말로 시정잡배와 같은 예禮를 모르는 나라였으며, 그런 나라에 조선의 처녀들을 보냈던 태종과 세종에 대해 우리는 어떤 평가를 해야 할지 모르겠다. 그런데 아이로니컬하게도 그들은 오늘날 국민들로부터 성군으로 존경받는 인물들이다.

한씨의 유모 김흑은 당시 조선 궁녀들이 억지로 사지에 끌려갔던 참상을 두 눈으로 목격했다. 그녀들이 순장을 당해 죽어야 하는 날, 우선 그녀들은 중앙 정원에서 절명반絶命飯, 죽기 전에 마지막으로 먹는 식사을 먹었다. 식사가 끝나자 환관이 여인들을 이끌고 가 빈방에 좌정시켰다. 여인들은 울기 시작했는데, 울음소리가 어찌나 크던지 전각을 쩌렁쩌렁 울리다 못해 듣는 사람의 마음과 코끝까지 찡하게 했다. 방안에는 아무것도 없고 작은 앉은뱅이 의자가 많이 놓여 있었다. 즉 죽기로 예정된 사람들은 그 위에 올라가서 대들보에 걸려있는 밧줄 속에 머리를 들이민 후, 발아래의 앉은뱅이 의자를 발로 걷어차면 되는 것이었다. 비록 말은 목을 매 자진한다고 했지만 실제로는 교수형이나 마찬가지였다. 참으로 놀랍고 무서운 일이었다.

순장제도는 매우 원시적인 야만적인 풍속이며, 일찍이 주 왕조 시대에 노예를 순장하는 풍습이 성행했다. 순장 풍습은 진시황제 때 이르러 절정에 달했다.

■ 황전익, 김용성 역(2011), 중국의 사람을 죽여
바친 제사와 순장, 학연문화사. 참조

진시황제가 갑자기 죽자, 거의 백치나 다름없던 진시황제의 18번째 아들 호해는 다른 것은 할 줄 아는 것이 없었지만 자신의 부친을 위해서 성대하게 장사 지낼 줄은 알았으니, 그는 아방궁에 있던 모든 궁녀들을 순장하라는 명령을 내렸던 것이다. 진시황릉이 아직까지 완전히 발굴된 것이 아니기 때문에 당시 얼마나 많은 궁녀들이 순장을 당했는지에 대해서는 지금까지도 정확하게 밝혀지지 않고 있다. 한 왕조 시대에 순장제도는 완화되어서, 황제가 죽으면 황제가 총애하던 비빈들이 묘소에 가서 선제가 사용하던 의관과 생활용품들을 매장하는 것으로 순장을 대신했다.

그런데 이런 악습이 명 왕조 시대에 다시 나타났으니, 태조 주원장이 죽었을 때 황제의 비빈들 40명 가운데 황제보다 먼저 죽은 두 사람을 제외하고 모든 비빈妃嬪들을 순장했던 것이다. 이때부터 황제가 죽으면 비빈들을 순장했는데, 황제에 따라 그 숫자는 일정하지 않았다. 당시 순장된 궁녀들은 대부분 출산 경험이 없는 비빈과 궁녀들이었다. 당시 순장에는 스스로 목매달아 죽도록 강요하거나 음식을 끊는 방법을 사용했는데, 집단으로 시행하였으며 새로 즉위한 황제는 크게 연회를 열어 이들을 위로했다. 말이 위로지, 그게 무슨 위로가 되겠는가. 죽기 위해 사형대로 끌려가는 사형수에게 진수성찬을 차려준들 그 음식이 맛있다고 느낄 수 있는 사람은 없었을 것이다.

때론 순장을 거부하는 궁녀들 때문에 애를 먹는다고 하는데, 이때는 독한 술을 먹여 취하게 만들어 자진하도록 했다고 한다. 이런 미친 짓을 한 명나라를 섬기는 조선을 향해 명나라는 '동방의 예의지국'이라고 지칭했다. 동방예의지국이라는 말은 조선이 명나라에 충성을 다한다고 하여 명나라가 조선에 붙여준 불명예스러운 칭호였다.

이렇게 죽음을 기다리던 여인들이 방으로 올라가기 전, 명 인종명 4 대 황제 홍희제은 직접 대전에 들어와 그들과 작별 인사까지 나누었다. 이때 한씨는 흐느끼며 인종에게 매달리며 애걸했다.

"제 어머니(유모)는 연세가 많이 드셨습니다. 폐하께서 어머니를 고국으로 돌려보내 주셨으면 감사하겠습니다."

인종은 "그러마" 하고 대답했다.
한씨는 죽기 전에 밧줄을 목에 걸고, 유모 김씨에게 계속 울부짖었다.

"엄마, 나 가요! 엄마, 나 가요!"

그 구슬픈 비명이 채 끊어지기도 전에 옆에 있던 환관이 발아래 의자를 치워버리니 몸은 마치 한 가닥 버드나무 이파리처럼 대들보 아래에서 쉴 새 없이 버둥거렸다. 그리고 그녀의 몸은 고리에 걸린 소고기처럼 작은 원을 그리며 흔들거렸다.

한씨는 죽은 후에 '강혜장숙康惠莊淑 여비麗妃'라는 시호를 추증받았다. 《조선왕조실록》은 김흑에게 반포되었다는 조서를 실어 이 사실을 기록하고 있지만, 명나라 왕조실록인 《명사明史》에는 이 조서가 실려 있지 않다. 잔인한 짓을 한 명나라가 그런 기록을 남겼을 리가 없을 것이고 《조선왕조실록》이 거짓말을 할 이유가 없다. 순장하여 죽은 여인에게 여비라는 칭호를 주었다는 것은 일리가 있어 보인다. 나라에 충성하고 명예롭게 죽음을 당하는 사람에게 일계급 승진시키는 예가 있듯이, 명나라 역시 전 황제의 천당길에 적적하지 않게 여인들을 강제로 죽여 동반시켰으니 시호를 추증했을 가능성이 많다.

그러나 실제 사건이 벌어진 명나라에는 당시 상황을 설명하는 그 어떤 기록이 없다. 조선 왕실에서 명나라에 처녀를 진상하여 억울하게 순장까지 당했다는 사실을 백성들에게 숨기기 위해서 이런 기록도 허위로 실었다고 주장하는 중국 측 학자들도 있다. 하지만 만약 조선이 명나라에 처녀를 진상하는 사실을 숨기려 했다면 굳이 이런 기록을 실록에 기록할 필요가 있었을까 하는 생각이 든다. 숨기려면 완전범죄를 노렸을 텐데 이런 비참하고 잔인한 기록을 남겨 백성들의 분노를 살 필요가 없었을 것이다. 판단컨대, 한씨는 순장된 것이 사실이다.

명나라 인종은 생각 외로 약속을 소중히 여기는 사람이었다. 아니 기록에는 적어도 약속을 잘 지키는 사람으로 명시했을 가능성이 높다. 그는 한씨가 임종할 때 남긴 유언을 기억하고 그녀의 유모 김흑을 고국으로 돌려보내려 했다. 하지만 그의 결정은 궁중의 여자 수재秀才[20]의 반대에 부딪혔다. 그 이유는 간단했다.

"최근 발생한 궁중의 난영락 말년의 어여의 난은 유사 이래의 참극으로 기록하고 있습니다. 김흑이 귀국한다면 분명히 이 사실이 조선에 알려질 것입니다. 이런 궁란은 외국에 알려지지 않도록 해야 합니다."

결국 명나라 궁중의 여수재들은 한씨의 유모 김흑이 귀국해서 조선 출신 여인들이 순장 당한 사실을 알리면 조선이 군사를 일으켜 복수할까 봐 두려워했다. 조선이 군사를 일으킬까 두려워진 인종은 주저하다가 같은 조선 국적의 태감 윤봉[21]을 불러와 물었다.

"내가 김흑을 고국으로 돌려보내고 싶은데 최근 일을 김흑이 발설할까

---

20) 과거 경전의 뜻에 통하고 글과 시를 지을 수 있던 여성에 대한 미칭, 혹은 여자 관원의 관직명

21) 윤봉(尹鳳): 경주 출신으로 본관은 해주이다. 《조선왕조실록》에는 아홉 살 때부터 형조판서 등을 지낸 이빈(李彬)의 집에서 양육되었다. 그리고 20대의 나이로 명나라로 보내져 환관이 되었으며, 황제의 신임을 얻어 상선감(尙善監)의 좌소감(左小監)과 태감(太監) 등의 직위를 지냈다. 명나라 제3대 영락제부터 제7대 경태제(景泰帝) 때까지 명나라 궁궐에서 중요한 직책을 유지했을 뿐만 아니라, 10차례나 조선에 사신으로 파견되어 수많은 공녀와 환관들을 징발해갔으며 못된 짓은 다 했다. 세종은 명나라에 사대했던 대표적인 왕이었기에 윤봉뿐만 아니라 그의 일가 8명에게도 최고의 직위를 주었다.

걱정이 되는구나, 너는 어떻게 생각하느냐?"

그러자 윤봉이 대답했다.

"사람은 각자 자기 생각이 있게 마련입니다. 그 사람의 속을 저라고 어떻게 알겠습니까?"

열 길 물속은 알아도 한 길 사람 속은 모른다고, 나쁜 일은 방비하지 않을 수 없음을 말한 것이다. 혹 김흑이 돌아가 조선 여인들이 당한 참혹한 비극에 대해 말하지 않을지 어떻게 아느냐는 것이다. 같은 조선사람이면서도 명나라 황제에게 아부하기 위해 이런 헛소릴 지껄이고 말았던 것이다. 명 인종明 4대 황제 홍희제은 결국 김흑을 조선으로 돌려보내지 않기로 결정했다. 하지만 그녀를 공인恭人으로 봉하고 이로써 자신이 식언食言을 한 것에 대해 사과의 뜻을 표시했다. 이로 말미암아 김흑은 명나라 궁에서 십 년을 더 보내게 되었다.

김흑이 공인으로 봉할 때 인종은 다음과 같은 교지를 내렸다.

"봉천 승운 황제奉天承運皇帝는 조유詔諭하노라. 짐은 생각건대, 제왕으로서 어버이에게 효도를 다 하는 자는 반드시 어버이가 사랑하던 사람에게 은혜를 미루어 미치게 하고, 만일 사랑하던 사람에게 일찍이 보육保育의 근로勤勞가 있는 자에게도 또한 은혜를 미루어 미치게 하나니, 인仁의 지극함이요 의義의 융숭함이다. 슬프다. 너 김씨는 고 강혜 장숙 여비康惠藏淑麗妃의 유모乳母다. 여비는 공손히 선제先帝, 영락제를 섬기어 현숙賢淑하다고 일

컬었는데, 육어六御가 승하昇遐하자 몸을 버리고 순종하였으므로, 이미 봉
작封爵과 시호諡號를 더하여 어진 행실을 표하였는데, 네가 옛날에 보육의
근로가 있음을 생각하여, 이제 특별히 봉하여 공인恭人을 삼는 것이니, 이
광영光榮을 생각하여 공경하여 게으리지 말라. 홍희 황제洪熙皇帝의 명령
이다."

　명나라는 이렇듯 조선이 군사를 일으킬까 봐 극도로 두려워했는데,
조선의 태종과 세종 그리고 조선의 대부분 왕들은 반대로 명나라에
대한 사대를 무조건적인 외교정책으로 삼았다. 이때 김흑뿐만 아니라
조선의 공녀는 대부분 돌아오지 못했다. 이들이 귀국한 것은 윤봉이
헛소릴 한 후 11년 지나서였다.
　그런데 천벌을 받아서인지 선왕의 후궁들을 잔인하게 죽인 인종은
재위한 지 불과 1년도 넘기지 못하고 병으로 죽고 말았다. 그리고 김
흑은 명 황궁에서 또 다른 황제 한 명이 서거하기까지 인고의 세월을
보내야 했다. 그러다가 선종명 5대 황제 선덕제 주첨기은 재위 10년 만에 단
번에 황천길로 들어섰고, 다시 김흑에게는 조선으로 돌아갈 기회가 생
긴 것이었다.

한씨 여비의 여동생
한계란의 비극

인종의 뒤를 이어 선종명 5대 황제 선덕제이 즉위했다. 그런데 윤봉은 여기서 끝나지 않았다. 선종 즉위 후, 윤봉은 새로운 황제의 환심을 사기 위해 상주문을 올리며 말했다.

"선제께서 총애하시던 여비 한씨는 매우 아름다웠는데, 그녀의 작은 여동생도 매우 아름답다고 합니다."

선종은 그 말을 듣자 금세 색정이 발동했다. 마음이 동하니 당장 행동에 옮기지 않고는 배길 수 없었다. 그래서 곧바로 윤봉을 파견해 조선에서 그녀를 강제로라도 데려오라고 명했다.

한씨 여비가 영락제의 비였다면 그녀의 여동생이면 족보를 따져서 선종의 할머니뻘이 아닌가? 할아버지랑 손자가 한 자매를 같이 나눠서 즐길 생각을 하다니, 이게 과연 유학을 섬기는 명나라의 윤리에 맞는 일인지 한심스럽다. 게다가 이런 생각을 했던 조선 출신 환관 윤봉은 미쳐도 확실하게 미친 사람이 틀림없었다. 하지만 선종은 이에 대한 걱정은 붙들어 맸다. 선종 황제는 한마디로 발정 난 개와 같았으니 남들 비난이 들릴 리가 없었다.

윤봉은 청천벽력과 같은 소식을 가지고 또다시 조선에 강림했다. 이때 어린 한씨규방에서 부르던 이름은 계란桂蘭가 병에 걸려서 오빠 한확이 외지에서 급히 약을 구해서 가져다주는 참이었다. 이 여인은 성격이 드세서 오빠에게 이렇게 반발했다.

"여동생 팔아먹고 이제 부귀가 극에 달했을 텐데, 나한테 약은 왜 쓰시겠
다고?"

정말 날카로운 말이었다. 그녀의 친오빠는 자신의 두 자매를 명나라의 비로 진상했을 뿐만 아니라 딸 하나는 조선의 왕궁으로 시집보냈다. 자신의 관직은 의정부의 우의정까지 올랐는데, 관직의 길이 이렇게 순조로웠던 것은 '여자를 팔아먹는 데' 능숙했기 때문이다. 그것도 자신의 친여동생과 딸을 자신의 출세를 위해 명나라 황제와 조선의 왕에게 바친 것이다. 이런 자가 조선의 재상이었으니 조선의 앞날은 불 보듯 뻔한 일이었다.

명나라의 외척황제 집안의 외국 친척이었던 이 한확은 명나라 사람에게 '황제의 친척 한씨'라는 친절한 이름으로 불리기까지 했다. 어린 한씨는 자신의 운명이 이미 명나라로 끌려가 자신의 언니 한씨처럼 비참한 최후를 맞이할 것을 알고 있었다. 이제 자신이 어떻게 할 수도 없는,

마치 마수에 꼭 붙들려 더 이상 꼼짝달싹할 수 없는 처지임을 깨닫고는 아예 노복과 재산마저 전부 팔아버리거나 남에게 줘버렸다. 그리고 슬픔을 억제하지 못한 채 피눈물을 흘리며 가운데 보료를 칼로 도려내 버렸다. 보료는 조선 여성이 시집갈 때를 위해 준비하는 혼수였다. 그러나 어린 한씨는 고질병 때문에 당장 길을 떠날 수는 없었다. 이 때문에 근 1년의 시간을 연기했지만 떠나야 할 사람은 결국 떠날 수밖에 없었다.

그다음 해선덕 3년 10월, 떠나야 할 시간이 마침내 다가왔다. 사대주의에 빠져 명나라 충견 역할을 했던 조선의 세종과 왕비는 직접 왕궁 경회루에서 어린 한씨에게 송별연을 열어 주었다. 순장시키기 위해 송별연을 열어 준 명나라나 조선의 공녀를 명나라 황제에게 바치며 송별연을 열어 주는 조선의 세종이나 별반 다를 게 없었다.

그로부터 며칠 후 명나라 사신의 동행하에 18세 된 한계란韓桂蘭은 두 명의 화자내시, 해동청, 석등잔 등의 공물과 함께 길을 떠났다. 이번에도 여전히 큰 오빠 한확이 그녀를 송별했다. 《세종실록》에서는 당시 이별의 모습을 이렇게 기록하고 있다.

한양성의 선비와 여성들은 모두 한씨가 떠나는 모습을 바라보며 탄식했다. "언니 한씨는 영락궁영락제의 궁인이 되더니 결국 순장을 당한 것이 너무 안타깝구나. 그런데 오늘은 동생이 또 가는구나!" 심지어 고개를 숙이고 흐느껴 우는 사람도 있었다. 그들은 이 생이별의 일막을 두고 '산채로 장지에 보내는 것'이라고 불렀다.

그런데 선종명 5대 황제 선덕제 역시 천벌을 받았는지 겨우 재위 10년 만에 단번에 황천길로 들어섰다.

그가 죽자 명나라 황실이 변하기 시작했다. 명나라 6대 영종 정통제 부터 웬일인지 조선에서 공녀를 데리고 오는 일도 중지되었고 기존에 선대 황제들이 조선에서 데리고 왔던 공녀들도 다시 조선으로 돌려보내기로 한 것이다. 아마 자신이 조선 공녀의 피를 물려받았고 선대 황제들이 단명하자 더 이상 몹쓸 짓을 하지 않기로 결심했던 모양이다.

영종명 6대 황제 정통제 주기진은 선덕 10년1435, 세종 17년 4월, 김흑 등 53명의 조선 부녀자에 대한 귀국을 허용했다. 53명 안에는 처녀處女종비 9명과 창가비唱歌婢 7명, 집찬비執饌婢 37명 포함되어 있었다. 이때 영종은 내관內官 이충李忠과 내사內史 김각金角, 김복金福 등에게 여인들을 호송하라는 책임을 맡겼는데, 이 환관들도 모두 조선 출신이었다.

이충은 권씨권현비를 따라 명나라로 갔던 인물이다. 김각과 김복은 모두 영락 원년에 명나라에 갔는데 김각은 충청도 옥과 출신이고, 김복은 평양 사람이다.

이들이 경복궁에 이르자 이미 도착한 세종과 신하들이 대기하고 있었고, 이어 김각과 김복이 명 황제 영종의 칙서를 읽어 내려갔다.

"부녀 김흑金黑 등 53명이 오래 경사京師에 머물러 있으니, 짐朕이 그들이 고향을 생각하고 있는 것을 불쌍히 여기고, 또 부모 형제가 보고 싶어 할 것이므로, 어제 내관內官 이충 내사內史 김각金角 등을 보내어 돌려보내니 왕이 모두 그 집을 찾아서 돌려보내어 처소를 잃지 말게 하고, 이충李忠 등은

성묘가 끝나거든 곧 경사로 돌아오게 하라. 그러므로 칙유하노라."[22]

위 황제의 칙서를 보면 모든 조선 공녀와 환관을 보낸 것이 아니라 자신들이 필요한 사람들은 그대로 황궁에 두었던 것으로 보인다. 어쨌든 세종이 사신들에게 조선 임금과 동등한 예를 행하는 사례私禮를 행하려고 하자 이충 등이 사양했다.

"우리들은 본국조선의 소민小民인데 어찌 감히 전하와 대등한 예를 행하겠습니까, 청컨대 전하께서는 남향에 앉으시고 우리들은 북향에서 예를 행하겠습니다.

남향은 임금의 자리다. 그나마 이들은 조선 출신이란 근본을 잊지 않았다. 세종이 사양해서 세종은 동남향하고 사신들은 서북향에 앉아 예를 청했다. 이에 비자들은 월대月臺에 올라와 의복과 수식首飾은 모두 중국 제도를 쓰고 중국의 예절로 팔배八拜를 행하는데, 몸을 굽히고, 머리를 숙이고, 손을 모으고, 구부렸다 우러렀다 하여 그 모양이 무용하는 것 같았다. 그리고 부복하여 고두叩頭, 머리를 조아려 경의를 표함하고 내려가니, 명하여 남랑南廊에서 음식을 먹었다. 세종이 사신과 더불어 다례茶禮를 행한 뒤에 사신이 태평관太平館으로 돌아가니, 임금이 근정문勤政門 안까지 배웅하였다.

조선의 사대외교는 국체를 안전하게 보존했다는 좋은 점도 있었지

---

22) 《세종실록》 17년 4월 26일

만, 스스로를 신하의 나라로 격하시킨 어둠도 있다. 명나라를 정복하기 위해 떠났던 태조 이성계는 회군을 감행하여 고려를 멸망시키면서 명나라에 사대했고, 그의 아들 태종과 다시 그 아들 세종은 아버지 태종의 뒤를 이어받아 명나라의 신하이기를 자처했다. 이 부분에 대해서는 뒤에서 다시 언급하겠지만 참으로 어리석고 못난 일이었다. 사대외교는 조선인들이 조선인의 시각으로 세계를 바라보는 것을 저해하고 타인의 시각으로 우리를 바라보는 사대주의를 이념으로 만든, 그야말로 어리석은 선택이었다. 중국의 여러 나라에 굴복하고 평생 신하의 나라로 만든 장본인인 태조와 그의 아들 태종, 그리고 태종의 아들 세종이 만든 결과였다.

어쨌든 어린 한씨는 언니의 운명을 다시 반복해 그 악한 황제를 위해 죽음으로 따라갔지만, 그 유모만은 죽기 전에 무사히 조선으로 돌아올 수 있었다. 명나라 5대 황제 선종 때 매우 많은 수의 조선 부녀, 환관이 중국으로 갔지만, 그 이후부터는 중단되었다.

제2부

처량한 궁녀의 삶

공녀의 비극적인 삶

공녀는 나라와 나라 사이에 바쳐지던 여성들을 말하며 주로 강대국의 간섭을 받는 약소국이 강대국의 요구에 따라 자국의 젊은 미혼 여성들을 뽑아 대부분 강제로 보냈다.

강대국인 황제국이나 상국이 제후국에 공녀를 요구한 일차적 목적은 궁녀를 확보하기 위해서였다. 공녀가 고관의 첩이 되거나 유곽에 투입되는 경우도 있었지만, 이것은 어디까지나 예외였다. 대부분의 공녀는 황제국에 가서 궁녀가 되었다. 사실 황제국이 제후국에서 궁녀를 충원한 것은 궁녀를 모으기가 그만큼 힘들었기 때문이다. 황제국이든 제후국이든, 궁녀를 모으는 것은 어느 나라에서나 다 힘든 일이었다.

중국에서는 수많은 궁녀를 충당하기 위해 중국 자체에서 궁녀를 뽑을 뿐만 아니라 주변 여러 나라에서도 궁녀를 공급받았다. 중국이 다른 나라에서 받아들이는 궁녀가 이른바 공녀貢女였다

중국의 궁녀는 그 규모에서 상상을 불허할 정도였다. 명나라의 경

우 궁녀가 1만 명이나 되었다. 그에 비해 조선의 궁녀는 대체적으로 500~600명을 헤아렸던 사실과 비교한다면 입이 벌어질 정도의 규모이지만 조선의 경복궁과 북경의 자금성을 비교한다면 그리 놀랄 일도 아니다.

이렇게 중국의 황제나 조선의 국왕들이 궁녀를 많이 둔 것은 황제나 국왕의 권력이 클수록 궁녀의 수도 많아야 한다는 생각도 한몫했다. 천자에게는 여인이 필요한 것은 반드시 '후사'가 될 아들이 있어야 하고 아들이 많으면 많을수록 좋기 때문이다. 《예기禮記》 등 유가의 경전이 "고대에는 천자가 된 후에 육궁을 세우고, 부인 3명, 비빈妃嬪 9명, 세부世婦[23] 27명, 권문세가의 부인 81명을 세운다."라는 허무맹랑한 이야기를 지어낸 까닭은 황제는 아들을 많이 낳아야 한다고 보았기 때문이지, 절대 황제의 사리사욕을 채워주거나 성욕을 채워주기가 위해서가 아니었다. 그런데 황제가 되거나 권력을 잡은 국왕들은 사리사욕 때문이거나 자신의 욕정을 채우기 위해 궁녀의 숫자를 늘려 갔다.

주원장은 주변 나라로부터 궁녀들을 끌어모아 26명의 비와 빈으로부터 황자 26명과 공주 16명 등 총 42명의 자녀를 낳았다. 가장 어린 공주가 출생하던 때에 그의 나이 칠순을 바라보는 노익장이었다. 거기에다 처첩 40여 명을 다 합친다면 100명이 넘는 가족이 모여야 하는 숫자다.

드라마나 영화를 통해 본 궁녀는 화려한 옷과 풍부한 음식, 그리

---

23) 세부(世婦)란 첩여(婕妤), 미인(美人), 재인(才人) 각 9명을 말한다.

고 넓은 대궐에서 온갖 귀금속으로 몸을 치장하고 나온다. 이런 다면적인 면만 보고는 궁녀라는 자리는 꽤 괜찮은 자리였던 것처럼 묘사되는 경우가 많지만, 실제론 동서고금을 막론하고 대부분의 평민 여성들은 노예나 다름없는 궁녀 자리를 기피했다. 의식주는 보장되지만 사실상 노예나 다름없는 신분에다, 독신으로 살면서 중노동을 해야 했다. 그래서 대부분의 여성들은 궁녀가 되지 않으려고 안달이었고, 대부분 노예 신분이거나, 노예가 아니라도 정말 집에서 입 하나라도 줄이지 않으면 굶어 죽는 판이라 어쩔 수 없이 딸을 궁녀로 들여보내는 게 대부분이었다.

물론 개중에는 왕비가 되는 경우도 있었지만, 이런 일은 백 년에 한 번 있을까 말까 한 일이었다. 상당수의 궁녀는 평생토록 왕의 근처에 가지도 못했고, 어쩌다 왕의 관심을 끈다 해도 왕비나 후궁에 의해 폭행당하거나 목숨을 잃기 일쑤였다. 궁궐에 있는 모든 여자들은 황제나 왕의 여자로 취급되었고, 당연히 이성 교제나 결혼은 불가능한 일이 되었다. 지나가던 왕의 눈에 띄어 성은이라도 입으면 모를까, 대부분은 평생 궁궐에서 황후나 후비들의 시중을 들거나 빨래·음식 등을 하는 막노동만 해야 했다.

그렇기 때문에 황제국은 자국민들의 저항을 피할 목적으로 이런 일을 고려나 조선과 같은 제후국에 떠넘긴 것이다. 한편 제후국은 자기 나라 궁궐에 들일 궁녀뿐만 아니라 황제국 궁궐에 들일 궁녀까지 뽑아야 했으니 고충이 이만저만이 아니었다.

고려의 경우 공녀 선발은 충렬왕 초부터 공민왕 초까지 약 80년 동안 정사에 기록된 것만도 50여 차례나 된다.

이곡의 공녀 폐지 상소를 보면 "그 수효가 많을 때는 40~50명에 이른다." 하니 끌려간 공녀들의 수는 2천 명을 넘었을 것으로 본다. 그나마 이것은 공식적으로 기록된 것이고, 이외에 원의 사신이나 귀족·관리들이 사사로이 데려간 것까지 합치면 실제 숫자는 이보다 훨씬 많았다고 한다. 한 번에 500여 명의 공녀를 끌고 가는 경우도 있었다.

인신매매·인질·포로 등과는 약간 다른 개념이기는 하나, 공녀로 선발된 여성들의 입장에서는 평생 부모 형제와 헤어져 이역만리에서 궂은일을 하며 일생을 보내는 것과 별반 다를 것이 없었다. 게다가 궁궐에서 중노동을 하고 결혼·이성 교제가 금지되는 것에 더해, 언어 및 문화적 고충까지 덤으로 짊어져야 했다. 이로 인해 공녀 차출을 피하기 위해 딸을 조혼시키거나기혼 여성은 대상에서 제외되었음 숨기는 것이 예삿일이었으며, 차출된 여성이 신세를 비관하다 자살하는 일도 비일비재했다.

이 정도로 기피되는 일이었으면 힘이 없는 하층민 여성들만 공녀가 되었을 것 같지만, 공녀들 중에 이른바 집안 좋은 출신의 여성들도 보내도록 요구받았기 때문에 상류층 여성들까지 공녀로 끌려가곤 했다. 심지어 출세를 위해 자발적으로 딸이나 여동생을 원나라 고위층에 공녀로 바치던 부원세력들도 있었다.

일례로, 강종의 서녀인 수령궁주가 딸이 공녀로 간 충격으로 병사한 내용이 수령궁주의 묘비에 기록되어 있다. 그러나 상류층 출신 여성들의 경우 그에 맞게 혼인도 상류층 집안으로 가게 되어 부귀영화를 누린 소수의 사례가 있으나, 대다수 공녀들은 평민 집안에서 징발되었다. 공녀로 끌려간 여성들은 대부분 같은 계층에 속하는 원나라 사람들과 결혼했고, 평생 고향에 돌아오지 못한 건 물론 공녀에서 풀려나지 못해 원나라에서 대부분 궁중 시녀나 노비로 일생을 보낸 사람들도 많았다. 사정이 이렇다 보니 대부분의 고려인들이나 조선인의 경우 딸을 낳으면 비밀에 부쳐 이웃 사람도 볼 수 없게 하고, 딸의 머리를 깎는 등 공녀 선발을 면해 보려 노력하였다.

명나라를 건국한 주원장은 부처에게 예불을 하고 승려에게 시주를 하며 대형법회를 거행했지만, 또 다른 한편으로는 음란한 행위와 살상을 저지르면서도 조금의 갈등과 죄책감도 느끼지 않은 채 조선에 많은 공녀와 환관을 요구한 인물이었다.

조선 초기에만 명나라에서 모두 12차례에 걸쳐 공녀를 요구했다는 기록이 있다. 이 가운데 명나라 황제의 사망 등으로 5차례는 중지되고 실제로 처녀가 보내진 것은 7차례였다. 태조 이성계 때에는 아직 국호를 조선으로 받기 전이라 고려였다. 또 조선에서는 최초로 태종 8년1408에 공녀를 보낸 기록이 있는데, 1408년에서 1417년까지 3차례에 걸쳐 40명의 공녀가 명나라로 갔다. 그리고 세종1427~1433 때 4차례에 걸쳐 공녀 74명을 보냈다. 명나라에서는 원나라와 다르게 뽑힌 처녀와 처녀를 모실 여종들 역시 함께 갔다. 기록에 따르면 뽑힌 처녀는 모두 16명이었지만, 그에 따른 여종들은 48명이었으며, 이 밖에도 집찬녀 42명과 기무녀 8명을 합하면 모두 114명을 바쳤다. 물론 이것도 기록에 나타난 숫자이지 실제 보낸 공녀의 숫자는 아니다. 이보다 훨씬 많았다고 생각하면 될 것이다.

일단 공녀를 보내라는 요청이 오면 조선 조정은 임시로 진헌색進獻色이라는 기관을 설치하고 나이 어린 양가 처녀들을 선발하였다. 하지만 자진해서 머나먼 이국땅으로 고이 기른 딸을 보낼 사람은 없었다. 하여 나라에서 내린 금혼령을 피해 황급히 딸들을 결혼시키는가 하면, 몹쓸 병이 들었다고 거짓을 고하기도 하고 몰래 숨겨놓기도 하였다. 공녀를 원한 명나라 황제들 중 유명한 사람은 영락제였다. 조선의 여자들이 상냥하고 아름답다는 소문에 사신 황엄을 여러 차례 보내 공녀貢女를 차출하게 하였다.

영락제가 살아있는 동안 공녀 차출은 총 세 번 있었다. 1408년, 1409년~10년, 1417년인데, 그 중 첫 번째 공녀라고 하는 권씨는 영락제의 본처인 인효서황후仁孝徐皇后가 1407년 죽은 후 명나라에 공녀로 바쳐졌으며, 이미 위에서 설명했듯이 영락제는 권씨를 총애하여 현인비顯仁妃에 봉했다. 그래서인지《명사 후비전》에 기록된 유일한 조선 여인이기도 하다. 영락제 사후에는 선덕제가 딱 한 번 공녀를 요구하였고, 그 후 조선에서 공녀 차출은 더 이상 없었다. 물론 정덕제명 10대 무종가 조선에 공녀를 요구하려고 하였으나 천벌을 받아 급사하는 바람에 사신이 요동에서 발길을 돌렸다.

물론 이러한 기록은《조선왕조실록》에 기재된 내용만을 근거로 한 것이고 실제로는 더 있었을 것으로 보인다. 공녀라고 보긴 어렵지만 청나라의 아이신기오로 도르곤이 조선의 공주를 부인으로 들이고자 요구한 적이 있다. 이때 보내진 인물이 의순공주이다.

결혼 후 1년 만에 도르곤이 사망하고 반역죄로 철퇴를 맞자 의순공주는 그의 조카에게 보내졌으나 그마저 사망하여 그녀는 6년 후에야 조선으로 돌아왔다. 때문에 의순공주는 조선에서 가장 불운한 공주라고 알려져 있다.

고려 충선왕이 1차 재위 기간 이후 원나라에 끌려갔을 때에 어떤 궁녀와 얽힌 이야기가 전설로 전해져온다. 어느 공녀 출신 궁녀가 가야금을 타면서 피를 흘리는 모습을 본 꿈을 꿨는데 하도 이상해서 그 궁녀를 찾았더니 고려에서 살았던 소녀로 봉선화 물을 들이면서 고국으로 돌아올 꿈을 품고 있었다. 그런 다음 궁녀는 가야금 음악으로 그의 마음을 달래주었다. 그는 그 궁녀를 생각하면서 조국으로 돌아오려는 간절한 꿈을 키운 결과, 무종이 왕위에 오를 때 크게 공을 세운 덕분에 다시 조국으로 돌아올 수 있었다. 그다음 궁녀에게 은혜를 갚으려고 불러오려고 했으나 이미 그 궁녀는 이 세상 사람이 아니었기 때문에 왕은 궁녀의 은혜를 생각하면서 궁에 봉선화를 많이 심었다는 이야기가 있다.

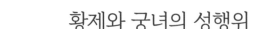

황제와 궁녀의 성행위

궁녀의 수로 보면 진나라 진시황의 경우 만 명의 후궁을 두었고 당나라 현종은 4만 명의 후궁을 거느렸다. 이 때문에 지나친 성생활로 수명마저 단축되었다. 그리고 잠자리하기 위해 순번을 정하기도 했다.

황제나 임금의 근본적인 성생활의 목적은 자신의 후손인 왕자를 생산하기 위해서였다. 역사 속 중국은 통치관념인 유가사상을 기반으로 효를 중시했고, 효의 핵심은 대를 잇는 것이었기 때문에 자식을 낳지 못하는 것은 가장 큰 불효로 여겼다. 따라서 대를 이어 나라를 다스리는 황제 가문에서 아이를 낳지 못한다는 것은 온 나라가 떠들썩한 일이었다.

《주례》라는 책에는 황제의 성생활에 관한 규범들이 적혀 있는데, 주례에 따르면 황제는 하루도 쉬지 않고 여성들과 합방하게 되어 있었다. 먼저 후궁은 1등급에서 5등급으로 등급이 나뉘어 있었고, 여사女史라는 관직을 가진 상궁이 주로 후보 선발을 담당했다. 여사는 황제가 어떤 여성을 원하는지 미리 취향을 파악해 놓고 그에 따라 후궁들의 몸매나 얼굴 등으로 등급을 매겼다.

한 달이 삼십 일이라 하면 1일부터 9일까지는 모든 급에 해당하는 81명의 후궁들이 황제와 동침을 했다. 5등급의 후궁들은 '어초'라고 불렀는데 81명을 9일로 나누면 하루에 9명이었기 때문에 9명이 한 개의 조가 되어 황제와 9대 1로 잠자리를 가졌다. 이때 잠자리에서 황제의 기분을 맞추지 못한 후궁들은 탈락되었고, 이 기간이 '그날'이거나 컨디션이 좋지 않아 잠자리를 가지지 못한 후궁들도 예외가 될 수 없었다.

이후 10일부터 12일까지는 4등급에 해당하는 27명의 후궁들과 동침을 했다. 4등급의 후궁들은 세부世婦로 불렸다. 후궁들의 등급이 올라가면 갈수록 그 등급에 해당하는 후궁들의 숫자는 점차 줄어들기 때문에 27명의 후궁들은 3일로 나누어 5등급의 후궁들과 마찬가지로 9대 1로 황제와 동침했다. 한 남자가 여자 아홉을 데리고 어떻게 자는지 신기하게 생각하겠지만, 굶주린 여인들 속에서 밤을 새워야 했으니, 황제의 수명이 짧을 수밖에 없었을 것이다.

13일 차부터는 3등급에 해당하는 9빈이 황제와 잠자리를 가졌다. 9빈은 9명밖에 되지 않았기 때문에 하루 만에 끝이 났고, 등급이 올라가면 갈수록 황제와 동침할 기회가 많아졌다. 14일에는 2등급에 해당하는 후궁인 3부인 4명이 황제와 동침했다. 일품인 3부인은 숫자가 적었기 때문에 황제가 직접 마음에 드는 후궁을 더 뽑아오기도 했다. 그리고 15일이 되면 궁중에서 가장 높은 여성인 황후의 차례가 되었다.

황후는 15·16일 이틀 동안 황제와 잠자리를 할 수 있었다. 이 기간 동안 황후는 혼자서 황제를 독점할 수 있었다. 남은 2주 동안은 역순으로 다시 로테이션으로 돌아가며, 이렇게 황제가 모든 여성들과 한 번씩 잠자리를 한다고 치면 한 달에 242번이 되는데, 이게 가능한 숫자인지 의문이 간다.

혹 독자 중에는 이게 무슨 소린지 모를 수도 있다고 생각되어 이를 간단하게 정리하면, 품위가 낮은 비빈부터 시작하여 점차 품위가 높은 비빈을 황제의 품속으로 보내고, 보름부터 그믐까지는 품위가 높은 비빈부터 시작하여 점차 품위가 낮은 비빈으로 황제의 침궁에 모신다. 이는 달이 밝은 날 동침을 하면 여자가 아이를 잉태할 수 있다는 믿음 때문이었는데, 동침도 달이 밝은가 밝지 않는가 하는 것으로 결정되었다니 놀라울 따름이다.

한 달 사이에 황후는 황제와 이틀 밤, 3부인이 이틀 밤, 9비빈은 이틀 밤, 세부27명는 여섯 밤, 어부81명는 열여덟 밤을 잘 수 있는데, 오직 황후만이 황제와 단둘이서 잠을 잘 수 있었다. 이렇게 나누어 놓은 것은 비빈들이 황제를 빼앗는 싸움을 피하기 위해서였다.

- 1일부터 9일까지 어부御婦 81명
- 10일부터 12일까지 세부笹婦 27명
- 15일 황후
- 16일 황후
- 17일 일품인 3부인
- 18일 9비빈

- 19일부터 21일까지 27세부, 매일 저녁 9명
- 22일부터 30일까지 어부 81명, 매일 저녁 9명

물론 한 번에 여러 명이 인원수대로 모두 잠자리를 가진 것은 아니지만 건강을 해치고도 남을 일이었다. 게다가 50세 이하의 첩들만이 황제와 동침할 수 있었다. 50세 이상의 여자들은 임신할 수 없다고 여겼기 때문이다. 물론 이런 규정은 첩들에게만 해당하는 것이었다. 부인은 50세가 넘어도 주군과 동침할 수 있었다. 70세가 되어 성기능을 상실하고 성적 매력이 없어도 부인만큼은 여전히 동침할 수 있었던 것이다.

만약 황제와 동침할 수 없는 생리 시기가 오면 양 볼에 빨간 물감을 들여 위생기가 왔음을 알렸다. 그런데 그것이 되려 여자들의 미를 돋굴 줄 누가 알았을까? 양 볼에 바르는 연지의 시초가 이렇게 되어 나왔을 줄이야…. 놀랍기만 하다.

고대의 여성들이 황제와 동침하기 전에는 어떤 준비를 했을까도 살펴봐야 할 것 같은데, 황제와의 잠자리가 확정된 후궁들은 황제를 모시기 위해 여러 가지 준비를 해야 했다.

우선 목욕을 한 후 입을 가신다. 머리의 장식품을 떼어 내고 빗으로 머리를 곱게 빗은 다음 검은 비단으로 댕기를 매어 어깨 위로 드리운다. 이마, 머리는 눈썹 위까지 단발을 한다. 이런 모양새는 여자들을 앳되고 귀엽게 만든다. 그리고 이런 단발머리는 겸손자기는 비천하다의 뜻도 가지고 있었다. 오늘날의 소녀들의 깻잎 머리의 시초가 여기서 출발했던 것이다.

비빈들이 황제의 침실로 들어가는 정황은 조대마다 다소 달랐다. 이를테면 서진 무제는 양이 끄는 수레에 앉아서 6궁을 돌아다니며 비빈들을 골랐다고 한다. 무제는 즉위하자마자 이런 조서를 내렸다.

"딸 가진 집들은 즉각 보하여 올릴 것, 이를 어기는 자는 일률적으로 사형
에 처한다. 궁녀를 뽑기 전에는 여성들은 일률로 출가하지 못한다."

이 소리는 어디서 들어본 것 같지 않은가? 바로 조선의 태종과 세종 대에 명나라로 궁녀를 바치기 위해 궁녀모집 때 했던 말이다. 아마 태종과 세종은 한 무제의 《사기》를 보고 그대로 했던 것은 아닐까? 못된 것은 빨리 배운다고, 왜 권력을 가진 자들의 행태는 늘 뒤로는 딴 짓인지 모르겠다.

어쨌든 이렇게 되어 최초로 입궁한 미녀들은 5천을 넘었다. 이때 서진의 후궁에는 만 명이 넘는 궁녀들이 있었다. 이렇게 많은 궁녀들 가운데서 수백 명의 미녀들을 추렸다. 몇백을 헤아리는 이 미녀들도 적은 숫자는 아니었다.

무제는 그날 밤 자기와 동침할 여자를 어떻게 골랐으면 좋을지 몰랐다. 그 후 무제는 이런 방법을 생각해 내었다. 서너 마리 양이 끄는 수레에 앉아서 6궁을 돌아다니다가 양이 서는 곳이면 그곳에 있는 미녀가 그와 함께 동침하도록 했다. 부러워해야 할지 욕을 해야 할지 모르겠지만, 단 하룻밤이라도 황제의 품에 들고 싶어 하는 비빈들은 양이 제일 즐겨 먹는 죽엽주를 소금물에 타서 제 방 앞에 놓는 방법을 생각해 내었다. 황제를 끌고 다니는 양들이 먹이를 찾아 제 방 앞에 와서 설 수 있기 때문이다.

비빈들이 황제의 침실로 동침하러 갈 때 시녀들이 초롱불을 들고 길잡이를 섰다. 황제의 침실 앞에서 비빈들은 옷을 벗고 살결이 훤히 들여다보이는 얇은 잠옷을 갈아입는다. 다음으로 머리를 단정하게 빗어 긴 머리로 정리한 후 옷을 다 벗은 채 이불로 둘둘 말아 황제의 침실로 들어가야 했다. 날카로운 장신구로 인해 황제가 다칠 수도 있고 나쁜 마음을 먹고 옷 속에 무기를 숨긴 채 들어갈 수도 있었기 때문이었다. 시녀들은 옆방에서 밤을 새우며 지킨다.

황제의 잠자리는 직무와도 직결될 수 있었기 때문에 잠자리 시간이 따로 정해져 있었다. 이튿날 계명시에 태사太史가 계단 앞에 와서 날이 밝았다고 알린다. 그러면 비빈은 잠옷을 벗고 자기가 입고 왔던 옷을 입는다. 황제와 동침한 여자가 황후면 조회에 참석할 때 입는 조복 차림으로 황제를 기다린다. 조정에서 조회를 하는 시간은 아주 이른 때였다. 문무백관들은 밤중에 일어나 조회에 참석할 준비를 하여야 한다. 주색잡기에 빠진 일부 황제들은 긴 밤을 여인들과 유희로 보내다 보면 제때에 조회에 나갈 수 없게 되었다. 조정은 어떻게 되든 관계하지 않고 제 향락만 추구하는 이런 황제를 혼군昏君이라고 한다. 색에 빠진 황제들뿐 아니라 조선의 군왕 중에도 종종 나라를 망쳐 먹었던 혼군이 있었다.

7세기 중반 당나라 태종 시절에는 후궁들이 엄청나게 많아 혹여 헷갈리기 때문에 각각의 후궁들에 대한 기록을 자세하게 적어 놓았다.

수많은 후궁들과 궁녀들의 생리주기와 배란 시기, 잠자리 날짜와 임신 등이 자세하게 적혀 있었다. 황제와 잠자리를 함께한 후궁들은 그 날짜를 팔에 지워지지 않은 염색약으로 표시해 인정받았다. 이것은 후궁이 임신했을 경우 황족으로 인정받을 수 있는 신분증이 되었다. 또 은으로 만든 계지라는 반지로 관리를 받았다. 후궁으로 선발된 궁녀들은 계지를 왼손에 끼고 다녔고 잠자리를 한 후궁들은 오른쪽에 계지를 끼고 다녔다.

임신을 하게 되면 금반지를 하사받아 오른쪽 손에 끼고 다녔다. 하지만 황제는 9명의 후궁들과 매일 잠자리를 가질 수 없어서 후궁들은 황제와 잠자리를 갖기 위해 자신들만의 매력을 어필해야 하고 방중술을 배워 황제를 만족시켜야 했다.

혹 황제가 술을 많이 마셔 컨디션이 좋지 않아 바로 잠을 잘 경우, 불만이 터져 나왔고 황후가 황세자를 생산하지 못할 경우 황제와 황후를 10일 넘도록 같이 있게 하였는데, 이럴 경우 2등급에서 5등급 후궁들은 두 달이 넘도록 황제를 보지 못했다.

이외에도 여러 가지 이유로 후궁들은 황제의 얼굴을 볼 수도 없는 경우가 있었다. 실제로 권력을 가진 중국 황제들은 주례와 상관없이 규칙을 어기고 자기 내키는 대로 성생활을 즐기는 황제들이 많았다.

이보다 더 많은 후궁들과 집단 합방을 하며 방탕한 성생활을 했던 명나라 11대 황제 가정제는 불로불사의 꿈을 이루기 위해 10대의 어린 소녀들과 잠자리를 즐겼다. 당시 300~400명의 어린 소녀들이 궁중으로 연행되어 끌려갔는데, 가정제의 이런 학대에 못이긴 궁녀 16명이 잠자리 도중 가정제의 목을 졸라 살해하려다 실패해 목숨을 잃었다.

또 중국 동진의 제9대 왕 효무제는 자신이 아끼던 후궁 장귀인에게 "너도 이제 30살이 넘었으니 새로운 후궁을 찾아야겠다."라고 말했다가 술에 취해 자는 도중 후궁 장귀인에게 살해당하기도 했다.

황제들의 문란한 성생활은 건강에도 영향을 미쳤는데, 중국 황제들의 평균 수명은 고작 38살에 불과했다. 당시 중국 황실은 혈통을 보존하기 위해 가족끼리의 결혼을 선호했는데 이것 때문에 유전병을 앓게 되어 일찍 죽기도 했다. 또 너무 난잡한 성생활로 황제뿐만 아니라 황후도 방탕한 성행위를 하기도 하였다.

중국 역사상 최초로 황제에서 여황제 자리까지 오른 측천무후는 수많은 젊은 남성들을 궁궐로 끌어들여 끊임없는 쾌락을 즐겼다. 70대까지 측전무후의 방탕한 성생활은 계속되었고, 궁궐 내에 궁합부라는 처소를 설치하고는 전국에서 수천 명의 남자들을 뽑아 잠자리를 가졌다. 당시 뽑혀 들어간 남성들은 3,000명으로, 낮에는 측전무후의 시중을 드는 비서 역할을 하다가 밤에는 침실로 들어가 동침을 했다.

그리고 악녀 서태후도 중국 전국에서 젊은 남성들을 은밀하게 모집해 밤마다 향락을 즐겼다. 서태후의 은총을 받아 침실로 들어간 남자들은 관계를 가졌다는 사실이 밖으로 도는 것을 방지하기 관계가 끝난 후 살해당했다.

궁녀들이 황제와의 교합을 위해 익혔다는 방중술의 목적은 황제를 만족시키는 데 있지만 건강도 신경써야 했기 때문에 '교합의 도'라는 것이 있었다. '교합의 도'라는 것은 행위를 하면 마음이 안정되고, 의지와 기개가 조화되고, 정서가 안정되고, 몸과 마음이 일치하면서 이에 따라서 몸이 강해져 춥지도 덥지도 않고, 지나치게 배부르지 않고, 마음이 밝으며, 행위가 활달해지면서 자연스럽게 기분이 좋고 경쾌해지는 것이 그것이다.

궁녀가 황제나 임금과 처음 교합初交合할 때는 남자의 그것을 천천히 삽입하고, 느릿느릿 흔들며, 조금씩 빼내고 밀어서 속도를 조절한다. 절대로 흥분하여 속도를 빨리하거나 과격해서는 안 된다. 곧 여자는 유쾌하고 남자는 쇠약하지 않아야 하는 것이다.

교합 시에는 정서가 안정돼야 하고, 심경이 평화로워서 자연히 방사가 유쾌한데 이를 수 있어야 하여야 하며 이로 인해 육신을 강하게 하고 오래 사는 것이 목적이다. 누구나 잘 알다시피 남자의 가장 큰 고민은 '일찍 사정하는 것'이다. 일찍 배설함으로써 여자를 만족시키지 못할까 봐 많이 두려워하게 된다. 이는 성생활에 있어서 가장 위험한 것이다.

남자가 만약 교합으로 흥분을 조절 못하고 마음이 앞서는 이런 종류의 심리작용 아래에 있다면 교합할 때 쉽게 심신心身, 몸과 마음을 잃어버리고 많이 오그라져 서지 않는다. 그리고 시간이 흐르면서 남자는 심한 발기부전이 된다. 이럴 경우 여자는 황제를 먼저 진정시켜야 하고 스스로 신심이 있어야 하며 한껏 교합 시간을 길게 늘려야 일찍 사정을 하는 모병毛病, 성행위의 결점을 치료할 수 있다는 것을 가르쳐 주어야 한다.

이 밖에도 궁녀는 침구針灸를 경락經絡과 모서리에 어떻게 놓아야 하는지를 생각해야 하고 또 교합 전에 애무를 해서 황제로 하여금 유쾌한 기분이 오르게 해야 하며, 성욕을 자극해서 최후의 클라이맥스에 다다르게 해야 했다. 남녀의 오르가즘은 곡선이 일치하지 않기 때문에 교합할 때 남자는 왕왕 빠른 사정을 한다. 더욱이 남녀 교합의 경험이 없는 남자는 그와 유사한 정황에서 더욱 이러한 경험을 하는데, 첫날밤의 두려움은 바로 이런 걱정에서 출발하게 되는 것이다.

황제와 궁녀가 교합을 하는 모든 과정을 상궁들은 문밖에 대기하면서 조언을 했다. 그런데 황제가 심히 흥분하여 건강을 해칠 것 같으면 바로 "폐하, 지나친 흥분은 몸에 해롭사옵니다." 하기도 하고, "폐하의 옥체를 보존하기 위해 흥분을 자제시켜라."라는 등으로 흥을 깨기 일쑤였기 때문에 궁녀 입장에서는 주로 자신이 성행위를 주도할 수밖에 없었다. 즉 황제를 눕혀놓고 온갖 방중술을 사용하여 자신의 몸속에 사정시켜야 했다. 만약 황제의 자식이라도 낳는다면 그녀는 부귀영화는 물론 나아가 황제의 어머니가 될 수 있었기 때문이었다.

명나라 황제나 조선의 국왕들은 언제든 수많은 궁녀들을 자기 마음대로 품을 수 있었다. 남자들은 잘 알고 있다시피 많은 여자를 품다 보면 어느 여자가 자기와 궁합이 맞는지, 그리고 어떤 자세로 성행위를 해야 서로가 만족할 수 있는지 알 수 있게 된다.

그러한 기술은 남자 혼자 잘한다고 만족할 수 있는 일이 아니다. 게다가 수많은 비빈들과 궁녀들은 언제 다시 올지 모르는 황제나 임금과의 잠자리를 준비하기 위해 온갖 기술을 터득하고 황제나 임금을 만족시키는 날만 기다리고 있었다.

그러나 애석하게도 황제나 임금들이 어떤 자세로 또는 어떤 변태적인 행동으로 궁녀들과 성행위를 했는지에 대한 기록은 찾을 수 없다. 그런 천박한 내용을 기록하는 것 자체가 황제나 임금에게는 수치이자 낯 뜨거운 일이었기 때문이다. 그렇다고 그 재미있는 성행위 자세를 건너뛸 수는 없는 일이고 하여 저자는 이 분야의 많은 책을 탐색하기 시작했다. 아래 내용은 《황제소녀경皇帝素女經》[24], 《중국황실의 비밀이야기》나 《금병매》, 그리고 《조선의 내시와 궁녀》 등과 같은 많은 서적을 근거로 당시 황제가 비빈이나 궁녀들과 성행위를 할 때 취했을 거라 짐작이 가는 자세들을 정리해보았다.

그런데 놀라운 것은 수천 년에서 수백 년 전에 황제나 임금이 행했던 성행위 자세는 현대인들도 흔히 즐기는 자세이고, 또 어떤 자세는 지금도 상상할 수 없을 정도로 놀랍다는 점이다.

남녀 간에 벌어지는 애정행각은 단지 후손을 얻기 위한 행위가 아니다. 여자는 아이를 생산하는 객체가 아니라 감정을 가지고 있는 성체다. 따라서 남녀 간의 성행위는 부끄러워하거나 죄책감을 느낄 필요가

---

24) 이 책은 《황제소문경(黃帝素問經)》,《황제영추경(皇帝靈樞經)》과 더불어 도경(道經)의 3대 서책 중의 하나이다. 이 책은 도교 경전을 바탕으로 남녀 간의 성과 건강에 대한 전문서적이다. 그 시대 어떻게 이렇게 남녀 간의 성에 대해 정확하게 표현했는지 이해할 수 없을 정도로 흥미진진하다. 그 내용들은 오늘을 살아가는 청·장년기에 반드시 읽어야 할 필독서의 하나이자 성교육의 표본이라고 할 수 있다. 이 책에서는 황제와 팽조, 소녀, 현녀 등의 담론을 통해 남녀의 성에 대한 담론을 전개하고 있는데, 황제나 팽조는 음양술을 터득한 노철인으로 묘사되고, 소녀나 채녀는 음양지도를 터득한 여인상으로 묘사되고 있다.

없이 최대한의 쾌락을 극대화할 필요가 있다.

당나라 양귀비가 방중술[25]로 현종의 사랑을 사로잡았고, 조선에서는 장희빈장옥정이 양귀비가 사용했던 방중술로 숙종의 마음을 사로잡았다고 전해진다. 그러나 대부분의 궁녀들이 황제나 임금의 사랑을 받기 위해 방중술을 익혔다고 하는데, 이로 미루어 중국이나 조선 궁궐에서는 대부분 이 책이 궁녀들 사이에서 인기가 있었던 것으로 보인다.

조선시대 김홍도의 《운우도첩》에 나오는 한 장면을 보면 바지를 내린 양반 위로 기생으로 보이는 여인이 치마를 내리고 뒤로 앉아 성행위를 하는 춘화 장면이 나온다. 그 외에도 단원 김홍도의 미공개 화첩을 살펴보면 양반이 기생의 뒤에서 여자의 음도에 성기를 집어넣거나 손으로 여자의 음부를 만지는 장면들이 나오는데, 이런 자세는 오늘날에도 '야동'이나 '포르노그래피'에 빗댈 수 있을 정도로 낯 뜨거운 장면들이다.

---

25) 방중술(房中術): 도교(道教)의 종교적 실제 수행법의 하나로, 규방(閨房)에서 남녀(음양)가 성(性)을 영위하는 방법 또는 기술이다. 결국 남녀의 교합에 의해서 불로장생을 얻으려는 양생술이다. 본래 남녀의 기를 섞어서 체내 음양의 기의 조화를 도모하고, 아울러 정기의 소모를 방지해서 건강을 유지해서 장수를 얻으려는 고대 보건의학의 한 분야이다. 주로 성교시 금기나 기법을 음양(陰陽)사상에 바탕을 두고 있으며, 성의 본능을 부당하게 억압하거나 방종하는 일 없이 이 길을 올바르게 행하면 음양의 이기(二氣)가 조화를 이루어 불로장수할 수 있다고 말한다. 성을 영위하는 방법이나 그때 지켜야할 일, 성과 관계 있는 약의 종류, 불륜의 관계에 대한 훈계 등을 내용으로 하고 있는데, 내용의 성질상 외설적인 것이라 하여 특히 유교사회에서는 배척당하였다.

■ 김홍도, 《운우도첩1~10》(공유마당, CC BY)

■ 《황제소녀경》에 소개된 아홉가지 방중술

첫 번째 자세는 용의 뒤집음, 용번龍飜이다. 여자는 위로 향하고 똑바로 눕는다. 남자는 여자의 몸 위에 엎드린다. 남자의 넓적다리는 여자의 양다리 중간에 있다. 여자는 여자의 그것 위에 남자의 그것을 맞이한다. 남자의 그것은 음핵陰核을 찔러 합친다.

그다음 여자의 그것의 상부를 공격한 연후에 음도陰道에 삽입해 있을 때 천천히 느리게 흔든다. 여덟 번은 얕게 두 번은 깊게 하는 법이다.

이 체형은 대다수 황제들이 정상적으로 취하는 자세일 뿐만 아니라, 오늘날에도 세계인들이 취하는 전통자세傳統姿勢이다. 서양인이 칭하여 이 자세는 '애정을 바로 보는 식'이라고 표현한다. 이러한 자세는 황제가 여자의 몸을 마음대로 한다는 의미에서 붙여진 이름이다.

두 번째 자세는 명칭을 호랑이 걸음 즉 호보虎步라 한다.

여자는 얼굴을 아래로 향하여 엎드리고 엉덩이를 높이 꺾으며, 머리 부위를 아래로 향하게 한다. 남자는 여자의 넓적다리 뒤에 무릎을 꿇고 두 손으로 여자의 허리와 배를 안는다. 남자의 그것을 삽입하여 가장 깊은 곳에 바로 닿게 한다. 이 자세의 장점은 동시에 좌우의 가볍고 느슨한 흔들림과 남자의 리듬을 배합한 즐거움을 얻을 수 있다는 점이다.

남자가 일찍이 풍만한 엉덩이를 어루만질 때는, 자기도 모르게 모성적, 여성적 위대한 특징의 아름다움을 찬미하게 된다. 이 때문인지 대부분의 남자들은 이 자세를 선호하지만, 여자 입장에서는 자신의 모든 수치스러운 곳을 남자가 볼 수 있어 선호하는 편은 아니다.

세 번째 자세의 명칭은 원숭이 나뭇가지 잡음, 원박猿搏이다. 여자가 반듯하게 누워 두 다리를 높이 든다. 남자는 얼굴을 여자에게 향하며 넓적다리 뒤에서 무릎을 꿇고, 두 손을 받들어 여자의 다리를 떠받치며, 두 어깨 위에 멘다. 여자로 하여금 두 무릎을 가슴 높이에 올리도록 해 대충 상대방의 엉덩이와 등을 끌어올린다. 이때 남자의 그것을 삽입하여 유서兪鼠, 음핵를 자극한다.

이 자세는 남자의 어깨에 여자의 다리를 올리고 여자의 두 다리 사이로 남자의 그것을 집어넣는 것이 특징이다. 이는 중국이나 조선뿐만 아니라 현재에도 많이 즐겨 사용하는 자세이다.

네 번째 자세는 '매미가 달라붙음'이라는 선부蟬附이다. 여자를 아래로 향하게 하고 몸을 뻗어 엎드려 눕게 한다. 남자는 여자의 등 뒤에서 엎드린다. 남자의 그것을 깊이 삽입한 후 여자의 넓적다리를 약간 높이 쳐든다. 다시 남자의 그것으로 소음순小陰脣을 자극한다. 이 자세는 여자가 엎드린 채 가만히 있어야 하는 자세 제한을 받고 또 남자의 천근 같은 무게를 지탱해야 하기 때문에 여자에게 이상적인 배합 동작을 바라는 것은 불가능하다. 그러므로 남자가 곧 이 자세에 대하여 잘 조절해야 한다. 가령 여자의 음핵이 너무 낮게 달려 있거나 혹은 남자의 그것의 길이가 넉넉하지 못하면, 곧 빼고 넣을 때 음도에서 미끄러져 나와 만족할 만한 성교를 즐길 수 없다.

백락천白樂天이 지은 〈장한가長恨歌〉 속에 일찍이 "하늘에서 되기를 바란 비익조比翼鳥"가 있다. 듣건대, 현종과 양귀비를 묘사한 것이며, 그들이 즐기던 자세였다고 한다.(비익조는 암수의 눈과 날개가 하나다. 서로 합쳐져야 완전체가 된다.)

다섯 번째의 자세는 거북이가 하늘로 오르는 형상, 귀등龜騰이다. 여자의 얼굴을 위로 향해 눕게 한다. 두 무릎을 높이 들어 구부려서 가슴 앞까지 이르게 한다. 남자는 무릎을 꿇은 모습으로 얼굴은 여자를 본다. 두 손으로 여자의 다리를 유방까지 밀어 올린다. 남자의 그것을 대전도선大前度腺, 질 깊숙한 곳에까지 찔러 자극하고, 아울러 음핵을 자극하며, 한 번 빼고 한 번 밀어 넣을 때 반드시 깊고 얕음을 적절히 조절한다. 이 자세는 남자의 정력을 어김없이 백 배로 증가시키고, 신체를 강하게 하며 씩씩하게 만든다.

이 자세는 주로 중국 황실이나 조선 궁궐에서 많이 사용했다고 한다. 물론 현재에도 많은 남자들이 이 자세를 좋아한다.

여섯 번째의 자세는 '봉황이 날아오름', 봉상鳳翔이다.

여자의 얼굴을 위로 향해 드러눕게 하고, 양다리를 굽혀서 벌린다. 남자는 여자의 양 넓적다리 가운데 부위에서 무릎을 꿇고 단지 팔꿈치로 바닥에 지탱한다. 남자의 그것을 음도陰道에 깊이 삽입하고 아울러 음핵陰核을 자극한다. 단단하고 꼿꼿하며 뜨겁고 열이 나는 남자의 그것을 음도에 삽입할 때, 여자를 좌우로 24차례 흔들게 한다.

이 자세 외의 모든 체위는 모두 음탕하거나 악으로 보인다는 것이다. 봉상鳳翔 역시 용번龍翻과 비슷하지만, 여자가 용번龍翻처럼 누워서 다리를 벌리고 구부려 남자의 그것을 깊게 삽입하도록 하는 면에서 용번보다는 저돌적이다.

최근에 와서 의사와 성심리학자性心理學者들은 교합 자세의 변환이 주는 긍정적 효과를 인정했다. 다만 피차가 심리상으로 반감이 생기지 않아야 한다고 했다. 생리상 받아들일 수 있는 교합 자세의 개변改變과 조정이 필요하다는 것이다. 옳고 그름은 항상 신심身心에 유익하고 또 성적 쾌감을 증진하는가에 달렸다.

하지만 개인마다 타고난 체격과 경험, 개개인의 영향이 '성적 아름다움'을 판단하는 기준이 된다. 가령 어떤 남자는 풍만한 여자를 좋아하고 또 어떤 남자는 허리가 잘록한 마른 여자를 좋아한다. 반대로 여자의 경우, 어떤 여자는 신체 건강하고 몸이 뚱뚱한 남자를 좋아하며, 어떤 여자는 가녀리고 마른 남자를 좋아한다. 또 어떤 사람은 단지 한 가지 교합 자세만으로 해결하지만, 또 어떤 사람은 여러 가지 교합 자세를 좋아한다.

수줍음이 많은 여자는 왕왕 교합 자세의 변화에 부끄러워한다. 곧 남자가 요구를 제시해도 껄끄러워하며 선뜻 배합하려고 들지 않는다. 또 어떤 여자는 오르가즘이 느리기 때문에 일상적으로 행하는 성교에 대해 늘 단조롭고 자극이 부족한 느낌을 받기도 한다. 따라서 성교 자세의 변화는 이 정조情調를 바꿈으로써 쾌감快感을 높여서 성욕性慾을 만족시키기를 바라는 것이다. 성교 자세의 변화는 왕왕 매우 유쾌하게 남녀 모두의 성욕을 높여서 오르가즘에 다다르게 할 수 있다.

일곱 번째 자세는 토끼가 털을 빤다는, 토연호兔吮毫이다.

남자는 얼굴을 위로 향해 바로 눕고 두 다리를 쭉 뻗는다. 여자는 그 위에 가랑이를 벌리고 얼굴은 남자 다리를 향한다. 두 무릎은 꿇어앉아 양 측면에 있게 한다. 손은 땅을 짚고 머리는 아래로 향한다.

남자는 남자의 그것을 음도陰道에 삽입한다. 이러한 교합 자세에서 여자는 무릎을 굽히고 머리를 숙인다. 옥토끼가 가는 털이 은빛 밝기 같도록 빠는 것과 같다. 때문에 이러한 자세는 '토연호'가 된다. 이 자세는 남자보다 여자에게 유리하며 여자는 자신의 흥분 부위를 자유자재로 돌려가며 흥분을 고조시켜 극치에 이른다.

여덟 번째 자세는 물고기 비늘을 문지르는 어접린魚接鱗이다.

남자는 얼굴을 위로 향하고 양다리를 바로 뻗어 땅에 있게 한다. 여자는 남자의 두 다리와 그것 아래에 걸터앉는다. 그런 다음 여자의 엉덩이와 넓적다리를 앞으로 옮겨 서서히 음도陰道, 여성의 질로써 남자의 그것을 집어넣는다.

어접린魚接鱗 자세는 토연호兔吮毫의 형상과 매우 닮았다. 유일한 변별점이라면 후자의 경우 여자의 얼굴이 뒤를 향하고 전자의 경우 여자의 얼굴이 앞으로 향하는 것이다. 남자는 교합 시에 있어서 두 손이 임으로 여자의 두 젖을 애무할 수 있다. 전문가들의 연구에 의하면, 여자의 성감대性感帶는 음도陰道와 유두가 주요 부위이고, 일반적으로 그중에 어느 부위든지 애무하면 모두가 여자의 매우 큰 유쾌감을 가져오기에 충분하다고 말한다.

아홉 번째 자세는 학이 긴 목을 서로 얽는 학교경鶴交頸이다.
남자는 뛰는 자세로 바로 앉으며 두 무릎을 벌린다. 여자는 그의 몸 위에 걸터앉아 두 다리를 벌리고 남자의 좌우 양쪽에 놓는다. 두 손으로는 남자의 목을 껴안는다. 남자의 그것을 음도陰道에 삽입함과 동시에 여자의 음순陰脣을 마찰하여 음핵陰核을 자극한다. 이와 같이 하면 7상七傷, 일곱 가지 병의 치료하지 못한 것이 저절로 낫는다.

소녀경 9법은 남자는 더욱 애써 진정을 찾고, 기분을 배양하고 시기를 파악하는데 쓰이는 바의 '초술招術'을 강조한다. 주요한 것은 여자로 하여금 쾌감에 이르게 하는 것이다. 성교 시에는 한 남자와 한 여자가 짝이 되는 것이 원칙이며, 아울러 삽입의 회수가 많고 적은 것에 치중한다.

이는 남녀 쌍방이 성교 재미의 기교를 연구해서 얻게 되는 것이며, 성교 시의 '쌍수법'은 남자의 그것을 음도陰道에 삽입 시의 방법을 강구한다. 가령 용번龍飜은 여덟 번은 얕게 다섯 번은 깊게, 호행虎行은 다섯 번은 얕게 세 번은 깊게, 원박猿搏은 아홉 번은 얕게 여섯 번은 깊게, 선부蟬附는 열 번은 얕게 네 번은 깊게, 봉상鳳翔은 여섯 번은 얕게 세 번은 깊게, 토연호兔吮毫는 네 번은 얕게 한 번은 깊게 학교경鶴交頸은 열 번은 얕게 일곱 번은 깊게 하는 것이다. 단지, 귀등龜騰과 전유錢遊는 명칭만 있고 서술이 없다.

학교鶴交 등의 자세는 남자가 섹스를 주도하며 이때 남자는 더욱 애써 진정해야 한다. 이 자세는 하체는 남자의 그것이 여자의 음도를 찌르고 상체는 남자와 여자가 입을 맞추기 때문에 흥분을 빨리 해버린다. 따라서 지나치게 흥분해서는 안 된다. 아니면 매우 유쾌하여 곧 오르가즘에 달하여 사정해버린다. 성행위를 중지하면 좋지만, 여자가 아쉬움이 남아 참을 수 없게 만든다.

이외에도 쌍수법 중 남자 하나가 여자 둘과 섹스를 하는 방법을 살펴보자면, 이 방법은 약간 변태적인 황제나 임금이 원하는 자세이기도 하다. '어떻게 이런 자세를 통하여 짐승처럼 한 남자가 두 여자와 섹스를 한단 말인가?'하고 생각할 수도 있지만, 이러한 행위는 이미 수·당나라 때우리나라의 경우 삼국시대부터 유행했다.

이 행위는 '고기가 노니는 격전의 자세'를 말하는데, 우선 두 여자 중의 한 여자가 침상 위에 반듯하게 눕고, 다른 한 여자는 이미 누워있는 여자의 얼굴과 마주하며 몸 위에 엎드린다. 이러한 형상은 흔한 남녀 교합의 자세와 같다. 그리고 성적 흥분에 이른 남자는 교대로 누워있는 여자의 음도에 남자의 그것을 넣는 방법이다. 생각만 해도 쑥스럽고 변태적인 모습이지만, 여자보다는 남자에게 극도의 자극을 유발한다. 이러한 성교性交는 수당시대隋唐時代의 성고전性古典인《동현자洞玄子》중에 기술된 내용이다.

이러한 변태적인 행위 외에도 상상을 초월하는 변태적인 성행위를 수·당시대부터 황제들이 사용했다고 하니 놀랄만한 일이다. 적게는 하루에 몇 명에서 출발하여 많게는 수백 명과 성관계를 하는 황제나 임금의 경우 회수가 늘어날수록 단순한 성교보다는 변태적인 성교로 발전한다. 황제나 임금뿐만 아니라 변태적 성교를 하는 남자들의 경우 이런 행태의 성교를 즐긴다. 그리고 궁녀들은 평생에 한 번 있을까 말까 하는 황제나 임금의 성은을 입게 될 경우를 대비하여 온갖 방중술을 연마하여 그들을 기꺼이 받아들인다. 아니 받아들여야 한 번이라도 더 그들과 만날 수 있고, 즐길 수 있기 때문이다.

중국의 황제와
조선 국왕의 수명

　중국의 황제는 기원전 247년의 한 고조부터 1908년의 광서 황제에 이르는 2천여 년 사이에 208명의 황제들이 있었다. 이 황제들 가운데 수명이 가장 긴 황제가 청나라 고종 건륭 황제88세였다. 버금으로 남북조 시대의 양무제86세, 남송의 고종 황제86세, 원세조80세, 만약 당나라의 정권을 찬탈하여 자립한 무측천83세까지 합친다면 80세를 넘긴 황제가 다섯 사람밖에 안 된다.

　70세를 넘긴 황제들로는 현무제70세, 삼국의 오대제71세, 당고조71세, 당현종70세, 요도종70세, 서하인종70세, 명태조70세 등 일곱 사람들이다.
　그 외에 24세부터 40세 사이에 죽은 황제들이 가장 많은데 전체 제왕의 3분의 1이 넘는다. 버금으로 40세에서 60세 사이의 황제들이 3분의 1에 육박한다. 그리고 20세 미만에 죽은 황제가 전체의 40%를 차지하고 있다.

이를 종합해 보면, 208명의 황제들의 평균 수명은 38세이다. 황제들의 사망원인을 캐어 보면 하나의 놀라운 사실을 발견할 수 있다. 권력 쟁탈에서 쟁탈자의 손에 목숨을 잃은 황제가 3분의 1을 차지한다는 것이다. 그것도 남남이 아니라 아버지와 아들, 형제 사이에서 말이다.

제왕들이 단명하는 두 번째 이유는 무절제한 생활과 과분한 성애로 자신의 신체를 파괴하는 것이다. 후궁이 있는 수많은 애첩들과 궁녀들의 갈증을 풀어주기에는 황제의 한 몸으로는 어림도 없다. 그토록 황제들은 자신들의 몸을 혹사하고 있었다.

조선의 국왕 또한 중국의 황제와 다를 게 없었다.

조선시대 평민의 평균 수명은 40세로 추정된다. 반면 왕왕의 책봉을 받지 못한 연산군과 광해군은 제외의 평균 수명은 46세다. 40세도 넘기지 못한 왕이 11명이나 되고. 환갑을 넘긴 왕도 많은 편은 아니다. 장수한 왕에는 태조74세, 정종63세, 숙종60세, 영조83세, 고종67세 등이 있고, 여기에 광해군67세을 포함하면 단 6명뿐이다.[26]

그렇다면 조선 국왕들의 단명 이유가 무엇이었을까? 단지 과도한 영양 섭취와 성생활, 언제 독살당할지 모르는 정신적 스트레스와 운동 부족이 단명의 원인이었을까? 혹 지나친 성생활을 통한 방사로 각종 성병과 과로가 겹쳐 단명한 것은 아닐까? 의문이 든다.

조선시대 국왕들의 부인 수는 태종과 성종이 12명, 중종이 10명, 정종, 선조가 8명이었고, 자식 수는 태종이 29명12남 17녀, 성종이 28명16

제2부 · 처량한 궁녀의 삶

121

남 12녀, 선조가 22명14남 11녀, 정종이 23명15남 8녀, 세종이 22명14남 4녀이 나 된다. 다산多産으로 왕실의 번성시키는 것이 군주의 덕목이었던 시절, 군주는 종마로 살아야 하는 불쌍한 운명인 동시에, 자신이 마음에 두는 여인을 마음껏 취하여 성욕을 즐길 수 있는 축복받은 운명이었다. 조선 역사와 국왕에 대한 정통성을 주장하는 대부분의 학자들은 "왕비의 왕자 생산은 국가적 관심사였고, 왕실의 최대 책임은 후계자를 생산해 하늘의 뜻을 이은 핏줄을 통해 정통성을 계승하는 것이었다."고 대변한다. 그래서 시중에 나와 있는 대부분의 역사책들도 조선왕에 대한 사망원인을 '성병에 의한 죽음'이라는 대목은 하나도 없다. 그저 '후사를 만들기 위해' 혹은 '경전 공부에 열중하다가 몸이 쇠하여' 사망했다고 미화하는 주장 일색이다.

"하늘이 내린 재난은 피할 수 있지만, 사람이 자초한 재난은 피할 수 없다.《맹자孟子》〈公孫丑上〉"라는 말이 있다. 황제나 임금이 되기 전까지 온갖 노력으로 성군이 되겠다던 초심을 잃어버리고, 권력을 쥐고 난 후에는 수백에서 수만이 되는 궁녀들을 비빈으로 삼아 일 년 열두 달 하루도 쉬지 않고 배꼽을 맞추다가 단명한 것은 자신이 자초한 일이며 단명을 피할 수는 없었다.

궁녀 순장의 잔혹사

중국 역사에서 순장의 사례를 살펴보면 역사상 가장 오래된 왕조인 상나라商(殷)부터 오랫동안 순장의 풍습이 있었다. 특히 춘추전국시대의 '진목공'의 경우 무려 177명을 순장으로 살해하였다. 진목공은 처첩이 무척 많았고 생식력도 강하여 자녀가 40명에 이르렀다. 당시 풍습에 따르면 국군國君의 처첩 노비는 모두 사유재산이나 다름없었고, 마음대로 처리하여도 문제가 없었다. 그렇기에 자신이 죽고 난 후 사유재산이었던 처첩 노비로 하여금 황천에서 계속 시봉하도록 순장하였던 것이다.

묘를 보면 상하층의 평대에 순장한 관이 놓여 있었고 심지어 나체로 매장한 관도 있었다. 〈황조〉라는 시를 보면 "장천이시여, 선량한 사람들을 죽여 순장했으니, 목숨으로 바꿀 수 있다면 우리는 100명의 목숨으로 그들을 다시 불러오겠다."라는 문구가 나온다. 이러한 민심은 대세를 이뤘고 사람들의 순장에 대한 불만이 팽배해짐에 따라 살아 있는 사람을 순장하는 풍습은 점차 사라지면서 결국 진나라는 도용陶俑으로 순장을 대신하게 되었다. 하지만 전국을 통일한 진시황의 장례식 때도 비록 숙청의 목적으로 토용흙인형도 많이 묻었지만, 상당히 많은 사람들을 살해해서 실제로 순장했다.

진시황은 살아생전 후궁이 많기로 유명한데, 그가 6국을 멸망시킨 후 6국의 후궁 모두 접수하였고, 그의 궁전에는 그야말로 "구름처럼 많은 미녀 후궁들이 있었다."라고 기록하고 있다. 진시황이 죽자 아들 호해는 "선제의 후궁 중 자녀가 없는 자는 나갈 수 없다."라며 진시황의 후궁 중에서 후손을 낳지 않은 궁녀는 궁 밖으로 나가지 못하도록 하였다. 결국 아무도 살아남지 못했고 모두 순장하도록 처결된 것이다. 구름처럼 많던 비빈들이 죽음을 당하면서 두려움과 공포에 떨고 흐느끼는 울음이 천지를 진동시켰다.

사마천은 《사기》에서 명확한 수를 밝히지 않고 죽은 자가 '심휴심휴其觿其觿'라고만 하고 슬쩍 넘어갔는데, 죽은 자의 수가 지극히 많고 거대하다는 의미다. 이는 한나라를 거쳐서 삼국시대에도 이어진다. 즉 조조의 무덤에서 20대와 40대로 추정되는 여자가 순장된 유골이 발견되었고, 손권은 자신이 총애한 장수였던 진무가 전사하자 진무의 애첩을 강제로 자결시켜서 순장 조치했다는 기록이 있다.

순장은 사실 인간 역사상 가장 '반인륜적인 풍습'이라 공자를 비롯하여 유교 지식인들은 이를 엄청나게 비판하였다. 또한 국가적으로도 노동력을 없애는 국력 손실이라 앞서 언급했듯이 점차 금기시되었다. 유교 지식인들은 이를 넘어 죽은 사람의 사후를 위한 껴묻기유물을 넣는 것 용도로 사람을 죽이는 것은 도리에 어긋난다고 비판했다.

'위진남북조시대'를 거치면서 불교가 유입되자 생명을 중시하는 불교가 퍼지면서 수나라 때에 와서는 순장 풍습이 완전히 사라지게 되었다. 송나라 시대에 이르러 거란족, 몽골족 등의 북방민족이 중국에 세력을 확대하면서 당시도 순장 풍습을 가지고 있던 거란과 몽골의 중국 유입으로 과거와 같이 많은 규모로 사람을 죽인 것은 아니지만 순장이 다시 부활되기도 하였다. 그리고 그러한 순장 문화는 명나라와 청나라 때에도 남아 황제가 붕어하면서 후궁이나 궁녀들을 순장하기도 했다.

순장은 이때부터 명나라 황궁의 관례가 되었으며, 황궁에 입궁한 비는 매번 비극을 재연해야 했다. 하얀 분에 검푸른 눈썹을 칠한 여인들은 생명을 담보삼아 잠시의 영광을 빌려 쓴 후, 결국 비참한 결말을 맞이했다. 인생을 절반도 살지 않았음에도 한창나이에 죽어야 하거나, 아이든 여인이든 물귀신 황제 때문에 같이 황천으로 끌려 들어가야 했다.

명나라에서는 건국자인 '홍무제_{주원장}'가 후궁과 궁녀를 순장하기도 했는데, 《명사》〈후비전〉에서는 이렇게 기록한다.

"태조가 붕어하시니 궁인 중 많은 사람이 사자를 따랐다."

모기령의 《승조동사습유기》에서는 또 이렇게 말한다.

"처음에 태조와 사십육 명의 비빈을 효릉_{주원장의 능}에 매장했으며, 그중에서 태조를 따라 죽은 자는 궁인만 십 수 명에 달했다."

이는 아마도 감추고 싶은 부분이 있어 일부러 문자 유희를 한 것으로 보인다. 문자적으로 볼 때 46명의 비빈은 부장_{황제와 황후를 위해 죽여서 능에 같이 묻는} 방법을 했고 순장을 한 사람은 궁인뿐이었다.

《대명회전_{大明會典}》은 명나라 법령과 제도를 기록한 국가 서적으로 그 중 〈예부_{禮部}〉'능침_{陵寢}조'는 이렇게 기록하고 있다.

> "효릉의 40명의 비빈 중 오직 2명의 비빈만을 효릉의 동서에 장례했을 뿐 다른 사람은 모두 함께 장례를 지냈다."

이 뜻은 오직 비빈 중 2명만 주원장의 관 옆에 나란히 눕히고 나머지 궁녀들은 관 입구나 주변에 한꺼번에 장례를 치렀다는 뜻이다. 이는 잔인해도 너무 잔인한 비인간적인 처사였다. 자신의 높고 낮은 아내들을 자식이 있는지 없는지와 상관없이 전부 저세상으로 데리고 간 것은 정말 천벌을 받을 미친 짓이었다. 그때 가장 작은 딸인 보경공주_{寶慶公主}의 나이는 겨우 3살로 공주의 어머니 역시 나이가 많을 리 없었다.

어디 그뿐인가, 자신의 나라인 명나라 여자들을 궁녀로 삼아 황천으로 데려가는 것이야 누가 뭐라 하겠냐마는 왜 죄 없는 조선의 공녀들을 강제로 데려가 순장해야만 했는지, 입에서 욕이 저절로 흘러나온다.

어디 그뿐인가, 주원장의 아들 영락제 주체 역시 죄 없는 궁녀들을 황천으로 같이 데리고 떠났다. 《대명회전_{大明會典}》에서는 이렇게 기록한다.

"장릉영락제 황릉16비는 모두 함께 장사되었다[張陵十六妃, 俱從葬]"

《대명회전》에서 영락제 주체의 비 16명이 모두 그를 따라갔다고 말한다. 주체를 따라 나들이를 간 것이 아니라 다시는 돌아오지 못할 길을 간 것이다. 《조선왕조실록》에서는 영락제 당시 순장 기록이 자세하게 기재되어 있다. 순장된 30명의 후궁, 비빈 중 두 명이 조선 출신 여인인 한씨, 강씨였기 때문이다. 이미 한씨에 대해서는 기술한 바 있다.

"한씨는 조선 성종의 어머니인 '인수대비 한씨'의 고모였다. 즉 성종에게는
고모할머니였다. 명나라 순장은 생매장이 아닌 목을 매달아 죽인 뒤 같이
묻어 주었다고 한다."

따라서 황씨가 죽은 뒤 자금성 전각에서는 궁녀들의 곡소리가 끊이지 않았는데, 이들은 한날한시에 같은 장소에서 목이 매달려 죽었다.
그 뒤 명 대종代宗 경제의 기록에 따르면 '비빈 당씨' 등을 순장했다고 되어있으나 구체적으로 몇 명이 순장되었는지는 기록이 없다. 물론 부끄러운 역사라 기록하고 싶지 않았을 것이다. 이렇게 명나라 황제와 같이 순장당했던 궁녀들은 자녀가 없거나 지위가 비교적 낮은 여자들이었다. 예를 들어 선종과 함께 순장한 10명의 여인 중 한 사람만이 생전에 비妃에 봉해져 있었고 나머지는 궁녀였다. 예외도 있었는데, 인종과 함께 순장된 곽씨는 생전에 이미 귀비였고 세 명의 아들을 낳았

다. 그래서 《야획편보유野獲篇補遺》에 "귀비…(생략) 예에 따라 순장해서는 안 됨에도 불구하고 어찌 성은을 입었다고 자진해 하늘에 오르셨는가!"라고 한탄하고 있다.

역사 기록에 의하면 명황조의 순장제도는 비교적 상세한 규정이 있었다. 바꿔말하면 명나라에서는 순장제도로 많은 궁녀들이 죽어 나갔다는 뜻이기도 하다. 어떤 비빈은 반드시 순장하여야 하고 어떤 비빈은 순장하지 말아야 하는지 명문 규정이 있었다. 귀비와 같이 높은 봉호에 책봉된 비빈이나, 아들을 낳았거나 아들이 작위가 있으면 순장하지 않았다. 또한 국가에 공훈이 있으면 빼주었지만, 나머지는 모두 순장했다.

그러던 중 정통제명 6대 황제 영종 주기진가 죽기 전에 순장을 금지하는 유조를 내려 명나라에서는 막을 내리게 된다. 그는 아홉 살에 등극하고 서른 살에 죽었는데 '토목의 변'을 겪고 오이라트의 포로가 되기도 했으나 나중에 풀려나 복위되었다. 이런 고생 때문인지 순장을 반대했다. 하지만 그는 임종 전에 다음과 같이 유조를 내린다.

"사람을 순장하는 것을 나는 차마 할 수가 없다. 그런 일은 마땅히 내 대에서 끝내야 한다. 후대에서는 다시는 행하지 말라."

이게 무슨 황당한 소리인가? 순장제도가 참혹하다면 자신의 능에는 궁녀를 죽이는 순장을 하지 말라고 해야지 자기까지는 하고 다음 황제부터는 하지 말라는 소리는 이해되지 않는다.

어쨌든 명나라 6대 황제 영종 주기진에 의해 중단되었던 순장제도는 다시 청이 들어서면서 성행하게 된다. 역사 기록을 살펴보면 청 왕조 초기에 황실에서는 순장을 빈번히 행했다는 것을 알 수 있다. 태조 누르하치 사후, 대비 우라나라 씨, 서비 아지근, 더인저를 순장하였다. 그런데 역사상 전무후무한 일이 벌어졌는데 대비를 순장시킨 것이다. 대비 우라나다 씨의 이름은 아바하이로 울라 버일러 만타이의 딸이었는데 숙부 버일러 부잔타이가 그녀를 누르하치에게 시집보내 측복진이 되었다.

천명 11년 8월 11일 태조가 죽고 이튿날 대비를 순장하였다. 나이 37세였다. 아들 도르곤은 순치 7년 8월, 자신의 모친을 효열무황후로 추숭追崇하고 태조 능묘에 합장하였다. 아들은 세 명이나 있었는데 12번째 아들 아지거, 14번째 아들 도르곤, 15번째 아들 도도다. 기록이 전하는 바는 이렇다.

> "… (생략) 여러 왕들이 황제의 유언이라고 하였으나 대비는 둘러대며 따르지 않았다. 제왕이 말하길(생략), 그래서 대비는 12일 신해 진시에 자진한 바 37세였다. 황제와 같이 안장하였다."
>
> ─ 《청대조무황제실록淸太祖武皇帝實錄》

이후 청태종 홍타이지 사후 비妃였던 장긴 둔다리, 안다리를 순장하였다. 둔다리, 안다리는 청초 역사에 영향력이 있는 인물들이었다. 태종 홍타이지가 죽자 둔다리가 먼저하고 안다리가 뒤따라 '자원'해 순장되었다. 당시 '충신'으로 받들어 특별히 예우하였으며 그녀들의 자손들은 대대로 영광을 누렸다.

안다리는 원래 하급 관원 집안 출신이었다. 나중에 전공이 혁혁해 승급되었고, 따라서 홍타이지의 은혜를 입었다고 생각하였다. 홍타이지가 죽자 안다리는 둔다리를 본받아 자청해 순장되었다. 역사의 기록을 보면, 안다리는 임종 전에 제왕에게 질의하였다.

"다른 세상에서 태종 홍타이지의 영을 만났을 때 태종께서 후사에 대하여 물으시면 제가 어찌 대답하여야 합니까?"

제왕은 말했다.

"우리 제왕은 유주순치제를 옹립해 잘 모실 터이니 태종께서도 보우해 주십사고 전하여 달라."

말이 끝나자 안다리는 제왕 앞에서 자진하였다. 그리고 둔다리와 함께 부장되었다.

명나라가 멸망한 후 대만에 새워진 정성공의 '정씨 왕국'에서는 2대 국왕인 정경鄭經의 장남이었던 정극장이 이복동생인 정극상鄭克塽의 장인 풍석범馮錫範을 위시한 반대 세력에 의해 암살당하고, 그의 아내였던 진진 부인은 임신한 상태로 순장을 당한 일이 있었다. 이는 풍석범의 계략이었는데, 진 부인이 정극장의 조력자로서 백성들의 지지를 받았던 진영화陣永華의 딸이었기 때문이었다. 즉 순장을 정치적인 목적으로 사용한 것이다. 아무리 정치적인 목적으로 사용한다고 하더라도 임신한 여자를 순장한 것은 잔인한 일이었다.

이외에도 순장에 대한 비극적인 내용이 소개되고 있는데, 거란의 아율아보기의 황후 수율평의 이야기이다. 요나라 야율아보기는 중국에서 거의 사라진 순장제도를 다시 부활시킨 인물이다. 그가 죽자 황후 슐율평은 아들 요태종이 어려서 섭정을 했는데, 그 과정에서 그녀의 섭정에 반대하던 신하들이 황후도 순장을 해야 한다고 주장을 하자 자신의 팔을 잘라서 순장 때 껴묻기를 하고 자신의 섭정을 반대한 신하들은 싸그리 순장시켜버렸다. 그래서 '슐률평'은 단완 태후斷腕太后, 팔을 끊어버린 황후라는 별명이 붙었다.

순장제도로 인해 가장 피해를 본 것은 역시 궁녀들이었다. 만약 궁녀가 되지 않았더라면 순장도 되지 않을 테니 궁녀가 되는 것은 그렇게 좋은 것만은 아니었다.

궁녀 입궁 시 처녀 감별

입궁 시 모든 궁녀는 황제나 왕의 여자가 되기 때문에 어느 누구도 왕의 여자를 범할 수는 없었다. 물론 비밀리에 고환이 제거 안 된 내시나 환관과 궁녀 사이에 불륜이 있기는 했지만, 이는 극히 소수에 불과하고 걸렸을 경우 극형으로 다스려져서 감히 목숨을 걸고 불륜 행위를 하려는 자는 없었다.

궁녀 선발 시 반드시 거쳐야 하는 절차가 있었다. 잘못된 선택으로 처녀가 아닌 여자가 궁으로 들어오거나 임신한 여자가 궁으로 들어오는 것을 방지하기 위해 여러 가지 방법을 사용했는데, 가장 중요한 것이 처녀 감별법이었다.

황제나 임금의 경우 궁녀와 잠자릴 해보면 어느 정도 감이라도 잡겠지만, 제3자인 내명부 소속 상궁이 눈으로만 보고 처녀인지 아닌지 감별하는 것은 그리 신뢰성이 없었다.

중국의 경우 진나라의 장화張華가 쓴 《박물지》에 보면 수궁사守宮砂

의 제조방법을 설명하고 있다. "먼저 도마뱀의 온몸이 발갛게 되면, 그걸 부숴서 붉은 진흙처럼 만든다. 이 붉은 진흙을 여자의 사지나 신체에 찍히면 그녀가 성관계를 맺기 전에는 물로 씻어도 없어지지 않고, 다만 성관계를 맺으면 자동으로 사라진다."고 한다.

여기서 말하는 수궁이란 도마뱀의 일종이다. 몸이 약간 가늘고, 허리는 암회색이며, 밤알 같은 돌기가 있고, 배는 백황색이며 입은 크고, 혀는 두터우며 네 발에는 5개의 발가락이 있고, 발가락의 안쪽에는 주름이 많아서, 다른 물건에 잘 붙을 수 있고, 벽을 직선으로 타고 오를 수 있다. 즉 우리가 알고 있는 도마뱀이다.

예로부터 전해지기를 항아리 같은 곳에 넣어서 도마뱀을 기르며 매일 단사丹砂를 먹이고, 대략 7근 정도의 단사를 먹인 후에는 그것을 갈아서 여인의 팔에 점으로 찍어두면 성관계가 발생하지 않는 한 평생 없어지지 않는다고 한다. 다만 일단 성생활을 하게 되면 바로 사라져서 흔적도 없어진다는 것이다. 그리고 미혼 여자에게만 사용할 수 있고, 이미 결혼한 여자에게 사용하면 효과가 없다고 한다.

도마뱀은 본래 색깔을 잘 바꾸는 동물이다. 《주역》의 역易이라는 글자는 바로 하루 열두 차례씩 때의 변화에 맞추어 색깔이 변한다는 도마뱀의 속성을 형상화한 것이다. 동양 철학의 기본 전제는 변화다. 도마뱀은 "변화하지 않는 것은 변화한다는 사실뿐이다."라는 생각에 가장 부합하는 동물이다. 대부분의 뱀 종류가 성 기능을 향상시키는 처방에 약재로 사용되듯 도마뱀도 정력제로 사용되었다.

조선의 경우 궁녀들의 증언에 의하면 입궁할 때 처녀 감별을 했다고 한다. 물론 처녀 감별은 열 살 이상의 여자 아이들에게만 시행했다고 한다. 열 살도 되지 않은 어린 나이에 입궁하는 아이들에게는 감별할 이유가 없었다. 이 처녀 감별은 오로지 미혼 궁녀들을 대상으로 시행된 것이다. 왕비나 후궁 등이 아이를 출산했을 때 아이들에게 젖을 주거나 아이를 돌보기 위해 들어가는 유모나 보모에게 처녀 감별을 한다는 것은 있을 수 없는 일이었다.

처녀 감별은 의녀醫女가 앵무새의 생혈生血을 여자아이의 팔목에 묻혀서 이것이 묻으면 처녀고, 안 묻으면 처녀가 아닌 것으로 판정했다고 한다. 처녀 감별을 이런 식으로 했다니 황당한 일이다. 하지만 나름 근거는 있다.

잉꼬부부라는 말처럼 앵무새는 남녀 간의 화목을 상징하는데, 처음 들어온 여성의 팔에 앵무새 피가 묻지 않으면 이는 처녀가 아니기도 하려니와 장차 남녀 간의 불화가 예상되는 것으로 해석했기 때문에 이 같은 방법을 사용했을 가능성이 많다. 하지만 동물의 피가 사람의 살갗에 묻지 않을 가능성은 거의 없다. 아마 이러한 실험은 처녀 여부의 감별보다는 심리적 효과가 더 컸을 것이다. 실험 전 상대방 여자에게 이 방법으로 처녀를 감별할 수 있다고 말하면 자신이 처녀라는 사실을 숨긴 여자는 더 큰 처벌을 걱정해 미리 실토할 확률이 높기 때문이다.

그 외에 고전에 기록된 처녀 감별법은 이렇게 진행됐다. 괴테는 처녀성를 잃게 되면 "목이 굵어진다."라고 표현했다. 아마도 목소리가 변화한다는 데서 힌트를 얻은 표현이 아닐까 싶다. 《소녀경》에서는 간지러움으로 처녀성을 감별할 수 있다고 했다. 잔등에 손끝만 닿아도 간지러워 몸을 뒤트는 것이 처녀들의 특성이라는 것이다. 이 방법은 북아일랜드에서도 처녀감별법으로 전해지고 있다.

독일의 반데 베델은 체취로 감별하는 법을 말했다. 사랑의 성행위 후에는 여성의 몸에서 장미꽃이나 신맛이 나는 산양 냄새가 난다고 한다. 여성 특유의 체취 중 호흡, 즉 숨 쉬는 냄새와 국부 냄새의 변화를 다음과 같이 설명하고 있다. 기혼 부인, 그중에서도 신혼 시절의 여성은 호흡 중에 과일 비슷한 냄새를 낸다고 한다. 한편 국소의 냄새도 처녀들이 더 강하다고 한다. 이는 외음부 치구_{恥垢}가 처녀 쪽에 많기 때문이라고 한다. 처녀는 그만큼 성행위를 할 기회가 없기 때문이다.

가장 대중적인 방법은 처녀막 파열로 알아보는 것이다. 이는 이슬람권에서는 절대적이다. 이집트에서는 신랑 신부가 신방을 차릴 때 동행자가 들어가 신랑이 검지손가락에 흰 천을 감고 처녀막을 파괴해 가족에게 흔들어 보인다. 피가 묻어나면 축제 분위기, 피가 묻지 않으면 파혼으로까지 이어진다. 이게 뭔 해괴한 짓인지 모르지만, 문화이자 관습이니 뭐라 할 말이 없다.

아프리카에서는 처녀일 때는 금은보화에 축제가 이어지면서 소 한 마리가 추가되지만, 아닐 때는 예물이 반으로 줄어든다. 다시 말해 처녀성의 값은 바로 소 한 마리 값인 것이다.

한국 고전에는 이런 방법이 있었다. 일단 여성을 알몸으로 재가 잔뜩 담긴 곳에 올려놓고 코끝을 간질이게 되면 재채기를 한다. 이때 여성의 성기를 통해 재가 튀어 날리면 비처녀, 재가 날리지 않으면 분명히 처녀라는 것이다. 그러나 이 방법은 논리적으로 맞지 않다는 생각이 든다. 통상 우리가 재채기를 하면 우리 몸의 모든 구멍_{항문, 성기 콧구}

^{멍, 귓구멍}에서 바람이 나오는데, 유독 여성 성기에서 나오는 바람으로 처녀인지 아는지를 감별한다는 것은 왠지 웃음이 나온다.

가끔 아주 가끔 재채기를 하면서 콧물을 흘리거나 방귀나 똥을 지리는 사람이 있는데, 이런 경우를 어떻게 설명할 수 있을까? 밑에서 나오는 바람이 성기를 통한 바람인지, 성기 바로 아래에 붙은 항문에서 나오는 바람인지 어찌 안단 말인가.

일본에서는 화장실 카페가 성행한다. 투명한 유리로 만들어 위에서 용변을 보는 것을 즐기는 변태들. 그런데 가끔 자기 애인을 데려와 확인하려고 한다고 한다. 처녀인지 아닌지, 이 방법으로 처녀를 감별한다고 한다면 일본 남성들은 시력이 현미경보다 발달했다는 것인데, 믿거나 말거나 독자의 몫이다.

현대의학적인 처녀 감별법으로 불임치료법에서 힌트를 얻는 방법이 있어 소개하면 이렇다. 임신을 할 수 있는 가임 여성들의 경우에는 정자가 몸 안에 들어와 항정자 항체Antisperm antibodies가 혈청에서 만들어져도 이 항체를 중화시키는 항유전자형 항체Antiidiotypic antibodies가 같이 만들어지기 때문에 문제없이 임신을 할 수 있다. 그런데 항체와 관련해서 임신에 어려움을 겪는 여자들은 정자가 몸 안에 들어왔을 때 항정자 항체만 만들어지고 항유전자형 항체는 만들어지지 않기 때문에, 몸의 면역체계가 정자를 침입 세균으로 인식해서 임신이 불가능하다는 것이다. 이 연구결과를 바꿔 말하면, 정자를 몸 안에 들인 적 없는 처녀들은 혈청 안에 항정자 항체Antisperm antibodies도 가지고 있지 않고 항유전자형 항체Antiidiotypic antibodies도 가지고 있지 않다는 뜻이다. 결국 두 항체 중에 하나라도 양성 판정이 나오면 처녀가 아닌 것이다. 불임치료가 우연히도 처녀감별법을 만들어 낸 셈이다.

처녀막은 질에 물체가 삽입됐을 때 파열되면서 출혈을 일으키게 된다. 이러한 파열은 꼭 남자의 성기만으로 생기지 않는다. 여성의 자위 행위로 생길 수도 있고, 운동을 격하게 하는 운동선수에게도 생길 수도 있다. 처녀막 출혈은 일종의 얇은 피부막을 건드려 피가 나는 것과 같은 것인데, 이게 뭐가 그리 중요한지 모르겠지만 중국이나 조선에서는 이를 중요시했다고 하니 할 말은 없다.

하지만 섹스에서 가장 중요한 것은 처녀막의 손상 여부가 아니라 서로 간의 감정이다. 남녀가 처음 만날 때를 기억하면 이해가 빠를 것이다. 안 보면 보고 싶고 어쩌다 한 키스는 설탕물보다 수천 배나 달콤하며, 사랑으로 이룬 잠자리는 그보다 황홀할 수가 없다. 어디 그것이 처녀막 때문인가? 아니다. 사랑하기 때문이다.

그러나 세월이 흐르다 보면 마음도 변하고 정도 변하니 아름다운 추억도 사라지며, 팍팍한 현실에 사랑이 가로막혀 좋은 감정은 사라지고 좋지 않은 감정만 쌓이다 보니 사랑도 떠나가고 섹스의 즐거움도 함께 저 멀리 떠나가는 것이다. 어쨌든 당시의 궁녀들은 별 해괴한 방법으로 처녀 감별을 받았다니 황당했을 것 같다.

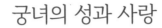

궁녀의 성과 사랑

　황제는 삼궁육원三宮六園에 무수한 비빈들을 두고 있었다. 이런 비빈들의 일상생활, 이를테면 의식주 같은 것들을 해결하기 위해 시중들어 주는 사람들이 있어야 했다. 궁녀 대신 환관들을 시중들게 하자니 황제가 불안하고, 그렇다고 몽땅 환관들에게 이런 일을 시키기 위해 많은 남자들의 불알을 제거할 수도 없는 일이었다. 그래서 황가에서는 수요에 따라 민간이나 환관들을 통해 궁녀를 뽑아 들였다. 특히 조선과 같은 변방 국가에서 궁녀를 뽑을 경우는 황제의 체면 때문에 환관들이 황제의 조서를 받아 비공개적으로 궁녀를 뽑아왔다.

　그럼 황제는 얼마나 많은 궁녀를 데리고 있었을까? 물론 각 황제마다 서로 달랐다. 한나라 영제, 진나라 무제, 송나라 창오왕, 제나라 동혼후, 진나라 후주, 수나라 양제, 당나라 현종, 금나라의 해릉왕海陵王 등 황제들은 보통 수만 명의 궁녀들을 갖고 있었다.

　다른 조대에는 궁녀들이 비교적 적었다. 하지만 적었다 해도 수천 명에 이른다. 청나라 때에 이르러 궁녀가 가장 적었다. 구태지의 《인물풍속총담》의 〈청후궁지제〉에는 이렇게 씌여 있다.

> "……궁녀들은 각기 명액이 있었다. 황후는 열둘, 황귀비와 귀비는 각각 여덟, 비빈은 여섯, 귀인은 넷, 상재는 셋, 답응은 둘… 이런 식으로 궁녀들을 갖고 있었다."

이 숫자는 명나라에 비해 적은 편이었는데, 그 원인은 청나라 사람들이 한족 여자들을 믿지 않았기 때문이다. 한족 여자들이 권력을 빼앗거나 비밀을 누설할까 봐 두려워했다. 때문에 대부분의 궁녀들은 팔기八旗에서 윤유允兪로 뽑아 올렸다.

조정에서는 보통 삼 년에 한 차례 궁녀를 뽑는데 이것을 '수녀 선발'이라고 일렀다. 하지만 실제 수요에 따라 그 시간이 일정하지 않았다. 청조 때의 궁녀들은 전부 기족旗族 만주족들 가운데 뽑았다. 이 일을 내무부에서 맡아보았는데, 무릇 가난한 가족들 집에서 여덟 살부터 열네 살까지의 여자아이가 있으면 모두 내무부에 와서 신청하고 등록할 수 있었다.

초선처음 보는 면접을 할 때 오관이 단정하고 행동이 민첩하며 이빨이 단아하면 모두 입선될 수 있었다. 초선에 뽑히면 곧 입궁한다. 복선에 뽑히면 내무부에서 궁녀의 가족과 계약을 맺는다.

입궁한 후에 궁녀가 첫 번째로 해야 할 일은 머리를 깎고 목욕을 하는 것이다. 머리를 몽땅 깎아버린 궁녀를 꼬마 궁녀라 한다. 나이 든 다음 눈치 빠르게 일을 차질 없이 하면 윗사람의 허가를 맡고 머리를 기를 수 있었다.

방금 입궁한 궁녀들은 자리에 오줌을 싸기 쉽다. 이때까지 세상이 어떻게 생겼는지 전혀 모르고 있던 아이들이 황궁이라는 어마어마한 궁전에서 엄숙하고 긴장된 생활을 하다 보면 평소에 오줌을 싸지 않던 아이들도 밤에 자리를 적신다. 만약 한 달 사이에 세 번 자리를 적시게 되면 궁중에서 쫓겨나게 된다.

궁녀들은 비빈들의 시중을 드는 어멈들이 관리하고 가르친다. 옷치장으로부터 화장, 궁정을 드나들 때의 인사, 범절 등…. 총명한 아이들은 석 달이면 다 배우고 일을 시작한다. 일을 하면 삯전을 주는데 적게는 은 넉 냥, 많게는 은 스무 냥이다. 먹는 것이나 입는 것이나 화장품 같은 것은 몽땅 내무부_{조선에서는 내명부}에서 공급한다. 궁녀들이 받은 매달 삯전은 일정한 표준이 없다. 여덟 냥을 받다가 승직하면 이십 냥을 받을 수 있고, 이십 냥을 받다가 무슨 일로 좀 실수를 하면 넉 냥으로 내려올 수도 있다. 그러나 궁녀들은 삯전에 대해선 그리 신경을 쓰지 않았다. 그들의 주요한 수입은 다른 곳에서 나오기 때문이다.[27]

---

27) 조선의 궁녀의 월봉을 담당한 부서는 호조의 하급기관인 사도시(司䆃寺)였다. 《육전조례》, 〈호전〉편에 따르면, 상궁과 시녀(나인)에게는 매월 중미 2되 5홉, 두부용 콩 2승, 감장 4홉, 청장(진하지 않은 간장) 1홉 6작, 무수리(물심부름하는 궁녀)에게는 중미 2되, 두부용 콩 1승, 감장 2홉, 궁녀를 모시는 여종, 유모를 모시는 여종에게는 각각 중미 2되, 감장 2홉으로 한다고 적고 있다. 구한말에는 물품 대신 돈으로 받기도 했다. 1926년 순종 승하 3개월 전의 창덕궁 나인에게 지급됐던 월봉명세서를 살펴보면 당시 가장 높은 보수를 받았던 지밀상궁은 당시 월급이 196원이었다. 물론 먹여주고 재워주는 것은 기본이었다. 이를 지금의 화폐로 환산하면 약 200만 원 정도에 해당한다. 지밀상궁 중 가장 적은 액수를 받은 이가 50원이었고 나머지는 40원에서 95원이었다. 이처럼 궁녀들은 맡은 업무와 연차, 품계에 따라 월급을 차등 지급받았다. 월급 외에도 휴가도 받았다.

이 많은 여성들은 오직 군과 왕실을 위한 존재였다. 대개 찢어지게 가난한 집안에서 입 하나 줄여보겠다고 딸을 보낸 것이 궁이었고, 궁녀가 된 여인들은 잘 곳과 먹을 것이 마련되었지만, 죽을 때까지 왕의 얼굴 한번 못 보고 노예처럼 죽도록 일만 하는 게 그녀들의 운명이었다.

그러나 궁녀들은 왕의 여자들이었기 때문에 결혼 또한 왕하고만 할 수 있었다. 구중궁궐에서 왕 하나만 쳐다보며 살아야 했던 궁녀들에게 그 외로움이란 청상과부 이상이었을 것이다. 그러다 보니 궁녀들은 자신들의 운명을 바꾸기 위해서 온갖 술수를 부리며 왕의 눈에 들기를 바랐고, 특히 어쩌다 있을지도 모르는 왕과의 잠자리에서 왕을 만족시키기 위해 여러 가지 방중술을 익혔다.

왕이 만족해야만 계속해서 자신을 찾을 것이기 때문에 효과가 있다면 무슨 기술이든 배워야 했다. 또한 단 한 번의 잠자리만 가지고 이후로는 찾지 않는 경우도 많았기 때문에 더더욱 중요한 훈련이었다.

왕을 만족시키기 위한 그녀들의 은밀한 훈련법에 대해 살펴보자.

첫째, 발뒤꿈치를 들고 걷는 훈련이다. 궁녀들은 평소에 발뒤꿈치를 들고 걸어 다녔다. 그런데 실제로 발뒤꿈치를 들고 걸으면 종아리와 발목이 긴장되어 하체에 탄력이 생기고 또 괄약근과 질 근육을 조이는 힘이 강해져서 왕과의 잠자리에서 왕을 더욱 잘 만족시킬 수 있다고 믿었다.

둘째, 걸레질을 할 때 무릎을 꿇고 하는 것이 아니라 유연해지기 위해 '엎드려 뻗쳐'를 하듯이 엉덩이를 번쩍 들고 했다고 한다. 숙달된 여자를 다루는 황제나 왕들은 일반적인 자세로 성행위를 하기보다는 뒤에서 성행위 하는 자세를 더 선호한다.

셋째, 연시를 핥아먹는 훈련을 했다고 한다. 공중에 달린 연시를 오직 혀로만 핥아먹게 했다. 이런 훈련은 남자의 흥분을 극도로 끌어올리기 위해 성기를 애무하는 데 사용하기 위해서였다.

넷째, 무릎으로 팥 잡기 훈련이 있다. 바닥에 팥을 뿌려두고 무릎으로 잡아서 그릇에 다시 넣는 훈련이다. 이 훈련은 질을 조이는 힘을 키울 수 있다고 한다.

그리고 훈련이라고 할 수는 없지만, 알몸으로 자는 것이 있다. 잠을 잘 때 알몸으로 자면 피부에 충분한 휴식을 주게 되어 세포가 재생되는 데 좋은 영향을 끼친다고 한다.

또한 금가루가 섞인 소금으로 양치를 했다. 성관계를 하게 되면 자연히 키스를 하게 되는데, 키스를 할 때 입 냄새가 심하다면 생각만 해도 끔찍한 일이었다. 언제 있을지 모를 왕의 승은을 입는 날을 대비해 금가루가 섞인 소금으로 양치질을 하거나 말린 꽃잎을 함께 섞어 양치를 하여 항상 입안을 향기롭게 해야 했다.

마지막 훈련으로 배꼽에 얼음물을 맞는 것이다. 배 위에 천을 덮어놓고 천장에 얼음을 매달아 놓는데, 그 얼음이 녹을 때 정확하게 배꼽으로 얼음물을 받아내는 훈련이었다. 이 훈련은 왕의 자식을 임신하는 데 큰 도움이 되었다고 한다.

하지만 이렇게 열심히 노력해도 왕의 눈에 들기란 너무나도 어려운 일이었다. 설사 왕의 눈에 들어 하룻밤을 보낸다고 해도 그 이후로는 특별상궁이 되어 궁궐 구석에 박혀 왕의 여자로 쓸쓸히 죽어가는 궁녀들도 많았다.

　그렇게 과학적이지도 않고 실제로 왕이 만족할 만한 결과를 얻었는지는 모르겠지만, 단 한 번의 기회를 놓치지 않으려는 궁녀들의 노력은 참으로 안타까운 단면이다. 평생 승은을 입지 못하는 궁녀들은 죽을 때까지 처녀의 몸으로 살아가야 하는데 어떻게 인간의 성욕을 절제와 통제 속에 가두어 놓은 채 살아갈 수 있을지 궁금하다.

　인간에게 있어 절제와 통제가 되지 않는 세 가지가 있는데, 첫째는 탐욕이요, 둘째는 식욕이고, 다음이 성욕이다. 이 세 가지는 우열이 없으며 상황에 따라 순위가 바뀌게 된다.

　이러한 욕구들은 인간이 태어나면서부터 수십만 년을 살아오면서 선천적으로 우리 몸에 자리 잡은 유전적 기질로, 이는 교육이나 노력을 통해서 통제될 수는 없다. 만약 통제가 가능하다면 소위 지식인이라는 교수나 정치인, 그리고 검사, 판사들과 같은 사람들이 성추행을 하지는 않을 것이다. 하지만 그런 일들은 우리 주변에서 흔히 일어나고 있다. 다만 성욕을 절제하고 살아갈 뿐이다. 옛말에 사람을 홀딱 벗긴 채로 10일간 굶겨 눈앞에 밥과 돈과 여자, 그리고 옷을 놓으면 제일 먼저 인간은 배를 채우기 위해 밥을 먹고, 배가 부르면 돈을 챙기고, 주머니가 두둑해지면 여자가 보이며, 여자를 취한 후 자신이 나체인 것을 알고 부끄러워 옷을 입는다고 한다. 결국 교육으로 배우는 수치스러움에 대한 윤리와 도덕은 맨 나중에 생각한다는 것이다. 이렇게 거부할 수 없는 탐욕과 성욕 때문에 배울 만큼 배운 사람들이 평생 쌓아 올린 자신의 명성을 하루아침에 내팽개치고 사랑하는 가족들을 저버리는 행동을 하는 것이다.

궁녀들 역시 마찬가지로 황실이나 궁에서 살아가니 기름진 음식과 화려한 옷에 대한 걱정은 없었겠지만, 성욕만은 채울 길이 없었다. 그렇다고 허벅지만 바늘로 찌르며 한평생을 살아갈 수는 없는 일이다.

조선의 경우 궁녀를 대상으로 한 법조문이 《속대전》〈형전〉에 기록되어 있다.

> "궁녀가 밖의 사람과 간통하면 남자와 여자는 모두 즉시 참수되었다. 임신한 자는 출산을 기다렸다가 형을 집행한다. 출산 이후 100일[28]을 기다렸다가 형을 집행하는 예를 따르지 않고 즉시 집행한다."
>
> ─《속대전》〈형전〉 '간범姦犯'

이 법은 궁녀들을 대상으로 한 법조문이었다. 또한 궁녀 중에서도 상궁과 나인 등 정식 궁녀만을 대상으로 한 것이고 방자나 무수리 등 궁녀들의 하녀는 해당되지 않았다. 상궁과 나인들은 정식 궁녀로 이는 왕이나 세자 등 주인의 여자로 간주되었다. 만약 왕이나 세자의 궁녀가 간통을 할 경우 이처럼 무서운 처벌을 받았다.

이미 명나라의 경우도 살펴보았듯이 영락제는 궁녀와 환관들이 간통을 했다고 2,800명이나 직접 나서서 살을 바르고 사지를 찢어 죽였

---

28) 아이가 태어난 지 백일(百日)이 되면 백일상을 차렸다. 아이가 아무 병 없이 오래 살기를 기원하는 의미가 담겨 있다. 백이란 숫자는 꽉 찬 숫자이므로 아기가 이날까지 탈 없이 자란 것을 축복하고 한 인간으로 성장을 시작하는 출발점으로 인식하는 의미였다. 조선 《속대전》에서 궁녀가 출산 후 100일을 기다렸다가 형을 집행한다는 의미는 아이가 백일이 넘으면 오장육부가 자리를 잡고 부모 없이도 살아갈 수 있기 때문인 것으로 보인다.

다. 하지만 아무리 법이 무섭다고 법이 인간의 본성에 앞설 수는 없는 것이다. 우리는 흔히 비구니나 신부님을 보면서 궁금증을 품곤 한다. 어떻게 인간의 본성인 성욕을 자제한 채 저렇게 순결하게 살아갈 수 있을까 하는 생각 말이다.

하지만 종교적 이상이나 숭고한 목표를 위해 스스로 성을 포기하는 사람들은 그렇게 할 수 있다. 그래서 우리는 그들을 '성인聖人'이라 칭하거나 '해탈'이나 '득도'한 사람들이라고 말하는 것이다. 그러나 내 목표나 의지와 관계없이 강제로 성이 금지된 사람들은 어떨까?

조선시대 궁녀들은 형편이나 목표, 의지와는 관계없이 성이 금지된 사람들이다. 예컨대 과부가 되어 먹고살기 위해 궁녀가 되었다면 형편 때문에 스스로 성을 포기한 것이라 성욕을 참을 수 있지만 어린 궁녀로 궁에 들어온 처녀들은 자신의 의지와 관계없이 궁녀가 되었고 성이 강제로 금지된 것이다.

우리 인간은 뇌에 중추신경이라는 것이 있는데, 여기에는 쾌락중추도 있고 식욕중추도 있다. 이 쾌락중추를 자극하는 것은 바로 우리의 시각과 촉각 그리고 마음이다. 남자를 보면 여자는 마음이 두근거리고 호기심이 발동하는 것은 내 의지와 상관없이 자손을 번성시키라고 신이 만들어 주신 선물이다. 일단 쾌락중추를 자극하면 뇌에서는 흥분이라는 교감신경을 발동시켜 몸에 호르몬 변화를 가져온다. 그 호르몬의 변화는 내가 막는다고 막아지는 것이 아니다. 그건 반드시 배출해야 하는 인체의 신비다. 그럼에도 불구하고 조선시대나 현재나 법률로 이러한 감정을 자제시킬 수는 없어 그 많은 성범죄가 발생하고 있는 것이다.

당시 조선시대 궁녀들에게 《속대전》의 형법은 무지막지한 법이었다. 현직 상궁이나 나인은 간통하면 사형인데, 그것도 즉시 목을 베는 참형을 당했다. 생각만 해도 무시무시한 형벌이었다. 이러니 궁녀는 목숨을 걸지 않는 이상 성욕을 단념해야 했다. 게다가 남녀 모두 목을 벤다고 했으니 남자 쪽도 궁녀와 사랑을 나누려면 목숨을 걸어야 했다. 부칙조항도 무시무시하기는 마찬가지였다. 궁녀가 간통하여 임신한 경우에 어떻게 할 것인지를 규정한 것인데, 살벌하기 이를 데 없다. 출산 후 곧바로 산모를 처형한다는 것이었다.

게다가 아이는 태어나서 어머니의 젖도 먹어보지 못하고 노비가 되었다. 자신도 죽고 자식에게도 차마 못할 짓이니, 어느 궁녀가 감히 간통할 생각이 들겠는가.

그러나 이렇게 무시무시한 법조문도 궁녀들의 간통 사건을 근절시키지는 못했다. 실록에 궁녀들의 간통 사건이 적지 않게 등장하는 걸 보면 분명하다. 죽음으로도 막을 수 없는 것이 인간의 본능이요, 사랑에 대한 본능인 것이다.[29]

《조선왕조실록》에 처음 나오는 내시와 궁녀의 스캔들을 잠시 살펴보자.

> 환자 정사징鄭思澄을 베었다처형했다. 정사징은 고려 공양왕 때부터 환자 같지 않았다는 말이 있었는데, 또 회안대군懷安大君, 조선태조의 넷째 아들의 첩

29) 신병호(2014), 《궁궐에 핀 비밀의 꽃 궁녀》, pp.271~275.

을 간통했고, 인덕궁仁德宮, 정종을 섬기면서 시녀 기매其每를 간음했다. 기매는 상왕의 본궁 종碑이었다. 상왕이 알고 기매를 내치니, 정사징도 도망쳤다. 이때에 이르러 붙잡히자 곧 처형당했다. 의금부 제조에서 기매를 베고자 청하니, 임금이 "기매는 상왕의 자식을 낳았으니 차마 못하겠다."라고 했다. 제조提調 등이 청하기를 "기매가 이미 득죄하여 쫓겨났으니, 상왕인들 어찌 아끼겠습니까?"하니 임금이 옳다고 여기어 곧 베려 하다가 마침내 상왕의 명으로 베지 못했다.

— 《태종실록》 태종7년(1417) 8월 8일자 기록

■ 삼국시대 성 노리개 남근

특히 궁중의 각 처소에 소속된 별감과 궁녀간의 간통 사건이 많이 발생했다. 궁녀는 독자적으로 움직이는 것이 아니라 내시의 지휘를 받아 궁중에서 음식을 만들거나 청소하는 업무 등을 맡았다.[30] 따라서 각 처소에 소속된 내시와 별감들의 수도 적지 않았다. 예컨대 《고종실록》에 따르면 각 처소에 소속된 내시의 수는 대전에 50명, 대비전에 10명, 중궁전에 10명, 세자궁에 29명, 세자빈궁에 8명, 세손궁에 15

---

30) 장희홍, 〈조선시대 환관연구〉, 동국대학교 박사 학위 논문, 2003.

명, 세손빈궁에 6명 등 119명이나 되었다.

《경국대전》에는 내시의 수가 140명으로 규정되었는데, 이보다 축소된 119명의 배속이 위와 같았던 것이다. 따라서 고종 이전에 각 처소에 소속된 내시의 수가 이보다 많았으므로 많게는 50~60명 적게는 10~20명 정도의 내시가 처소별로 소속되어 있었다.

아울러 액정서掖庭署[31] 소속의 별감들도 많은 수가 각 처소별로 배속되었다. 《속대전》에 따르면 대전별감이 46명, 왕비전 별감이 16명, 세자궁 별감이 18명, 세손궁 별감이 10명 등 80명에 이르고 있다. 이 수에 100여 명 정도의 별감이 존재하는 셈이며, 각 초소별로 10~50명 정도의 별감이 소속되는 셈이다. 즉 왕, 왕비, 대비, 세자 등 각 처소에는 많게는 궁녀가 100명, 내시가 50명, 별감이 46명 등 200명 내외의 인원이 배속되기도 하고 적은 경우라고 해도 궁녀가 30명, 내시가 6명, 별감이 10명 등 46명의 인원이 있는 셈이다. 따라서 각 처소별로 소속된 인원들을 지휘, 감독할 사람이 있어야 했다. 게다가 각 처소에는 여성인 궁녀와 남성인 별감이 있었으므로 이들을 지휘하려면 남성과 여성 어느 쪽에도 구애받지 않을 사람들이 필요했다. 거세된 남자, 남자 아닌 남자인 내시들을 궁중에 둔 이유가 바로 여기에 있다.

궁녀, 내시, 액정서掖庭署 소속의 별감들이 근무하는 궁궐의 액정은 일반인들이 드나들 수 없는 금지 구역이었다. 수백 명의 남녀가 액정

---

31) 액정서(掖庭署)는 조선시대에 내시부에 속하여 왕명의 전달 및 안내, 궁궐 관리 따위를 맡아보던 관아. 고려시대 액정국을 계승한 것이다.

에서 근무하는 것이었다. 이러다 보니 액정에서 근무하는 궁녀, 내시, 별감들 사이에 스캔들이 일어나는 일이 자주 발생했다. 남자와 여자가 함께 있으니 연분이 싹트는 것은 당연한 결과였다.

특히 별감은 비록 천민이라고는 하지만 엄연한 남성이었다. 그것도 액정의 경호가 주임무인 젊은 남성들이었다. 이러니 궁궐에 갇혀 사는 궁녀가 별감에게 연모의 정을 품는 일이 적지 않았을 것이라 예상할 수 있다. 실제로 《단종실록》에는 3명의 궁녀와 3명의 별감이 단체로 연애편지를 주고받다가 적발되어 처벌된 슬픈 사연이 실려 있다.

먼저 접근한 쪽은 궁녀였다. 별감 부귀富貴에게 연모의 정을 품고 있던 방자 중비中非는 어느날 부귀에게 붓을 구해 달라고 요청했다. 부귀는 이를 거절 못하고 나중에 구해다 주겠다고 했다. 이렇게 시작된 방자 중비와 별감 부귀의 관계는 편지를 주고받는 사이로 발전했다.

부귀는 별감 중에서 아직 어렸기에 소친시小親侍라고 불렸다. 부귀는 당시 성년으로 인정되던 열여섯 살이 되었을 것이고, 부귀를 연모한 중비도 그 또래였을 것이다. 중비나 부귀는 10대 초반의 사춘기였던 셈이다. 사춘기의 소년 소녀가 이성에 눈이 멀어 자신들의 처지를 잊어버린 상황이었다.

그런데 방자 중비는 자기 혼자서만 별감과 사귀는 것이 아니라 동료들까지 끌어들였다. 방자 자금者今과 방자 가지加知에게 별감을 소개한 것이다. 이렇게 하여 방자 자금은 별감 수부이須夫伊를 알았고 방자 가지는 별감 함로金老를 알았다. 저간의 상황이 구체적으로 드러나지 않아 내막을 잘 알 수 없지만, 별감 부귀가 자신의 친구들을 끌어들인 것이 분명했다. 궁녀나 별감이라는 익숙한 단어 속에 감추어져 있지만, 이들은 모두 10대 초반의 사춘기 소년·소녀들이었다.

그런데 사정이 딱한 것은 중비, 자금, 가지가 모두 글을 모른다는 사실이었다. 한문은 물론 한글도 몰랐다. 편지를 쓰려고 하는데 글을 모르니 다른 사람에게 부탁하는 수밖에 없었다. 중비 등은 자신들이 가장 믿었던 나인 월계月桂에게 부탁하여 한글로 편지를 썼다.

중비가 부귀에게 보낸 편지는 "전날 구해 주겠다고 한 붓을 어찌하여 보내지 않습니까?" 하는 내용이었다. 자금과 가지도 자신의 파트너에게 서로 만나자는 편지를 보냈다. 이것은 명백히 연애편지라고 할 수 있었다. 이윽고 이들은 편지만이 아니라 선물도 주고받기에 이르렀다.

편지 전달은 복덕ㅏ德이란 방자가 맡았다. 복덕은 한글을 알았으므로 답장을 받아 와서 내용을 읽어주기도 했다. 분명 복덕은 중비, 자금 등을 아끼는 선배였을 것이다. 한글을 깨우친 것으로 보아 나이도 어지간히 있고, 별감들과의 연락을 맡은 사실로 보아 궁궐에서의 경험도 상당히 있었으리라 짐작된다. 복덕은 10대 초반 사춘기 여자아이들의 간절한 부탁을 차마 모른 체하지 못했던 것 같다.

이렇게 단체로 연애편지를 주고받다 보니 소문이 안 날 수가 없었다. 궁녀들 사이의 기강을 감시·감독하는 사람이 감찰 상궁이었다. 묘단卯丹이라는 나인이 이 사실을 감찰 상궁에게 알렸고, 당연히 감찰상궁은 상부에 보고했다. 결국 단종까지 이 연애 사건을 알고 말았다.

상궁이나 나인이 아닌 방자들의 연애 사건이었지만, 어쨌든 방자도 궁녀는 궁녀였다. 궁중의 기강을 세우기 위해 그냥 넘어갈 수가 없었다. 그것도 보통 사건이 아니라 국사범으로 간주하여 의금부에서 조사했다. 의금부에서는 편지를 주고받은 당사자 6명을 "간통한 궁녀의 남녀를 즉시 참형에 처한다."라는 규정에 입각하여 무시무시한 처벌을 요청했다. 아울러 이들을 도와준 사람들도 엄벌에 처해야 한다고 요청했다. 의금부에서 아뢰기를,

> "방자 가지와 소천시 함로, 방자 중비와 소천시 부귀, 방자 자금과 별감 수부이 등이 간통하려고 생각하여 한글로 몰래 통했고, 또 물건을 서로 주고받았습니다. 이 범죄는 법에 비추어 볼 때 즉시 참형에 해당합니다.
>
> 방자 복덕은 청하는 사연을 듣고 한글로 그 정을 써서 외부에 통하게 했고 그 답서가 오면 이들을 위하여 풀어서 설명했습니다. 이 범죄는 법에 비추어 볼 때 곤장 100대에 유배 3,000리에 해당합니다. 사표국司豹局[32] 승丞 정을부鄭乙富는 방자의 청을 듣고 마음대로 대궐 문을 열어 주었습니다. 이 범죄는 법에 비추어 볼 때 곤장 100대에 변방의 군대에 보충하는 것에 해당합니다."
>
> 이에 명하기를 "각각 1등을 감안하여 곤장을 때린 후에 수부이, 부귀, 함로는 함길도 부령富寧의 관노官奴로 영구히 소속시키며 정을부는 충청도의 군대에 보충하라"라고 했다.
>
> ─《단종실록》6권, 1년 5월 갑자 조

---

32) 사표국(司豹局)이란 조선시대 염초(염초) 굽는 일을 맡아보던 임시 관아. 세종 27년 (1445)에 대궐 안의 내사복사(內司僕司) 남쪽에 두었다가 세조 때에 폐지되었다.

이 사건을 간통이라고 해야 할지 아니면 사춘기 소년·소녀들의 풋풋한 연애 감정이라고 해야 할지 모르겠지만 궁녀라는 신분이 이들의 인생을 망친 결과를 초래하였다.

사춘기의 궁녀들이 비슷한 또래의 별감들에게 연모의 정을 느끼는 것은 일면 이해할 수 있다. 그런데 내시와 연애에 빠지는 경우도 있었다. 그것은 궁녀와 내시들만의 특별한 처지와 인연 때문이라고 할 수 있다. 어린 시절을 궁궐에서 함께 지내다 보니 서로 낯이 익고 정이 들 수도 있었다. 사랑의 감정이 꼭 몸으로만 이루어지는 것은 아니기 때문이다. 어린 시절의 소꿉친구 같은 편안한 감정이 성을 초월한 애정 관계로 발전하기도 했던 것이다.

세종 때의 궁녀 내은이內隱伊와 내시 손생孫生도 그런 관계였다. 둘은 정이 깊어지자 미래를 언약하기도 했다. 그 징표로 내은이는 세종이 쓰던 청옥관자靑玉貫子, 푸른색 옥으로 만든 모자 장식를 손생에게 주었다. 두 사람 사이에 일어났던 일은 이것이 전부였다. 그런데 이 사실이 적발되자 세종은 무시무시한 모습을 보여주었다. 두 사람을 참형으로 다스린 것이었다.[33] 성군이라고 칭송받았던 세종의 행동이라고는 도저히 이해할 수 없는 처분이었다. 자신의 여자들을 내시들이 가지고 놀았다고 생각했는지 세종은 자비를 베풀지 않았다. 단종과 많이 비교되는 부분이다.

현직 궁녀의 성 금지가 이렇게 무시무시했던 사실에 비해 출궁한 궁녀들에 대해서는 상대적으로 관대했다. 조선시대의 궁녀들은 출궁하

---

33) 《세종실록》 30, 7년 12월 정축조.

는 경우가 매우 다양했으며, 한번 출궁한 궁녀의 성까지 지나치게 억압하는 것은 비인간적이라고 생각했기 때문이다.

조정 관료가 궁중에서 내보낸 시녀, 혹은 무수리를 데리고 살 경우 *(중략)* 곤장 100대에 처한다.[34]

—《경국대전》〈형전〉'금제'

출궁하는 궁녀는 혼인해도 사형을 당하지는 않았던 셈이다. 곤장 100대는 참형에 비교한다면 큰 벌도 아니었다. 사실 곤장 100대를 맞고 나면 장독으로 죽거나 살이 터져 온전할 수 없는 상황이지만 그래도 참형을 당하지 않았다는 안도감에 웃으면서 죽을 수 있는 형벌이었다.

이런 이유 때문인지 조선시대에는 출궁한 궁녀와 사랑에 빠졌다가 물의를 일으킨 사람들이 꽤 많았다. 궁녀들이 이런저런 이유로 출궁하여 궐 밖에서 사는 경우가 많았기 때문이다. 종신적인 궁녀들이 궁궐을 떠나 궐 밖에서 장기간 머무르는 경우는 몇 가지가 있었다.

첫째는 자신이 모시던 주인이 세상을 떠난 경우다. 이런 경우에는 3년 상을 지낸 후에 출궁하는 것이 관례였다.

둘째는 궁녀가 병이 들었을 때다. 궁궐에서 왕, 왕비, 대비, 세자, 세자빈 등 왕족 이외의 사람들이 중병에 걸리면 대궐 밖으로 나가서 치료해야 했다. 혹시 다른 사람들에게 전염시킬까 염려해서였다. 일종의

---

34) 《경국대전》〈형전〉'금제'

피접避接이었다. 따라서 궁녀들도 큰 병이 들면 대궐 밖으로 나가 요양을 했는데, 완쾌되기까지 상당한 기간을 궐 밖에서 머물렀다.

다음으로 가뭄이나 홍수 등 자연재해가 있을 때 궁녀들을 출궁시키거나, 국가 재정이 악화되었을 때 궁녀들을 출궁시키는 경우도 있었다. 우리 조상들은 자연 현상도 인간의 사회현상과 서로 연관된다고 생각했는데, 예컨대 가뭄이나 홍수 같은 자연재해는 인간사회에서 뭔가 억울하거나 한 맺힌 사람들의 원기가 자연의 조화를 깨뜨리기 때문이라고 생각했던 것이다.

사대부에 대한 사랑보다는 못하지만, 백성을 사랑한 세종은 궁녀들의 성 문제에 대해서는 엄격하기 그지없었다. 이렇듯 엄격한 기강으로 조선시대 궁녀들의 성 금지가 가능했던 것이다.

그런데 남이 하면 간통이고 자신이 하면 로맨스라는 '내로남불'의 경우가 세종의 집안에서 발생한다. 세종의 며느리 휘빈 김씨가 자신의 궁녀와 동성애對食[35]를 한 것이다. 그리고 이 사건은 세종이 죽고 600년이 지난 지금에 와서도 사람들에게 회자되어 세종의 치적에 오점을 남긴 사건이자 세종의 집안에서 일어나서는 안 될 최악의 불행한 사건으로 기록되고 있다. 그 내용은 이렇다.

세종의 첫 번째 며느리는 세자 향(문종)의 세자빈으로 입궁한 휘빈 김씨였다. 휘빈은 세자 향이 열네 살이 되던 1427년세종 9년 4월 9일에 맞

---

35) 궁녀들의 동성연애를 대식(對食)이라 한다. 《오주연문장전산고》에는 중국 한나라 때 궁중의 대식에 대해 "궁인이 자기들끼리 서로 부부가 되는 것을 대식이라 하는데, 서로 매우 투기한다."고 기록하고 있다.

이한 아내로 김구덕의 손녀이자 김오문의 딸이었다. 그런데 세종은 2년 뒤인 1429년 7월 18일에 휘빈 김씨를 사가로 내쫓았다. 그 이유에 대해서 실록은 이렇게 기록하고 있다.

> 내가 전년에 세자를 책봉하고, 김씨를 누대 명가의 딸이라고 하여 간택해서 세자빈으로 삼았더니, 뜻밖에도 김씨가 미혹시키는 방법으로써 압승술壓勝術, 주술이나 주문으로 화복을 만든다는 방술을 쓴 단서가 발각되었다. 과인이 듣고 매우 놀라 즉시 궁인을 보내어 심문하였더니 휘빈이 이렇게 말했다.
>
> "시녀 호초가 저에게 가르쳤습니다."
>
> 그래서 호초를 불러들여 친히 그 사유를 물었더니 호초가 대답했다.
> "지난해 겨울에 세자빈께서 부인이 남편에게 사랑받는 술법을 묻기에 모른다고 대답했습니다. 그러나 빈께서 강요하므로 제가 이렇게 말했습니다. '남편이 좋아하는 부인의 신을 베어다가 불에 태워 가루를 만들어 남편에게 술을 타서 마시게 하면, 빈께서는 사랑을 받게 되고 저쪽 여자는 멀어져서 배척을 받게 되오니, 효동·덕금 두 시녀의 신을 가지고 시험해보시는 것이 좋겠습니다.'"

효동과 덕금 두 여인은 휘빈이 시기하는 여자들이었다. 김씨는 즉시 그 두 여인의 신을 가져다가 자기 손으로 베어 가지고 왔다. 이런 행동을 세 번이나 하여 그 술법을 써 보고자 하였으나 얻지 못하였다고 한다. 호초가 또 말하였다.

"그 뒤에 빈께서 다시 묻기를 '그밖에 또 무슨 술법이 있느냐?'고 하셨습니다. 그래서 제가 '뱀 두 마리가 교접할 때 흘린 정기를 수건으로 닦아서 차고 있으면 반드시 남편의 사랑을 받습니다.'라고 말해드렸습니다. 이렇게 가르친 두 가지 술법 중 앞의 것은 박신이 버린 첩 중 가이에게 전해 들었고, 뒤의 것은 정효문의 기생첩 하봉래에게 전해 들었습니다."

또 세자궁에서 순덕이라는 시녀가 있는데, 본래 김씨 본가의 여종이었다. 일찍이 휘빈의 약주머니 속에 가죽신의 껍질이 있는 것을 발견하고 괴이하게 여겨 호초에게 물었다.

"우리 빈께 이런 짓을 하라고 가르친 자는 누구냐?"라고 묻자 즉시 그것을 꺼내어 감춰버렸다고 한다. 과인은 이 말을 다 듣고 즉시 순덕을 불러서 거듭 물으니 같은 내용을 말하였다. 순덕이 또 이렇게 말했다.

"제가 일찍이 빈의 어머니 집에 가서 가죽신의 껍데기를 내보인 뒤, 그 까닭을 물었습니다. 그 가죽이 아직 저에게 있습니다."

그러면서 순덕이 꺼내어 바쳤다. 이에 관인은 중궁과 같이 김씨를 불러서 친히 정성과 사유를 물으니 일일이 자복하였고, 베어낸 신의 가죽이 그대로 있고 증언이 명백하였다.

"이는 부덕한 자가 받드는 제사는 조종의 신령이 흠향하지 않을 것이며 왕궁 안에 용납할 수 없는 바이니, 도리대로 마땅히 폐출해야 할 것이다. 내

어찌 그대로 둘 수 있겠는가!"

이 사건으로 세종은 십대의 어린 휘빈 김씨_{당시 14세}를 내쫓아 버렸
다. 인자하던 시아버지 세종의 무서운 면모였다. 거기다 휘빈 김씨의
시녀 호초는 참형에 처해졌다. 사실 시녀 호초는 주인이 시키면 무슨
일이든 해야 하는 처지였는데, 그녀를 극형에 처했다는 것은 정말 이
해할 수 없는 대목이다.

실록의 기록과는 달리 세종이 휘빈 김씨를 내쫓고 시녀 호초를 참
형에 처한 진짜 이유가 있었을 것이다. 알다시피 실록은 승자의 기록
이자 후대 왕대에 작성된 것인데, 다음 왕들이 아들이나 친족이면 전
왕에 대하여 한 점 부끄럼 없는 성군으로 작성되었고, 반정으로 정권
을 장악한 왕이라면 전왕에 대하여 칭찬이라고는 찾을 수 없게끔 작
성되었다.

위 사건은 세종의 아들이자 효자 중의 효자 문종 시대에 작성되었
고, 특히 의문이 가는 부분은 이런 민망한 사건을 세종이 직접 국문
했다는 것이다. 그리고 다른 사람의 진술은 찾아볼 수 없고 단지 세종
이 혼자 스스로 모든 사건을 "이렇게 기록하라."라는 문답식으로 되어
있다. 게다가 사건이 발생할 당시 휘빈 김씨의 나이는 14세였다. 이렇
게 어린 여인이, 아니 아이가 남편에게 섹스의 쾌감을 느끼기 위해 압
승술을 썼다고 믿을 사람이 있을까 의문이 든다. 단지 휘빈 김씨는 한
번도 접해보지 못한 남녀 간의 성행위를 어떻게 치러야 하는지를 몰
라 궁녀를 통해 알고자 했는데, 궁녀 역시 경험이 없어 남녀의 성행위

에 대해 설명 못하고, 시중에 떠돌던 미신대로 신고 있던 신발 일부분을 잘라 세자궁에 묻으면 된다고 했던 것이다. 이게 극형을 받을 일인지 이해가 되질 않는다. 세종 자신은 여섯 명이나 되는 부인들을 통해 22명이라는 많은 자식을 만들기 위해 밤낮으로 종마 역할을 했던 사람이 아닌가, 그런데 자신의 며느리가 남편의 사랑을 받아보겠다고 단지 가죽신의 일부를 잘라 묻은 것을 처벌할 수 있단 말인가?

600년이 지난 일이라 정확하게 알 수는 없지만, 아마 세종은 지우고 싶어도 지울 수 없는 사건이자 집안의 흉측한 사건이라 적당히 이 사건을 후대에 부끄럽지 않게 둘러대어 작성케 한 것으로 보인다. 추측건대, 실제로는 휘빈 김씨가 시녀들로부터 배운 압승술을 세자에게 시행했고, 이에 놀란 어린 세자_{당시 14세}가 세종에게 달려가 고했던 것으로 보인다. 당시 궁중에서 주술 행위는 금지된 것이었다. 여기서 말하는 압승술이란 가죽신을 태워 그 재를 마시는 정도가 아니고 남자의 사랑을 받는 방법을 김씨가 문종에게 시도하다 이에 놀란 문종이 아버지 세종에게 일러바친 사건으로 보인다. 당시 문종은 세자시절부터 지독한 파파보이였다.

하지만 단순히 이런 사건을 가지고 세종의 치욕적인 가정사라고 말하긴 이르다. 세종의 며느리 이야기는 지금부터 시작된다.

세종은 며느리 휘빈 김씨를 내쫓는 것만으로 그치지 않았다. 며느리를 내쫓은 지 3개월도 되지 않아서 세자 향_{문종}은 창녕 현감 봉려의 딸 순빈을 세자빈으로 맞아들였다. 그런데 세종은 1436년 10월 26일에 순빈 봉씨도 폐출시켰다. 당시 순빈 봉씨는 결혼한 지 7년이 되었지만, 아이를 낳지 못하고 있었다. 세종은 그녀를 내쫓은 이유에 대해 이렇게 설명한다.

> 봉씨는 성질이 시기하고 질투함이 심하여서, 처음에는 사랑을 독차지하지
> 못한 일로 오랫동안 원망과 앙심을 품고 있다가 권 승휘_{현덕왕후 권씨}가 임신
> 하자 봉씨가 더욱 분개하고 원망하여 항상 궁인에게 이렇게 말하였다.

> "권 승휘가 아들을 두면 우리들은 쫓겨나게 될 거야."

> 그러면서 때로는 소리 내어 울기도 하니 그 소리가 궁중에까지 들리었다.
> 내가 중궁과 같이 봉씨를 불러서 이렇게 타일렀다.
> "네가 매우 어리석다. 네가 세자의 빈이 되었는데도 아들이 없는데, 권 승
> 휘가 다행히 아들을 두게 되었으니 기뻐할 일인데도 도리어 원망하는 마
> 음이 있다니 또한 괴이하지 않는가."

하지만 봉씨는 조금도 뉘우치는 기색이 없었다.
그 후에 또 세자에게 항상 이렇게 가르쳤다.

> "비록 여러 승휘가 있지마는 어찌 정적_{正嫡, 세자빈}에서 아들을 두는 것만큼
> 귀할 수가 있겠느냐. 정적을 물리쳐 멀리할 수는 없느니라."

이때부터 세자가 순빈에게 조금 우대하는 예절을 보였는데, 그 후에
봉씨가 스스로 말하기를 "태기_{胎氣}가 있다."하여 궁중에서 모두 기뻐하
였다. 그래서 순빈이 혹시 놀람이 있을까 염려하여 중궁으로 옮겨 조

용히 거처한 지 한 달 남짓했는데, 어느 날 봉씨가 또 스스로 말하기를, "낙태落胎하였다."라고 하면서 이렇게 말했다.

"단단한 물건이 형체를 이루어 나왔는데 지금 이불 속에 있다."

그래서 늙은 궁궐 여종에게 가서 이를 보게 했으나, 이불 속에서 아무것도 보이는 것이 없었으니, 그가 말한 "임신했다"라는 것은 거짓말이었다.

또 지난해 세자가 종학에 옮겨 거처할 때에 봉씨가 시녀들의 변소에 가서 벽 틈으로부터 외간 사람을 엿보았었다. 또 항상 궁궐 여종에게 남자를 사모하는 노래를 부르게 했다.

요사이 듣건대, 봉씨가 궁궐의 여종 소쌍을 사랑하여 항상 그 곁을 떠나지 못하게 하니 궁인들이 혹 서로 수군거리기를, "빈께서 소쌍과 항상 잠자리와 거처를 같이 한다."라고 하였다.

어느 날 소쌍이 궁궐 안에서 소제清掃를 하고 있는데, 세자가 갑자기 묻기를, "네가 정말 빈과 같이 자느냐?"라고 하니, 소쌍이 깜짝 놀라서 대답하기를, "그리하옵니다."하였다. 그 후에도 자주 듣건대, 봉씨가 소쌍을 몹시 사랑하여 잠시라도 그 곁을 떠나기만 하면 원망하고 성을 내면서 말하기를, "나는 너를 매우 사랑하나, 너는 그다지 나를 사랑하지 않는구나!"하였고, 소쌍도 다른 사람에게 늘 말하기를, "빈께서 나를 사랑하기를 보통보다 매우 다르게 하므로 나는 매우 무섭다."하였다.

소쌍이 또 권 승휘의 사비개인종 단지와 서로 좋아하여 혹시 함께 자기도 하였는데, 봉씨가 사비 석가이를 시켜 항상 그 뒤를 따라다니게 하여 단지와 함께 놀지 못하게 하였다. 봉씨가 새벽에 일어나면 항상 시중드는 여종들에게 이불과 베개를 거두게 했는데, 소쌍과 함께 동침하고 자리를 같이한 이후로는 자기가 이불과 베개를 거두었으며 몰래 여종에게 그 이불을 세탁하게 하였다.

이러한 일들이 궁중에서 자못 떠들썩한 까닭으로, 내가 중궁과 더불어 소쌍을 불러서 그 진상을 물으니, 소쌍이 말하길, "지난해 동짓날에 빈께서 저를 불러 내전으로 들어오게 하셨는데, 다른 여종들은 모두 지게문 밖에 있었습니다. 저에게 같이 자기를 요구하므로 저는 이를 사양했으나, 빈께서 윽박지르므로 마지못하여 옷을 한 번쯤 벗고 병풍에 들어갔더니, 빈께서 저의 나머지 옷을 다 빼앗고 강제로 들어와 눕게 하여, 남자의 교합하는 형상과 같이 서로 희롱하였습니다."라고 하였다.

세종은 순빈이 아이를 갖지도 않았으면서 임신을 하고 낙태까지 했다고 거짓말한 것과 궁궐 여종 소쌍과 동성애를 즐겼다고 스스로 자술하고 있다. 그렇다면 순빈은 일종의 동성애자였다는 말인데, 이는 당시에는 순빈이나 여종 모두 참형에 처해지는 행위였다.

그런데 세종의 이러한 말 중에 "순빈이 여종에게 남자를 사모하는 노래를 부르게 했다"라는 내용이 나오는데 이는 순빈이 남자를 그리워했다는 것을 의미한다. 만약 순빈이 동성애자였다면 남자를 그리워할 리가 없었을 것이다.

사실 순빈이 동성애에 빠지고 여종을 가까이한 것은 남편 문종이 자신을 멀리했기 때문이었으며, 그래서 순빈이 택한 방식은 자신의 성욕을 채워주지 못하는 문종 대신 궁궐에 있는 여종과 껴안고 자거나 살을 비벼대며 남자의 품을 대신하는 것이었다.

당시 궁궐 안에는 궁녀끼리 함께 지내며 동성애를 즐기는 일이 허다했다. 궁녀들이 동성애를 행한 것은 그들의 특수한 신분 때문이었다. 왕의 여자들이니 그 어떤 남자와도 가까이할 수 없었기에 인간의 본능인 성욕을 그런 방식으로라도 해소하려 했던 것이다. 순빈 봉씨의 처지도 그들 궁녀와 별반 다르지 않았다. 남편이 있기는 했으나 찾아주지 않았기에 궁녀들의 처지와 같았다.

문종은 술이나 기름진 음식을 좋아하거나 성적으로 문란한 사람이 아니었다. 그는 희로喜怒를 얼굴에 나타내지 않았고 음악과 여색을 몸에 가까이하지 않았으며, 항상 마음을 바르게 수양했다. 문종은 성리학자들이 보기에 이상적인 왕이었다. 바른 생활의 사나이였던 것이다.

그러나 세상을 바르게 산다고 성군이 되거나 오래도록 장수하는 것은 아니다. 문종은 어려서부터 약골로 태어나 종기를 달고 살았으며 이 때문에 재위한 지 2년 만에 세상을 등지고 만다. 말하자면 휘빈 김씨나 순빈 봉씨가 동성애가 된 것은 문종에게 문제가 있었다는 뜻이다. 문종은 아내로 맞아들인 두 여인에게 전혀 관심을 보이지 않았고 심지어 냉랭하고 매정하게 대하면서 다른 여자들에게 사랑을 쏟았다. 이 때문에 세종과 소헌왕후가 세자 향文宗을 불러 타일러 보았지만 소용없는 일이었다.

따라서 휘빈 김씨와 순빈 봉씨 폐출에 근본적인 원인을 제공한 사람은 다름 아닌 남편인 세자 향문종이었다. 그는 적합한 절차를 거쳐 혼인한 부인에 대해 남편의 의무를 전혀 행하지 않았다. 게다가 휘빈과 순빈의 일을 세종에게 일러바친 사람도 세자 향이었다.

이후에도 세종은 새로 맞은 2명의 며느리를 직접 내쫓았다. 임영대군의 첫 부인 남씨는 '어리숙다'는 것이었고, 영응대군의 첫 부인 송씨는 병이 있다는 이유였다. 조선의 어느 왕도 세종처럼 여러 차례 며느리를 내쫓는 경우는 없었다.

이렇게 아버지 세종에 의지하며 마마보이였던 문종은 자신의 아들 세자단종에 대한 안정된 왕권 양위에 대한 아무런 대책도 없이 아버지 죽음으로 식음을 전폐하다 심한 종기를 얻어 사망하고 말았다. 그 뒤 단종도 그의 숙부에 의해 처참하게 살해당한다.

이처럼 조선시대에는 동성애를 하는 궁녀들이 있었고 궁녀 중에는 엉덩이에 벗 붕朋자를 문신하는 경우가 있었다고 한다. 또 어떤 기록에 의하면 궁녀들은 자위용으로 각신角腎을 사용했다. 이는 뼈나 뿔로 만든 것으로 형체는 남자의 음경과 동일했다. 당시 이런 물건은 '안동상점'에서 판매했다.[36]

---

36) 이상옥, 《한국의 역사 9》, 마당, 1982.

◈ 칠거지악七去之惡

조선왕조 초기에 법제로서 통용되던 대명률大明律에 의하면, "무릇 처를 내보내거나 의절義絶, 법적으로 규정된 강제적 이혼할 상황이 없는데도 이혼한 자는 장杖 80의 형에 처하고, 처가 칠출의 죄칠거지를 범하였으나, 삼불거에 해당하는 사항이 있는 자와 이혼한 자는 죄 2등을 감하고 다시 살게 한다. 만일 의절義絶에 상당하는 자와 이별하지 않은 자도 장 80의 형에 처하고, 부부가 화합하여 쌍방이 이혼을 원하는 자는 처벌하지 않는다." 하였다.

칠출칠거지이라 함은 ① 시부모를 잘 섬기지 못하는 것, ② 아이를 낳지 못하는 것, ③ 부정한 행위, ④ 질투, ⑤ 나병·간질 등의 유전병. ⑥ 말이 많은 것, ⑦ 훔치는 것이다. 그중에서 ③, ⑦은 누구에게나 사회 일반의 법적 범죄 행위로서 인정되는 것이며, ①~⑥은 봉건적 가족제도의 필연적 요구에서 나온 것이다.

즉, 시부모를 잘 섬기지 못함은 불효의 표현이고, 질투는 사대주의에 의한 양반들의 축첩제 유지에 방해 원인이며, 악질은 자손의 번영에 해로운 것이고, 말이 많은 것은 가족 공동생활의 불화와 이간의 원인이 되기 때문이다.

그러나 ② 아이를 낳지 못하는 것을 순전히 여자의 몫으로 돌렸다는 것은 잘못된 발상이었다. 당시 아이를 낳지 못하는 원인이 남자에게 있는 생식불능 상태를 확인할 의료적 기술이 없어 무조건 여자가 아이를 낳지 못한다고 생각했던 것 같다. 그 외에 ④ 질투 ⑥ 말이 많은 것 ① 시부모를 잘 섬기지 못하는 것들은 모두 남편의 잘못도 크다고 할 수 있다. 여자는 남자가 바람을 피우거나 자신에게 향했던 남자의 사랑이 다른 여자에게 돌릴 경우 언제든

위와 같은 행동을 할 수 있다. 이 모든 것을 여자의 잘못으로 법률로 만들었다는 것에 놀라지 않을 수 없지만 더 더욱 놀랄 일은 나라를 갖다 바친 조선이 명나라 법을 그대로 사용했다는 것이다.

조선 말기에 제정된 조선조 최후의 법전인 《형법대전》에는 칠출 중에서 무자식과 질투의 두 가지 사유는 이혼의 조건 중에서 삭제하여 오거五去로 하고, 삼불거 중에서 자녀가 있는 경우에는 이혼을 금지하기 위하여 그 항목을 첨가하여 사불거로 하였다. 이 오출사불거五出四不去의 규정은 1908년에 형법대전의 개정으로 폐지되었다.

이처럼 궁녀들이 왕의 승은을 입지 못해 벌어지는 일이 있는가 하면 반대로 왕의 사랑을 한 몸에 받은 궁녀들도 있었다.

정조 이산은 아주 어렸을 적부터 마음에 두고 있던 소녀가 있었다. 소녀는 성윤우의 딸 덕임이었다. 그녀가 바로 정조의 비인 의빈성씨이다. 몰락한 양반이었던 성윤우는 본래 승지였던 한준승의 청지기 노릇을 했는데, 한준승이 사망한 뒤에 이산의 외조부 홍봉한의 집으로 옮겨 청지기 생활을 했다. 그 바람에 덕임은 어릴 때부터 홍봉한의 집에서 자랐다. 이산은 유년 시절 외가를 드나들며 덕임을 알았고, 자라면서 그녀를 마음에 품게 되었다. 하지만 너무 어린 시절부터 보아왔던 터라 소녀에 대한 그의 마음이 어떤 감정인지 알지 못했다.

그런 상황에서 이산은 세손이던 열한 살에 혼인했다. 신부는 김시묵의 딸이었는데, 이산보다 한 살 어렸고 덕임과 같은 나이였다. 이산은 이때 이미 마음속에 덕임이 자리하고 있었기 때문에 세손빈 김씨에게 마음을 열지 못했다.

이산이 결혼한 것이 1762년 2월인데, 그 무렵에 이산에겐 기쁜 소식이 하나 날아들었다. 소년 이산이 어린 시절부터 마음에 품고 있던 덕임이 아기 나인이 되어 어머니 혜경궁 처소로 온 것이다. 혜경궁 홍씨는 덕임을 딸처럼 귀히 여기며 직접 키우다시피 했고, 이산 또한 덕임을 친누이처럼 다정하게 대했다.

그렇게 4년이 흘렀다. 이산은 이제 열다섯 살이 되어 마침내 관례를 올리고 세손빈 김씨효의왕후와 합혼례를 올렸다. 그리고 이제 공식적으로 후궁을 둘 수 있었다. 그러자 이산은 곧바로 덕임에게 사랑 고백을 하고 자신의 후궁이 되어 줄 것을 요청했다. 이산의 어머니 혜경궁 역시 찬성한 일이었다.

하지만 덕임은 후궁이 될 수 없다고 울면서 거절했다. 그 이유를 물으니, 아직 세손빈이 아이를 낳지 않았기 때문에 자신은 후궁이 될 수 없다는 것이었다. 당시 세손빈이 덕임과 같은 열네 살이었으니 임신하기엔 아직 일렀다. 덕임은 세손이 우선 세손빈에게서 자손을 보는 것이 순서라고 한 것이다. 그런데도 당장 후궁이 되어야만 한다면 자신은 죽을 수 밖에 없다고 버텼다. 사실 궁녀가 왕이나 세자의 승은을 거부하는 것은 있을 수 없는 일이었다. 하지만 덕임의 말이 사리에 맞았다.

결국 이산은 덕임의 의견을 받아들여 그녀를 후궁으로 삼는 것을 보류했다. 그렇게 10년이 흘러 이산은 영조에 이어 왕위에 올랐다. 그러나 부인 김씨효의왕후에게는 아이가 없었다. 정조의 개혁정치를 반대하는 남인들의 견제 세력들이 정조의 고모 화완옹주를 시켜 부인 김씨와의 사이를 벌려 놓았고 영조의 비인 정순대비까지 정조와 부인 김씨와의 사이에 아이가 생길까 봐 방해를 놓았다. 게다가 자신들의 세력 중 한 사람을 골라 그들의 딸을 후궁으로 들여 세자를 보려고 계획했던 터라 정조의 비 효의왕후와는 제대로 된 잠자리 한번 할 시간적 여유를 주지 않았다. 둘 사이에 아이가 생산되지 못하도록 온갖 방해를 다하였던 것이다.

그러자 정조는 반대 세력들의 관심밖에 있는 덕임에게 승은을 받을 것을 요청했다. 그런데 이번에도 역시 덕임의 의지는 완강했다. 이산은 별수 없이 이번에도 물러났다.

그 후 이산은 원빈 홍씨와 화빈 윤씨 등 두 명의 후궁을 들였다. 그런 뒤 1780년에 다시 덕임을 찾아가 승은을 받으라고 요청했다. 그런데 덕임은 여전히 후궁 셋을 먼저 들인 뒤, 승은을 받겠다고 버텼다. 그러자 이번에는 이산도 물러나지 않았다. 이산은 덕임의 하녀들을 무섭게 꾸짖고 벌을 내렸다. 그제야 덕임은 이산이 물러나지 않을 것을 알고 마침내 받아들였다. 이에 대해 정조는 자신이 직접 쓴 그녀의 묘지문에 당시 심정을 이렇게 밝히고 있다.

"처음 승은을 내리려 했으나 내전_{효의왕후}이 아직 아이를 낳고 기르지 못했으니 울면서 감히 못한다고 사양하고 죽음을 맹세하고 명을 따르지 않았다. 나는 이를 받아들여 더는 재촉하지 않았다. 이후 15년 동안 널리 후궁원빈 홍씨, 화빈 윤씨을 뽑았고 다시 빈에게 승은을 내렸으나 거듭 사양하였다. 이에 빈이 사사로이 부리는 하인에게 죄를 꾸짖고 벌을 내리자 빈은 비로소 내 마음을 받아들였다."

이산은 어린 시절부터 마음에 품고 있던 첫사랑을 15년 동안 끈질기게 공략한 끝에 마침내 자신의 여인으로 만드는 데 성공했다. 이때 정조는 스물아홉 살이었고, 덕임은 스물여덟 살이었다. 승은을 입은 덕임은 곧바로 임신했다. 하지만 불행하게도 1780년 12월에 유산하고 말았다. 이후 다시 임신했지만, 그 아이 역시 유산했다. 이후 또다시 세 번째 임신하여 이번에는 무사히 출산했다. 1782년 9월 7일 새벽, 덕임은 연화당에서 마침내 왕실에서 그토록 기다리던 왕자를 낳았다. 사랑하는 연인 덕임이 왕자를 출산하자, 이산은 기뻐서 어쩔 줄 몰랐다. 그것도 처음으로 얻은 자식이었다. 그래서 승지와 각신을 불러놓고 이렇게 하교했다.

> "궁인 성씨가 태중胎中이더니 오늘 새벽에 분만하였다. 종실이 이제부터 번창하게 되었다. 내 한 사람의 다행일 뿐만 아니라 머지않아 이 나라의 경사가 계속 이어지리라는 것을 확실히 알 수 있어서 더욱더 기대가 커진다. '후궁은 임신한 뒤에 관작을 봉하라'라는 수교受敎가 이미 있었으니 성씨를 소용으로 삼는다."

덕임에게 소용 첩지를 내린 이산은 그 기쁨을 이렇게 표현했다.

> "비로소 아비라는 호칭을 듣게 되었으니, 이것이 다행스럽다."

이후 두 달 뒤에 정조는 덕임이 낳은 왕자를 원자로 삼고 명호를 내렸다. 또한 1873년 2월에는 덕임을 빈으로 삼고 의빈이라 칭하게 되었다. 그녀의 빈호 '의빈'는 정조가 직접 정했다.

정1품 빈의 첩지를 받은 덕임은 이후 다시 임신했다. 그리고 이듬해인 1784년 윤삼월에 옹주를 낳았다. 아들에 이어 딸까지 얻은 정조는 이제 진정 아비가 되었다고 좋아했다. 그런데 불행히도 두 달 뒤인 5월에 아이는 경기가 들려 죽고 말았다. 당시 덕임이 아이를 낳은 후 피접을 나갔는데, 피접 중에 그런 일이 발생한 것이다.

딸을 잃은 정조와 덕임은 몹시 고통스러워했다. 정조는 그녀를 위로하기 위해 뭔가 선물을 안기고자 했고, 그해 7월에 원자였던 덕임의 아들 순을 세자로 삼았다. 당시 세 살이었던 이 아이가 문효세자이다.

덕임의 아들이 세자가 된 뒤로도 정조와 덕임의 금실은 매우 좋았다. 그래서 덕임은 1786년에 또 임신했다. 그때 덕임의 나이는 서른다섯 살이었고 노산이었다. 거기다 그녀에겐 엄청난 충격을 주는 사건이 발생했다. 천신만고 얻은 아들 세자 순이 그해 5월에 홍역으로 사망한 것이다. 그때 순의 나이 겨우 다섯 살이었다.

덕임은 임신한 몸으로 세자의 빈소를 지켰고, 장례식 때는 무덤까지 따라가 서럽게 울었다. 정조 또한 통곡을 거듭하며 아들의 죽음을 애통해했고, 자신이 직접 묘지까지 가서 잠도 자지 않고 밤을 새웠다. 당시 효창묘에 장사 지내던 날의 상황을 실록은 다음과 같이 기록하고 있다.

"문효세자를 효창묘에다 장사지냈다. 이날 새벽에 발인하였는데, 임금이 홍화문 밖에 나와서 곡하고 전별하였다. 다시 홍화문 안의 악차幄次, 임금이 거둥할 때 임시 거처로 마련한 장막로 돌아와서 영여靈與, 영혼이 타는 수레가 도성 밖에서 떠나기를 기다렸다. 임금이 흑립과 백포첩리白布帖裏를 다시 입고 묘소에 나가 최복衰服(상복)으로 바꾸어 입고서 이를 지켜보았다. 장사가 끝나자, 임금이 친히 신주를 쓰고 초우제를 지내고 그대로 하룻밤을 지냈다."

문효세자가 죽은 뒤, 덕임은 정신적으로 완전히 무너졌다. 그것이 병이 되어 앓아누웠고, 결국 궁궐 밖으로 피접을 가야 하는 상황에 이르렀다. 이에 대해 정조는 이렇게 말했다.

"부인의 마음이 약하여 칠정 증세가 있다. 5월 이후 중병에 걸렸고 이에 본 궁으로 피접을 보냈다."

칠정 증세란 마음의 병을 말한다. 문효세자의 죽음 때문에 정신적으로 너무 큰 타격을 입어 중병에 걸린 것이다.

이후로 덕임은 경희궁에서 지냈다. 경희궁에서 두 달쯤 머물다가 그해 9월에 창덕궁으로 돌아왔다. 그때 덕임은 만삭이었다. 또한 병증도 심각하였다. 몸이 너무 상해 출산이 가능할지 의문이었다. 정조는 그녀를 회복시키기 위해 늘 그녀 곁에 머물렀다. 약을 달일 때도 직접 검열했고, 약봉지와 약그릇도 직접 챙겼다. 혹 누군가가 약에 엉뚱한 짓을 할 수도 있다는 생각에 그녀의 약봉지와 그릇은 항상 침실에 보관하도록 엄명을 내리기까지 했다. 하지만 정조의 그런 정성에도 의빈 성덕임은 1786년 9월 14일 한낮에 창덕궁 중화당에서 숨을 거두고 말았다. 당시 상황을 실록은 이렇게 전한다.

의빈 성씨가 졸하였다. 하교하기를 "의빈의 상례喪禮는 갑신년의 예에 따라 후정後庭의 1등 예로 거행하라."하였다.

처음에 의빈이 임신하였을 때 약방 도제조 홍낙성이 호산청을 설치하자고 청하자, 출산할 달을 기다려서 하자고 명하였는데, 이때 이르러 병에 걸려 졸한 것이다.

임금이 매우 기대하고 있다가 그지없이 애석해하고 슬퍼하였으며, 조정과 민간에서는 너나없이 나라의 근본을 걱정하였다.

홍낙성이 아뢰기를 "5월 이후로 온 나라의 소망이 오직 여기에 달려 있었는데 또 이런 변을 당하였으니 진실로 어쩔 줄을 모르겠습니다."하니 임금이 말하기를 "병이 이상하더니 결국, 이 지경에 이르고 말았다. 이제부터 국사를 의탁할 데가 더욱더 없게 되었다."라고 하였다.

정조는 대통을 이을 아들에 이어 사랑하는 연인마저 잃게 되자, 마음이 답답하고 괴롭다고 토로하고 있었다. 사실 정조는 의빈 성씨가 독살되었을지도 모른다고 생각했다. 만약 그렇다면 독살을 막지 못한 자신의 책임이 컸다. 정조가 의빈 사망 당시 "병이 이상하더니 결국, 이 지경에 이르고 말았다."라는 말을 한 것도 그런 이유였다.

그 상황에서 내관 이윤묵이 의빈을 독살했다는 말이 돌았다. 정조는 이 말을 듣고 분노하여 이윤묵의 목을 베려 했다. 하지만 주변에서 만류했다. 마땅한 증거가 없는 상황이었다. 더구나 의빈이 먹는 모든 약을 정조 자신이 챙기고 검열했다. 그래서 정조는 이윤묵을 풀어주고 덕임의 죽음을 현실로 받아들였다. 그리고 자신이 직접 그녀의 묘지명을 썼다.

"지체가 낮고 천한 여염에서 이같이 빼어난 사람이 태어나서 세자를 낳고 영화로움을 받들어 빈의 자리에 올랐으니 마땅히 우연이 아닌 듯했다. 그러나 문효세자의 무덤에 흙이 마르기도 전에 빈이 배 속의 아이와 함께 급히 세상을 떠났다. 내가 죽음을 슬퍼하며 안타까워함은 특별히 빈의 죽은 때문은 아니다. 빈이 세상을 떠난 지 세 달이 되는 경인에 고양군 율목동에 임좌뮛자리의 언덕에 장사를 지냈는데 문효세자의 묘와 백 걸음 정도 떨어져 있다. 이는 빈의 바람을 따른 것인데, 죽어서도 빈이 나를 알아준다면 바라건대 장차 위로가 될 것이다.

내가 빈의 언행을 표본으로 하여금 기록하여 광중시체가 놓이는 무덤의 구덩이부분에 묻고 묘비에 요점만 요약해서 썼다. 찾아오는 사람이 빈의 현명함을 애석해하도록 할 따름이다."

사랑하는 빈의 불행한 운명은 위에 적힌 사실과 같다. 정조의 슬픔이 얼마나 컸는지 알 수 있는 대목이다.

이와 반대로 왕에게 사랑을 얻었지만, 왕비의 질투로 인해 평생 궁 밖에서 살다 죽은 궁녀도 있었다. 조선 제26대 고종 이형이 처음 마음을 빼앗긴 여인은 궁녀 이순아李順娥, 영보당 귀인 이씨였다. 이순아는 고종이 열두 살에 왕위에 올라 궁궐에 들어갔을 때 왕을 보필하던 지밀 궁녀왕이나 왕비의 인도 등을 하는 상궁시절 만난 여인이다.

열두 살의 고종을 처음 만날 당시 이순아는 스물한 살이었으니, 고종은 아홉 살이나 많은 연상의 여인을 흠모했던 것이다. 이제 갓 사춘기에 접어든 소년이 성숙한 20대 여인에게 빠졌으니, 헤어 나오기 쉽지 않은 상황이었다. 그런데 이 상황에서 이형은 다른 여인과 결혼하게 된다. 신부는 민치록의 딸 자영이었다 민치록은 숙종의 계비 인현왕후의 아버지인 민유중의 5대손이었다. 여흥 민씨의 종갓집 딸과 결혼하게 된 것인데. 그녀가 이형의 어머니와는 10촌 간이었다. 말하자면 이형은 11촌 아주머니를 아내로 맞아들이게 된 것이다. 거기다 이형의 외삼촌인 민승호가 그녀의 오빠였다. 이형은 외가의 근친과 결혼하게 된 것이다. 조선시대에 외가 근친과 결혼하는 것은 드문 일이 아니었다. 특실 왕실에서는 국민들에게 도덕을 강조하면서 자신들은《효경》이나 유학의 가르침과는 달리 근친혼이 많았다.

1886년 3월 21일, 이형은 민치록의 딸 민씨_{명성황후}와 결혼하여 초야를 치른다. 당시는 고종 이형이 왕이 된 지 3년이 지났고, 나이는 열다섯 살이었다. 왕비 민씨는 한 살 많은 열여섯 살이었는데 당시 풍습으로는 신랑이든 신부든 한쪽만 열다섯 살이 넘으면 합방할 수 있었기 때문에 두 사람은 초야를 치른 날 합혼례를 병행한 셈이다.

그런데 고종은 초야를 치른 후에도 왕비 민씨 처소를 잘 찾지 않았다. 이형이 문지방이 닳도록 드나든 곳은 첫사랑 이순아의 처소인 영보당이었다. 이 때문에 민씨는 매우 불안한 나날을 보내야 했다. 설상가상으로 1867년 겨울에 영보당 이씨가 아이를 잉태했고, 이듬해 윤사월에 왕자를 낳았다. 이때 낳은 아들이 고종의 첫아들 완화군 이선이다.

그러나 영리한 민씨는 정치적 감각이 뛰어나 시아버지 흥선 대원군을 몰아내고 권력을 잡았고, 민씨가 낳은 아들 척이 세자로 책봉되자 민씨는 조정의 권력을 잡은 후 곧바로 연적 제거 작업에 돌입했다. 당연히 그녀의 화살은 고종의 첫사랑 영보당 이씨를 향했다. 이씨는 이미 세자의 모후인 중전 민씨에겐 상대도 되지 않는 처지였지만, 민씨는 그녀를 철저히 배격했다. 혹여 세자에게 무슨 변고라도 생기면 당장에 이씨의 아들 완화군이 세자의 자리를 차고 들어올 것이고, 그러면 자신은 다시 과거처럼 외로운 신세가 될 게 분명했다. 그러니 어떻게 해서든 영보당 이씨를 멀리 밀어내야만 했다.

민씨는 영리하고 치밀했다. 노골적으로 감정을 드러내지 않았다. 대신 영보당 이씨 주변에 철저히 장막을 쳤다. 이씨를 고종의 눈에서 멀어지게 하는 한편, 영보당 주변에 심어놓은 상궁과 궁녀들을 통해 그녀를 철저히 감시했다. 더는 영보당 이씨가 고종을 끌어들이지 못하도록 인의 장막을 쳤다. 그 때문에 영보당 이씨는 점점 고종의 눈에서 멀어졌고 급기야 대궐 밖으로 내몰렸다.

그런데 왕비 민씨가 그렇게 방어했건만, 바람기를 잠재울 수 없었던 고종의 눈에 또 다른 여인이 들어왔다. 이번에 고종의 마음을 사로잡은 여인은 궁녀 장씨였다. 밥 먹을 시간은 없어도 연애할 시간은 있다고, 어느 틈엔가 고종과 사랑을 속삭인 그녀는 임신을 하였다. 조선의 대부분 국왕들이 자식을 갖고자 해도 생기지 않는 것과는 달리 고종은 관계만 하면 아이가 들어서는 좋은 생식기와 정자를 보유하고 있었던 모양이다

그 사실을 안 민씨는 장씨를 무섭게 몰아세웠고, 결국 장씨가 아이를 낳자마자 궁 밖으로 내쫓았다. 이때 장씨가 낳은 아이가 의친왕 이강이다. 궁궐에서 내쫓긴 장씨는 이강과 함께 사가에서 지내야 했다.

이후로 그녀는 고종을 만날 수도 없었다. 그리고 10년쯤 뒤에 사망했다.

한편, 세월이 흘러 궁 밖으로 쫓겨난 영보당 이씨의 아들 완화군은 열세 살 소년이 되었는데, 1880년 정월에 갑자기 죽었다. 병명도 분명하지 않았다. 며칠 사이에 병을 얻어 죽은 것이다. 그러자 영보당 이씨는 슬픔을 이기지 못하고 실어증에 걸렸다. 이후로 그녀는 여든 살이 넘어 죽을 때까지 고종에겐 완전히 잊힌 여인으로 살았다.

완화군의 죽음을 두고 세간에는 왕비 민씨가 독을 썼다는 풍문이 돌았지만, 어쨌든 이후로 조정의 권력은 모두 그녀에게서 나왔고 고종 주변엔 여자들이 얼씬거리지도 못했다. 첫사랑을 지키고자 했다면 지킬 수도 있었겠지만, 고종은 그녀를 지키지 않았다. 어린 나이에 갑자기 찾아온 첫사랑의 설렘은 여자에 대한 호기심이었지 사랑은 아니었던 모양이다.

첫사랑 영보당 이씨가 완전히 자취를 감춘 이후, 고종은 더는 곁눈질하지 않았다. 왕비 민씨가 눈을 부릅뜨고 지키고 있는 한 어느 여인에게도 눈길을 줄 수 없었던 것이다. 그런데 1882년 7월에 구식 군대가 임오군란을 일으키면서 변수가 생겼다. 군란 중에 왕비 민씨가 궁궐을 빠져나가 고향 여주에 몸을 숨겼고, 고종의 아버지 흥선대원군이 다시 집권하여 그녀가 죽었다며 장례를 치렀다. 이후 흥선대원군은 두 달 가까이 정권을 장악했다가 청나라 군대에 납치되는 사태가 벌어졌다. 그때 여주에 숨어 있던 민씨가 궁궐로 돌아왔다.

중전 민씨가 약 3개월 동안 궁궐을 비운 사이 고종은 새로운 여인을 품었다. 고종의 마음을 사로잡은 여인은 궁녀 엄씨였다. 그녀는 평민 엄진삼을 따라 궁녀가 되었는데, 임오군란으로 왕비 민씨가 궁궐을 비운 사이, 고종을 지극 정성으로 받들었다. 덕분에 고종의 마음을 사로잡기에 이르렀다.

1882년 당시에 엄씨의 나이는 스물아홉 살이었다. 그때 고종의 나이 서른이었는데, 그런 나이에 왕의 사랑을 얻었으니, 그녀로서는 일생의 기회를 잡은 셈이었다. 그런데 고종과 엄씨가 채 사랑의 꽃도 피우기 전에 왕비 민씨가 궁궐로 들어왔다. 그리고 자신이 자리를 비운 사이에 엄씨가 고종을 잘 보살폈다는 소리를 듣고, 엄씨를 상궁으로 올려 지밀로 배치했다. 엄씨는 키가 작고 통통했으며, 인물은 보잘것없었다. 그러니 민씨가 크게 신경 쓰지 않고 지밀에 배치한 것이다.

하지만 중전 민씨가 보기에 연적이 되리라고는 생각지도 않은 엄씨를 남편 고종이 품은 것이다. 여자의 인물은 채 석 달이 가지 않지만, 그 미소와 남자를 사로잡는 매력은 평생 간다는 사실을 민씨는 간과했다. 사달은 1885년에 일어났다. 서른두 살의 엄상궁이 남편 고종의 승은을 입었다는 사실을 안 중전은 노발대발했다. 그리고는 당장 엄씨를 대궐에서 내쳐버렸다. 상궁 직위도 박탈하여 서인으로 전락시켰다. 어찌 됐든 왕의 승은을 입었다면 후궁인 셈인데, 왕비 민씨는 조금도 망설이지 않고 그녀를 쫓아내 버렸다. 그러자 고종은 서인으로 만드는 것은 너무 가혹하다며 상궁의 직위는 유지하게 했다. 혹 엄 상궁이 궁핍하게 살 것을 염려한 조치였다. 하지만 중전 민씨의 성화에 궁궐에 두지는 못했다.

이후 고종은 다시는 엄씨를 만나지 못할 것으로 생각했다. 엄씨를 다시 가까이했다간 중전이 엄씨를 어찌할지 알 수 없었기 때문이다. 고종은 그렇게 아내의 눈치를 보며 엄씨를 포기한 채 살아야 했다. 이후로 10년간은 엄씨를 만나지 못했다.

그런데 또다시 변수가 생겼다. 1895년 음력 8월 20일 추석 명절을 지낸 지 불과 5일밖에 되지 않은 때였다. 일본 낭인들과 일본군이 경복궁에 침입하여 명성황후시해사건을 일으켰다. 변란 중에 중전은 사라졌고 시신조차 없었다. 낭인들이 그녀를 무자비하게 죽인 후 시신을 불태웠다는 말이 돌았다. 이후 궁궐 기둥 밑에서 발견된 유골 몇 점으로 장례를 치르고 왕비 민씨는 죽은 사람이 되었다. 그녀는 임오군란 때처럼 다시 살아 돌아오지도 않았고, 결국 영원히 사라지고 말았다.

그러자 이때를 기다린 고종은 다시 엄씨를 궁궐로 불러들였다. 10년 동안 헤어져 있었다가 다시 만난 그들은 사랑의 불꽃을 피웠다. 비록 국란이 일어나 한 치 앞을 내다볼 수 없는 상황이었지만, 그들은 오히려 이 난국 속에서 사랑을 속삭였다. 이후 고종은 일본의 영향력에서 벗어나기 위해 1896년 러시아 공사관으로 몸을 피하는 아관파천을 단행했다. 그때도 고종은 엄씨와 함께 있었다. 이후로 그들은 다시는 떨어지지 않았다. 덕분에 엄씨는 1897년에 영친왕_{의민태자} 이은을 낳았다. 당시 고종은 손자를 볼 나이도 훨씬 지난 때였다.

이후 고종이 황제로 물러나게 될 때까지 엄씨는 황후로 책봉되지 못했다. 하지만 엄씨에 대한 애정표현으로 엄씨의 아들 이은을 순종의 황태자로 삼도록 하였다.

이은이 황제 자리를 계승하면 자연스럽게 그녀도 태후 자리에 오를 수 있을 것으로 판단한 것이다. 하지만 고종의 그런 바람과 달리 고종이 퇴위하자 통감 이토 히로부미는 영친왕 이은을 강제로 일본으로 데려가 버렸다. 유학이라는 명분을 앞세웠지만, 볼모로 끌고 간 것이다. 어린 아들이 인질이 되어 일본에 끌려가자 속을 끓이던 엄씨는 병을 얻었다. 그녀가 병상에 있던 1910년 8월 22일 한일합병 조약이 체결되고, 조선이 몰락함으로써 그녀의 아들 이은이 황위에 오를 길은 완전히 막히고 말았다. 그런 가운데 엄씨는 1911년에 병상에서 일어나지 못하고 생을 마감했다.

엄씨가 떠난 뒤, 고종은 외로운 나날을 보내며 여러 후궁을 더 들였다. 그들 중에는 덕혜옹주의 생모 복녕당 귀인 양씨를 비롯하여 광화당 귀인 이씨, 보현당 귀인 정씨, 내인당 귀인 이씨, 삼축당 상궁 김옥기, 정화당 상궁 김씨, 궁인 서씨, 궁인 김씨, 궁인 장씨 등이 있었다. 나라를 빼앗긴 외로움을 궁녀들을 늘이는 것으로 위안을 삼았다는 것에 분노와 원망이 앞서지만, 비난은 독자의 몫이다.

궁녀들의 삶은 한마디로 비극적이었다. 타고난 성욕을 참아야 하는 것도 궁녀였고, 일생 다른 남자와의 눈길도 외면해야 했던 것도 궁녀들이었으니, 그녀들은 살아 있으되 목석이 되어야 하는 기구한 운명을 평생 안고 살아가야 했다. 유일한 희망이라곤 왕의 승은을 입는 것인데, 이 승은이 얼마나 어려운 일인지는 궁녀들의 삶에서 느껴볼 수 있다.

◈ 대전 각 방의 궁녀들의 업무

각 방의 명칭	궁녀의 업무
지밀	각종 궁중 의례에서 왕이나 왕비 등 인도, 시위 제조 상궁: 궁녀들의 총괄, 대소 치산大小治山 총괄 부제조상궁: 내전 별고內殿別庫, 阿里庫, 아릿고 관장 대령 상궁: 대전 좌우에 상시 대령 시녀상궁: 지밀의 서적 관장, 또는 글 낭독, 글 필사, 의례에서 왕 수행 등
침방	제반 의대 거행에 종사
수방	용금적龍金赤, 곤룡포의 흉배, 그밖의 각종 자수에 종사
내조주방	수라 및 음식물 거행에 종사
외조주방	진전다례眞殿茶禮 거행 및 각종 궁중 잔치에서 잔치상 거행
생것방	진전다례, 수라에 올리는 각종 과일, 그밖의 간식 재료 담당
세수간	세수 수건 등 세탁, 세숫물 담당
세답방	각종 세탁 등에 종사 보기: 볼 때기 및 등촉 담당 아기나인: 침실 청소 담당
퇴선간	수라상을 물리고 처리하는 곳

■ 〈어관제도 연혁〉(장서각 도서 분류 2-2032)

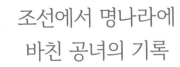

조선에서 명나라에
바친 공녀의 기록

　그렇다면 태종과 세종대에 도대체 얼마나 많은 조선의 여자들을 명나라로 보냈을까?

　태종은 1367년 태어나 1422년에 사망했으며 왕으로 재위한 것은 1400년 11월에서 1418년 8월까지이다. 이 기간은 명나라 3대 황제 영락제 주체가 즉위한 때와 거의 일치하며 그의 아들 인종명 4대 황제 주고치까지이다.

　태종은 태종 8년 공조전서 권집중權執中의 딸18세과 인녕부 좌사윤 임첨년任添年의 딸 17세, 그리고 공안부 판관 이문영李文英의 딸14세, 충좌시위사 최득비崔得霏의 딸14세을 명나라로 보냈으며, 태종 9년에는 지선주사 정윤후鄭允厚의 딸14세과 지순창군사 한영정韓永矴의 딸미상을 보냈다. 실록에 나타난 이 기록은 대감댁 딸만 기록한 것이고, 이외에 음식을 만드는 공녀와 음악을 하는 공녀, 대감댁 딸들을 호위하고 시중드는 수십 명의 공녀들 숫자는 제외한 것이다.

태종의 아들 세종은 1418년에 즉위하여 1450년 2월 사망하였다. 이 시기는 명나라 3대 성조 영락제 주체₁₄₀₂~₁₄₂₄ 중반부터 4대 인종 홍희 제 주고치₁₄₂₄~₁₄₂₅와 5대 선종 선덕제 주첨기₁₄₂₅~₁₄₃₆, 그리고 6대 영 종 정통제 주기진의 시대까지 조선을 다스렸다.

이 기간은 조선에서 가장 많은 궁녀를 명나라에 바친 시기이기도 하 다. 참고로 세종대는 사대에 충실하여 사대부들이 가장 살기 좋은 시 대였다. 반대로 백성들은 죽지 못해 살아가는 시대였다. 명나라에 지 나친 사대 때문에 매년 많은 특산물과 환관들을 대접하느라 제대로 된 업무도 하지 못할 때가 있었다.

《세종실록》에 나타난 세종 8년₁₄₂₆ 4월 10일 기록을 보면 차와 음식 을 만드는 여자 노비를 보내라는 요구에 20명을 뽑아 명나라로 보낸 기록이 있다. 세종 9년에는 공조판서 성달생成達生의 딸₁₇세, 우군 동지 총제 차지남車指南의 딸₁₇세, 우군 사정 안복지安復志의 딸₁₇세, 우군 사 정 오척의 딸₁₂세, 호용시위사 우령호군 정효충鄭孝忠(14세), 중근 부사정 최미崔瀰의 딸₁₃세, 교위 좌군 사직 노종득盧從得의 딸₁₂세, 그 외 다반부 녀茶盤婦女 10명이 있었으며, 세종 9년₁₄₂₇ 5월 9일 "명나라에 보낼 처녀 두 명을 뽑았는데, 황씨와 한씨를 상등으로 삼았다."는 기록이 발견됐 다. 한확, 즉 위에서 살펴본 한씨의 아버지로 두 딸을 명나라로 떠나보 낸 시기가 모두 세종대의 일이다.

세종 10년에는 지순창군사 한영정韓永矴의 막내딸, 세종 11년에는 가 무를 할 줄 아는 계집아이歌舞小女 5명과 첨식을 만들 줄 아는 큰 계집 아이話食大女 5명을 공녀로 바쳤다. 그리고 세종 15년에는 집찬비자執饌 婢子 20명을 공녀로 바쳤다.

세종 16년₁₆₃₄ 10월 27일 명나라 사신에게 기생을 바친 사례가 또 발견된다.

> "(명나라의) 세 사신이 기생과 성관계하려 하여 도감에서 여자를 바쳤다. 이
> 튿날 사신들이 말하기를 '앞으로는 사흘에 한 번씩 문안하시오.' 했는데
> 그 이유는 일찍 일어나지 않기 위해서다."

태종의 기록과 마찬가지로 이 기록들은 공식적인 것이고 비공식으로 보낸 공녀와 그녀들을 시중드는 수백 명의 공녀들의 숫자는 빠져 있었다. 그런데 기록을 자세히 살펴보면 개탄스러운 내용들을 발견할 수 있는데, 아버지 태종 때보다 세종 때는 명나라로 보낸 궁녀 수도 많았지만, 궁녀들의 나이가 매우 어렸다는 것이다. 보통 12세에서 15세가 가장 많았고, 많아야 17세 이하였다.

이런 어린아이들이 어떻게 명나라 황제의 성적 노리개가 될 수 있는지 이해도 안 되지만, 그렇게 어린 여자아이를 갖다 바친 이유가 뭔지 궁금하다. 세종이 명나라에 알아서 갖다 바친 것인지, 명나라에서 그렇게 어린 여자아이를 요구했는지는 기록에 없지만, 지금으로 말하면 중국의 황제는 아동성폭력 범죄자였고 세종은 아동성폭력배들에게 어린 처녀들을 갖다 바친 공범이었던 셈이다.

그 후 중종 16년₁₅₂₁ 4월 29일에도 "어린 화자火者, 환관 후보자, 내시와 음식을 잘 만드는 여자, 어린 계집을 선발하되 성질이 부드러워 부리기 쉬운 사람으로 수십 명씩을 뽑아 보내라."라는 요구가 있었다.

조선은 중국에 처녀를 바친 기념을 하기 위해 영은문을 만들었는

데, 이는 치욕적인 역사의 증거물이었다. 영은문迎恩門은 조선왕조 초엽부터 중국명나라, 청나라에서 오는 사신을 맞이하던 모화관慕華館 앞에 세웠던 문이다. 청일전쟁1894~1895이 끝난 1896년고종 32년 영은문은 사라지고 1896년, 독립협회가 이 문을 헐어 그 앞에 독립문을 세웠다. 지금은 다 헐리고 주춧돌만 2개 남아있는데, 그것이 문화재 사적 제33호로 지정돼 있다. 환향녀還鄕女의 역사를 보존한 사적인 것이다.

당시 중국의 횡포가 이만저만이 아니었다. 중국이 가장 좋아하는 선물은 처녀였다. 노예 신분보다는 벼슬아치의 딸들을 더 선호했다. 이렇게 선발된 처녀들은 가족들과 생이별했다. 영은문 주위는 이럴 때마다 울음바다가 됐다. 조선왕이 영은문 앞까지 나와 처녀를 잔뜩 데려가는 중국 사신을 환송했다. 이 영은문을 놓고 중국은 조선이 자신들의 말을 잘 듣는 신하의 나라였고, 그래서 조선을 동방예의지국이라 칭했다고 주장한다. 자신들에게 처녀까지 바쳐가면서 그 예를 다하는 나라, 자신의 나라를 위해 간도 쓸개도 모두 빼주다 못해 어린 처녀들까지 바치는 나라, 과연 동방예의지국이라 할만하다. '해동요순'이라고 칭하던 세종 역시 명나라에 충성한 대가로 얻어진 이름이기도 하다.

그 뒤 세월이 흐른 후 끌려갔던 조선 여인들 중 일부가 고향으로 돌아왔다. 고향으로 돌아온 여성이라는 의미로 이들을 '환향녀'라 했다. 하지만 돌아온 이들은 고향에서 철저히 외면당하고 멸시당했다. 조선이 명나라에 충성하기 위해 보내진 여인들이라 세월이 흐른 뒤에도 국가가 보호해야 할 여인들이 환향녀들이었음에도, 조선인들은 이들을 '화냥년'이라 멸시했다. 당시나 지금도 화냥년이라는 말은 '바람난 년'

이라는 뜻의 욕으로 많이 사용하고 있다. 처녀를 강제로 징집해 원나라, 명나라, 청나라에 갖다 바치고 어린 처녀들은 비극적인 삶을 살았으니, 지금이나 옛날이나 국가를 통치하는 지도자를 잘못 만나면 괴로운 것은 백성들이다. 어둡고 슬픈 역사의 일면이라고 할 수 있다.

■ 영은문

■ 영은문주초

그 뒤 다 망한 명나라를 사대로 받들겠다고 청나라에 반기를 들었던 어리석은 인조는 청나라와 전쟁을 일으킨다. 이것이 병자호란이다. 반란을 통해 광해군을 몰아내고 왕위에 올랐던 인조는 제대로 준비도 안 된 상태에서 객기를 부리다 결국 삼전도에서 굴욕을 당했다.

당시 병자호란을 승리로 이끈 청나라는 조선 포로 50만 명을 자신들의 나라로 데려갔다. 당시 나라의 국력은 땅보다 인구수에 비례하여 좌지우지되었는데, 조선말의 인구가 1,000만 명이었던 것을 감안해도 50만은 나라 전체 인구의 5%를 차지하는 어마어마한 숫자였다. 더욱이 50만 명은 대부분 젊은 사람과 사대부의 여인들이었으며 노인과 아이는 포함되지 않았다. 사실상 경제활동을 하는 주요 인구를 싹 쓸어갔다고 해도 무방한 수치이다.

끌려간 50만 명 중 대략 20만 명 정도가 여자였는데, 이에 대한 기록은 정약용丁若鏞의 《비어고備禦考》와 최명진의 《기천집》 등에 기록되어 있다. 여기에서도 조선 백성이 끌려간 숫자를 50만으로 이야기한다.

특이한 것은 《조선왕조실록》에는 몇 명이 끌려갔는지 나오지 않는다는 점이다. 기록의 나라라고 떠들어 대던 조선이 이를 기록하지 않았다니, 《조선왕조실록》이 사실에 근거한 기록인지 의문이 든다. 권력을 가진 국왕의 명령에 의해 언제든 부끄러운 역사는 지워버리고 자신들에게 유리한 내용으로 작성된 것이 아닌지 의문이 들지만, 당시 청나라로부터 받은 피해가 얼마나 치욕스러웠으면 기록하지 못했을까 하는 측은한 생각도 든다. 무엇보다도 분통이 터지는 역사의 기록이 전해지는데, 청나라 황제는 조선 황제가 무릎 꿇은 것에 대해 아량을 베푸는 모양을 만들고자, 청으로 넘어가기 전 1,600명의 포로를 풀어준다. 그리고 조선 정부와 이런 조약을 맺는다.

"만약 압록강을 넘어가기 전에 조선 사람들이 도망가면 살려줄 것이다.
압록강을 넘어간 후 도망친다면 청으로 되돌려보내야 할 것이다."

이 조약 때문에 조선인들은 청에서 도망쳐오더라도 발꿈치를 잘린 채 다시 청으로 송환되는 아픔을 겪어야 했다.

당시 청으로 끌려간 조선 포로 50만이 청나라 수도인 낙양으로 향했는데, 낙양이 아무리 넓어도 50만이나 되는 조선인을 수용할 수는 없었기에, 조선인 매매시장이 열렸다. 이 때문에 조선에 남아있는 가족들은 끌려간 가족을 데려오기 위해 돈을 지불해야 했다. 처음에는 남자 한 사람당 다섯 냥이고 여자는 세 냥, 양반은 열 냥 정도로 시세가 측정되었다. 그러나 몇몇 돈 많은 사대부들이 자신의 가족을 빨리 데려오고 싶은 마음에 돈을 높게 부르기 시작했고, 결국 성인 남녀 150~200냥, 어린아이 100냥 미만, 양반 500~600냥 정도로 가격이 형성되었다. 실제 영중추부사 이성구는 아들을 살리기 위해 1,500냥, 영의정 김류는 딸을 위해 1,000냥을 내고 조선에 데려왔다. 당시 쌀 한 가마니 가격이 다섯 냥이고, 농촌 하루 품값이 한 냥이었던 것을 감안하면 말도 안 되게 높은 가격이었다.

상황이 이쯤 되자 백성들은 나라에서 해결해 줄 것을 요구했다. 정부는 이를 받아들여 최명길을 보내 조선인 3만 명을 데리고 귀국한다. 이게 마지막 대규모 송환이었다. 그렇다면 나머지 47만 명은 어떻게 되었을까? 병자호란이 끝나고 9년 뒤 청과 조선의 관계가 안정되고 포로 송환이 지속적으로 이루어지면서 속속 돌아오게 된다. 돌아온 이들을 계산해 보면 10년간 20만 명 중 2만 5천에서 5만 명으로 추산되는 아주 적은 숫자였다. 그 외에 대부분은 심한 노동과 병으로 사망했을 것이고, 남은 사람들은 명나라에서 천한 신분으로 또는 몸을 파는 기방의 여자로 끌려가 어려운 삶을 지탱하다 죽어갔을 것이다.

그뿐이 아니었다. 운 좋게 조선으로 돌아온 여인들을 기다리는 건 죽음보다 치욕스러운 운명이었다. 조선은 명나라에 사대하는 나라라 백성들을 지켜주지도 못하면서 예는 갖추고 살았다. 그 대표적인 것이 여성에 대한 도덕의 강조였다. 바로 칠거지악이 대표적이다.

신하는 임금을 섬겨야 하고 부인은 남편을 섬겨야 했다. 하늘 아래

두 임금이 없듯이 하늘 아래 두 남편은 없던 것이었다. 그러나 청나라에 끌려갔다 돌아온 여인들은 겁탈을 당했던 경우가 많았으므로, 두 남편을 섬긴 사람으로 낙인찍혀버렸기에 돌아오더라도 이전처럼 살아가기는 힘들었다. 이들을 지칭하는 환향녀라는 단어가 원래는 돌아온 여인이라는 뜻이었으나 청나라에서 더럽혀져 온 여인이라는 인식으로 자리 잡기까지 한 것을 보면, 당시 환향녀들을 보는 사람들의 눈초리가 좋지 않았음을 알 수 있다. 이 때문에 사대부는 인조에게 이혼을 요청하기도 했다. 당시 신하의 이혼은 임금의 허락을 받아야 했기 때문이다. 그러나 인조는 이혼을 허락할 수는 없었다. 자신이 저지른 일이라 차마 청나라에서 돌아온 여자들을 버리라고 말하지 못했다. 그래서 당연히 불허했다.

병자호란 전 임진왜란 때도 많은 여성들이 일본군으로부터 겁탈을 당해 이혼을 원하는 사례가 많았는데, 선조가 불허하는 어명을 내리기도 했거니와, 인조도 전쟁 중 당한 변이기에 이해하고 넘어가야 한다는 생각을 하고 있었기 때문이다. 그래서 인조는 여인들이 강에서 몸을 씻으면 겁탈당했던 과오를 모두 씻어내는 것으로 치겠다는 어명을 내렸다.

그러나 임금의 명에도 불구하고 여전히 이혼을 허락해달라는 양반의 요청은 끊이지 않았으며, 임금의 재가를 받지 않아도 되는 평민층에서는 자신의 여인을 쉽게 받아들이지 못하는 경우가 허다하였다. 이 때문에 돌아온 3만 명의 여인 중 1만 명이 도망가거나 스스로 생을 마감하는 일이 많았다. 나라가 약해 백성을 버린 임금은 잘 먹고 잘 사는데 불쌍한 여인들은 환향년이라는 신분으로 어렵게 살아가야 했던 것이다.

대부분의 학자나 저자들은 그녀들의 슬픈 삶에 대하여 슬픈 시대에 태어난 여자의 운명이라고 말한다. 과연 그럴까? 그럼 그 시대 그 상황을 만든 어리석고 비난받아 마땅한 못난 조선의 국왕들은 비난하지 말아야 하는 것일까? 조선의 국왕들은 지난날의 과오는 묻어 버리고 잘한 일만 발굴하여 지금도 칭송받고 있는데, 왜 그들을 향해 비난하는 학자는 없단 말인가.

아픈 역사를 들추는 것에 대해 독자나 학계로부터 저자는 항상 비난받기가 일쑤였지만, 그래도 할 말은 해야 반면교사로 삼을 수 있을까 하여 한마디 하겠다.

"당시 국왕들의 어리석고 못난, 그래서 비참한 삶을 살아가야 했던 백성들 앞에 조선의 국왕들은 무릎 꿇고 반성해야 한다."

아울러 항상 그들에게 위대하다고 과대 포장하는 학자들은 그들을 칭찬할 것만 아니라 진실은 진실로 밝혀 사정없이 그들을 꾸짖고 비난해야 마땅하다. 어린 처녀들과 불쌍한 백성들을 명과 청에 갖다 바친 그들에게 비난을 넘어 험한 욕이라도 퍼붓는 용기를 가졌으면 하고 기대해 본다.

한편 고려나 조선이 원이나 명나라에 공녀를 바친 것과는 대조적으로 중국에서 조선으로 온 궁녀와 환관들이 있었다. 병자호란 이후 심양에 인질로 잡혀갔던 소현세자와 봉림대군은 명나라가 멸망한 뒤에야 귀국할 수 있었다. 이때 소현세자는 명나라의 궁녀와 환관들을 데리고 귀국했다. 귀국 당시 청나라에서 소현세자에게 준 선물이었다. 소현세자는 북경에 머물 당시 독일인 선교사 아담 샬과 친교를 갖고 천주교를 비롯한 서양 문물을 접하게 되었다. 이후 아담 샬은 청나라 황실에 부탁해서 세자가 귀국할 때 세례받은 환관과 궁녀를 딸려 보 낼 것을 건의했다. 이렇게 해서 굴씨는 환관 이방조李邦詔, 장삼외張三畏, 유중림劉仲林, 곡풍등谷豊登, 두문방竇文芳과 함께 1644년 11월 조선에 오게 되었다.

이것이 조선 최초로 명나라 궁녀가 조선에 온 기록이다. 약자인 고려나 조선이 어쩔 수 없이 원이나 명나라에 궁녀를 보내야 했던 슬픈 역사를 가지고 있음에도, 반대로 명나라 궁녀가 조선의 궁녀로 보내졌다는 역사는 약간 아이러니하다는 생각이 든다.

궁녀와 환관 입장에서는 어쩔 수 없이 조선으로 보내졌으니 조선에서 궁녀를 모집해 원이나 명나라에 보낸 것과 다를 게 없지만, 조선은 원과 명나라에서 공녀를 요구한 것이고 반대로 명나라에서는 조선의 요구가 없었음에도 선물로 궁녀를 보낸 것이라 할 수 있다.

당시 소현세자를 따라 조선에 온 명나라 궁녀 굴씨屈氏는 사실상 명나라의 마지막 황제였던 숭정제崇禎帝, 명나라 16대 황제 황후의 궁녀였다. 명나라 황후의 궁녀였다가 소현세자를 따라 조선까지 흘러 들어온 굴씨의 인생은 파란만장한 인생역정, 그 자체라고 할 만했다.

굴씨는 중국 소주蘇州의 양가집 딸이었다. 당시 명나라는 정치가 문란하여 관리들의 학정이 극에 달한 상태였다. 굴씨가 살던 고을의 관리도 학정을 일삼으며 미인들을 마구 잡아들이기 시작했다. 이에 굴씨의 어머니가 딸을 죽이려고 했을 만큼 굴씨는 어려서부터 상당한 미

인이었던 듯하다.[37]

굴씨는 죽기 직전에 구해 준 사람이 있어서 겨우 살아났다. 굴씨를 구해 준 사람이 궁중과 관련이 있었던지, 이 인연으로 그녀는 주황후 周皇后: 숭정 황제의 황후의 궁녀로 들어갔다. 그때 나이 일곱 살이었다.

명나라는 청나라에 멸망 당하기 전에 이미 이자성李自成이라는 농민 반란군에게 붕괴된 상태였다. 반란을 일으킨 이자성은 북경으로 쳐들어 와 자금성을 점령했는데, 막다른 골목에 몰린 숭정황제는 목을 매 자살했다. 황제가 자살하자 주황후도 따라서 자살했다. 당시 주황후를 모시던 굴씨도 따라 죽으려 했지만, 황후가 말렸다고 한다.

> "황후가 걸어서 수황정壽皇亭쪽으로 갔다. 굴씨가 따라갔다. 그러자 황후가
> 애처로워하면서 손을 휘저으며 가라고 했다. 황후가 목숨을 끊자 굴씨는
> 궁중에서 도망쳐 나와 민간에 숨어들었다."
>
> ─《존주휘편》 권15

이자성이 장악했던 북경은 1644년인조22 3월 예친왕睿親王 다르곤이 이끄는 청나라 기마병들에 의해 함락되었다. 명나라가 망하고 여진족의 청나라가 중국 대륙을 점령한 셈이었다.

---

37)《존주휘편(尊周彙編)》권15. 이 책은 정조의 어명으로 편찬된 책으로서 병자호란 이후 춘추의리를 드높인 사람들의 행적을 기록한 책이다. 굴씨와 최희저 이야기도《존주휘편》에 의거했다.

민간에 숨었던 굴씨는 청나라 군사들에게 포로로 잡혔다. 명나라 황제의 후궁이었던 굴씨가 적국, 그것도 오랑캐라 무시했던 여진족 군사들에게 잡혔으니 자존심이 이만저만 상한 게 아니었을 것이다. 굴씨는 당시 북경의 점령 사령관이나 마찬가지였던 예친왕 다르곤에게 넘겨졌지만 그를 노골적으로 무시했다고 한다.

■ 예친왕 다르곤

예친왕은 몸이 건장하고 훤칠했다. 일찍이 둥근 투구를 쓰고 짧은 적삼을 입었으며 얼굴에는 면사面紗를 드리우고 앉아 있었다. 굴씨가 이것을 보고 곧 코웃음을 치며 비웃어 말하기를 "남자도 면사를 한단 말인가? 정말로 오랑캐로구나."했다.

"면사는 중국 여자들이 얼굴에 드리우는 장식물이다. 예친왕은 몹시 부끄러워했지만 단정하고 아름다운 굴씨를 사랑하여 차마 죽이지 못했다."

—《존주휘편》 권15

이 기록만 봐도 굴씨의 미모가 대단했음을 짐작할 수 있다. 그 미모에 반한 예친왕은 앙칼진 굴씨를 이러지도 못하고 저러지도 못했던 것 같다. 목숨을 내놓고 대드는데, 어찌할 것인가. 청나라가 북경을 함락한 지 8개월 후에 소현세자는 심양을 떠나 영원히 귀국할 수 있었다. 청나라는 중국 대륙을 점령한 이상 소현세자를 더 이상 인질로 잡아둘 이유가 없었다. 예친왕은 소현세자가 귀국할 때 굴씨를 선물로 주었다.

굴씨를 죽일 수도 없고 데리고 있을 수도 없던 터라 8년이나 인질 생활을 한 소현세자의 귀국 선물로 준 것이다. 중국의 소주에서 태어나 북경에서 궁녀 생활을 하다가 만주의 심양에 포로로 잡혀갔고, 이제는 조선의 한양까지 왔으니 참으로 파란만장한 인생이다.

그러나 귀국한 소현세자가 두 달 만에 죽게 되자 청나라는 환관과 궁녀들에게 환국령을 내렸다. 본디 명나라의 궁녀였던 굴씨는 이에 응하지 않고 인조의 두 번째 왕비인 장렬왕후 조씨의 궁녀가 되었다. 머나먼 이국의 땅에서 궁녀가 된 굴씨는 늘 중국 쪽을 바라보며 눈물지었다. 고국을 그리는 마음은 조선인이든 중국인이든 다 같은 심정일 것이다.

인조 이후 효종이 왕위에 올라 북벌을 계획하자 굴씨는 조국 명나라의 광복을 고대하며 여생을 보냈다. 그러나 조선의 힘으로 청나라를 무너뜨리고 명나라를 재건한다는 것은 불가능한 일이었다. 조국 명나라의 광복을 손꼽아 기다리던 굴씨는 일흔의 나이에 이국땅 조선에서 숨을 거두었다. 죽을 때 다음과 같은 유언을 남겼다고 한다.

> *"바라건대 저를 서쪽 근교의 길에 묻어 주십시오. 그곳에 묻어 주신다면 죽어서라도 조선왕의 군대가 청나라를 정벌하기 위해 출정하는 것을 볼 수 있을 것입니다."*
>
> — 《존주휘편》 권15

유언에 따라 굴씨는 경기도 고양군 대자동大慈洞에 묻혔다.

풀은 엷은 비단 치맛결 같고
언덕을 잘라 옥을 묻은 지
아 그 몇몇년 만인가
해마다 한식 청명날이면
오로지 관아(官娥: 宮女)가 지전을 보냈기에
그 지전이 바람에 흩날릴 뿐이네

— 金球, 〈屈氏過墓〉[38]

이곳은 한양에서 만주로 가는 길목, 바로 굴씨가 평생 그리던 조국 명나라로 향하는 길목이었다.

굴씨가 조선에서 굴씨라고 불린 내력도 약간 서글프다. 명나라 황후의 궁녀였던 굴씨는 글을 몰랐다. 중국에서도 여성들에게는 글을 가르치지 않았다. 게다가 조선으로 온 굴씨가 한국말을 잘할 리도 없었다. 굴씨는 성과 이름을 묻는 조선 사람들에게 "중국에서 월급을 주는 책에 쓰인 이름이 척尺과 비슷했습니다."라고 했다. 척의 중국 발음이 규圭와 비슷하여 조선에서는 규 여사란 의미의 규저圭姐라고 불렀는데, 글로 쓸 때는 굴屈이라고 번역하여 적었다. 이렇게 하여 조선에서는 굴씨가 되었다고 한다.

오늘날 전해지는 기록에는 "굴씨는 짐승을 사랑하면 사람보다 더

---

38) 고양문화원, 《고양시 향토의 얼과 역사》, 1998. p.118.

순종한다는 사실을 입증하여 전설적인 여인이 되기도 했다. 그녀는 손가락 하나로 모든 짐승과 새를 자기 뜻대로 다룰 줄 알았으며 사람들이 '별다른 비술이 있는가?'라고 묻자 '사랑만이 오직 그 비술이다.'"라고 말했다고 한다.

굴씨 말고도 소현세자가 귀국할 때 함께 온 명나라 여성들이 더 있었다. 최회저崔回姐, 유저柔姐, 긴저緊姐 등이다. 이들은 모두 궁녀가 되었는데, 긴저는 조선에 온 지 2년 만1647년(인조 25년)에 세상을 떠났고, 유저는 35년 만인 1608년숙종 6년에 세상을 떠났다. 긴저는 명나라 재상의 부인이었는데, 아름답게 치장을 잘하여 여사女士의 기품이 있었다고 한다. 유저는 자수刺繡에 능했다고 한다. 그녀는 35년에 걸쳐 조선 궁중에 명나라의 자수 문화를 전수해 그 영향이 조선 왕실 곳곳에 흔적으로 남아있다.

소현세자를 따라와서 궁녀가 된 명나라 여성 중에 최회저는 여든이 넘어서까지 오래 살았다. 인조, 효종, 현종, 숙종 4대를 궁궐에서 산 셈이다. 당시 명나라를 추모하던 조선의 분위기 속에서 최회저는 궁중의 숭명반청崇明反淸을 상징하는 인물이었다.

이런 분위기 속에 최회저는 숙종 25년1699년에 정식으로 상궁 교지까지 받았다.[39] 명나라 여성이었던 최회저가 이국땅 조선에서 정식 상궁이 된 것이다. 이후로 최회저는 왕의 각별한 관심 속에서 여생을 보낼 수 있었다. 숙종 31년1705년 최회저가 세상을 떠났을 때 왕은 특별히 이런 명령까지 내렸다.

---

39) 《숙종실록》 33년, 11월 정사조

비망기備忘記로 명령하기를 "중국 여인으로는 상궁 최씨가 있었을 뿐인데 이제 막 죽고 말았다. 해당 관청에서 장례에 필요한 물품을 넉넉히 마련하여 지급하라."했다.

―《숙종실록》42권, 31년 5월 임진조

조선의 상궁까지 되었던 최회저는 중국 청주부清州府 수광현壽光縣 출신으로 아버지는 최운부崔雲溥였다. 아버지가 고향에 돌아와서 딸을 낳아 이름을 회저回姐라고 지었다. 최회저는 같은 현에 살던 남자에게 시집간 유부녀였는데, 청나라 군사들에게 포로로 잡혀 심양으로 끌려왔다가 소현세자에게 넘겨진 것이었다. 최회저도 자수 솜씨가 뛰어났다고 한다. 당시에 조선 공녀들은 유저와 최회저에게 명나라의 자수를 배웠을 것이다.

굴씨, 최회저, 유저, 긴저는 망국의 백성으로 조선까지 와서 궁녀가 된 중국 여성들이었다. 이들은 고국 명나라의 광복을 그리며 여생을 보냈다. 어느 때, 어느 곳 백성을 불문하고 나라 잃은 백성의 슬픔과 고통은 크게 다르지 않았다.

제3부

조선은 명나라를
정복할 수 있었다

사대를 택했던 이성계와
그의 아들들

　1부와 2부를 통해 알 수 있듯이 조선은 명나라와 청나라에 대한 무조건적 숭배 정책으로 그 피해는 힘없는 백성들 특히 어린 여자들이 감내해야 했다. 그녀들은 아무런 저항 한번 해보지 못하고 조선 국왕의 말 한마디에 머나먼 이국땅으로 끌려가 생을 마감해야 했다.

　당시 상황을 정확하게 알 길 없는 작금의 우리들은 당시의 불행했던 시대적 상황이라 어쩔 수 없었다는 식으로 이해를 하고 넘어간다. 그렇다면 그런 불행한 시대적 상황을 만든 장본인들도 용서를 해야 하는 것일까? 어린 처녀들이 명과 청나라 황제들의 성적 노리개로 전락할 당시 조선의 군왕들은 잘 먹고 잘살면서 수많은 후궁들을 들여 쾌락을 맘껏 즐기면서 살았다. 그리고 죽은 지 600년이 넘는 지금에 와서도 그들은 성군으로 칭송받는다.

　치욕적인 역사에 대해 반면교사로 삼기 위해 당시 군왕들의 숭명, 숭청 정책으로 조선은 어떤 역사적 상황으로 전개되고 있었으며, 그들이 숭배했던 명나라와 청나라가 그렇게 대단했던 나라였는지 뒤돌아볼 필요가 있다.

이성계가 위화도 회군을 하기 전 조선과 명나라의 정세는 어떠했을까? 정말로 이성계의 말처럼 작은 나라 조선이 큰 나라 명나라를 공격하는 것이 잘못된 일이었을까? 주원장이 만든 명나라는 처음부터 조선에 사대를 요구했을까, 혹 조선을 건국한 이성계가 자신의 정권을 잡기 위해 명나라의 위급한 정세는 알아보지도 않은 채 스스로 신하국임을 자처한 것은 아닐까 하는 많은 의문이 든다. 하지만 명나라에 대해 알아서 사대를 선택했던 역사적 사실을 정확하게 알기 위해 당시의 상황을 살펴볼 필요가 있다.

주원장은 공민왕 17년1368 정월 4일, 남경에서 명나라를 건국하고 황제라고 자칭했다. 연호는 홍무洪武다. 빈농 출신에 탁발로 먹고살던 주원장이 드디어 중원의 패자가 된 것이다. 명 태조 주원장은 나라를 건국한 해의 이듬해 4월 부모랑符寶郎 설사偰斯를 고려에 보내 비단 40필을 전했다. 동봉한 국서에서 주원장은 이렇게 말했다.

"대명황제大明皇帝가 고려국왕高麗國王에게 서신을 보냅니다. 송나라가 천하를 제어하지 못하자 하늘이 그 제사를 끊어버렸는데… (생략) 원은 우리 족류族類, 겨레가 아닌데도 천명을 받아 중국에 들어와 주인이 된 지 100년이 넘었지만… (생략) 내가 중국을 숙청하고 중국의 옛 영토를 되찾았습니다. 올해 정월 신민들의 추대로 황제의 자리에 올라 천하를 바로잡고, 나라 이름을 대명大明, 연호를 홍무洪武라고 정했습니다."

주원장은 즉위한 해 11월 사신을 고려로 보냈는데, 사신은 이듬해 4월에야 개경에 도착했다. 아직 북방을 모두 평정하지 못하여 바닷길을 이용해야 했는데, 그만큼 바닷길이 험했던 것이다. 이때까지만 해도 국서의 내용은 공손했다. 중원을 모두 평정한 뒤 거만해진 훗날의 태도와는 크게 달랐다.

주원장이 북경을 함락시키고 북원元나라이 초원지대로 밀려남으로써 동아시아의 정세는 근본적으로 변하기 시작했다. 그러나 중원의 정세는 아직 불안정했다. 그래서 주원장은 고려를 자신의 편으로 끌어들이기 위해 많은 노력을 기울였다. 고려가 북원에 가세하면 전세가 역전될 수도 있었기 때문이다.

원나라에서 10년 동안이나 볼모로 잡혀있던 공민왕은 몽골 풍습에 익숙했고, 부인 노국대장공주魯國大長公主 또한 원나라 황실의 여인이었다. 상황이 이렇다 보니 공민왕이 거꾸로 원나라 황실과 손을 잡을 경우 명나라를 칠 수 있는 좋은 기회였다. 그러다 보니 주원장은 고려가 원나라와 손을 잡고 명나라를 공격할까 염려하여 고려에 공손하게 대했던 것이다.

게다가 주원장은 공민왕을 자기편으로 끌어들이기 위해 무진 애를 썼다. 공민왕 18년1369년 6월 주원장은 고려 출신 환관 김려연金麗淵 편에 북경 지역에 살던 고려 백성 165명을 배에 실어 보냈다. 북경에 살던 원나라 사람들을 양자강 남쪽으로 강제 이주시키는 과정에서 고려 사람 165명을 발견한 것이다. 때마침 김려연이 고국에 있는 늙은 어머니를 뵙고 싶다고 말하자 주원장은 즉각 그에게 이들의 호송을 맡겼다. 툭하면 왕을 갈아치우려 들던 원나라에 비해 주원장은 명나라 땅에서 유랑하던 고려인들을 돌려보내는 세심한 배려로 공민왕의 마음을 사로잡았다.

이 같은 노력 덕분인지 공민왕의 마음은 점차 명나라로 기울어져 갔다. 어리석은 것인지 현명한 것인지는 몰라도 결국 공민왕은 고려를 괴롭혔던 원나라와 등을 돌리고 명나라와 손을 잡았다. 상국이 하국에 대해 공손하고 무엇이든 다 들어줄 것 같은 관대함에 속았는지는 모르지만, 공민왕은 명나라를 위해 남은 원나라 잔존세력을 축출하기 위해 이성계를 보냈다.

이때 이성계가 확보한 영토는 북쪽의 환인부터 서쪽의 서해까지나 되었다. 공민왕은 재위 19년₁₃₇₀ 8월 이성계에게 다시 압록강을 건너라고 명령했다. 그 결과 고려군은 김바얀과 카라바투, 덕좌부카德左不花, 고다루가치高達魯花赤 등 원나라 장수들을 생포하고 다른 총관과 두목들도 죽이거나 생포했다. 드디

■ 당시 고려의 경계와 그 주변부

어 요성까지 고려 강역이 된 것이다.

그 뒤 18년 후인 우왕 14년1388년. 원나라를 멸하고 안정을 찾은 명나라는 고려가 원나라를 상대로 전쟁을 통해 빼앗은 영토에 대해 반감을 드러냈다. 고려가 설치한 철령위 설치를 문제 삼은 것이다. 이에 대해 고려는 무리한 요구와 압력을 일삼는 명나라에 대한 저항으로 우왕과 최영이 요동 정벌을 단행했다.

고려 우왕 말년인 1388년 4월 고려는 요동 정벌 계획에 따라 최영을 최고 지휘관인 팔도도통사로 임명하고 조민수를 좌군도통사, 이성계를 우군도통사로 하는 10만 병사를 평양에서 출발시켰다. 그러나 최영은 우왕의 요청으로 개경에 남고 조민수와 이성계가 정벌군의 지휘를 맡았다. 압록강을 건너기 직전인 5월 7일, 지금의 신의주와 의주 사이, 압록강 가운데 있는 가장 큰 하중도河中島인 위화도에 주둔한 조민수와 이성계는 다섯 가지 이유를 들어 군대를 남쪽으로 돌리겠다는 회군 의사를 우왕에게 주청하였으나 거부당했다.

이때 조정의 실력자는 실은 우왕이 아니라 최영이었다. 흔히 '최영 장군'으로 더 유명한 최영崔瑩은 고려의 명장으로 1361년 한반도 서울 이북을 점령한 홍건족을 물리쳤으며, 우왕 2년1376에는 홍산鴻山, 지금의 부여에서 왜구를 크게 무찌르는 등 왜구와의 전투에만 30여 년을 바쳤다. 1388년에는 오늘날의 부총리 격인 수문하시중守門下侍中이 되어 왕의 밀명을 받아 당시 횡포가 심하던 권신權愼, 염흥방, 임견미 등을 숙청하였다. 그리고 바로 이때 원나라가 물러간 틈을 타 명나라가 철령위의 설치를 통고하고 압록강 이북 일대를 요동에 귀속시키려 하자 최영 장군을 팔도도통사로 요동 정벌을 단행하고자 한 것이었다.

요동 정벌 계획은 조정 안에서 철령위 설치 문제 등 고려에 대해 무리한 요구와 압력을 일삼는 명나라에 대한 저항감이 커진 데 따라 나온 구상이기도 했다. 이를 주도한 인물이 최영이다. 따라서 조민수와 이성계의 회군 반대 주청은 우왕이 아니라 사실상 최영이 거부한 것이나 마찬가지였다. 이를 잘 아는 조민수와 이성계는 다시 최영에게 사람을 직접 보내 "현재 병사들 중에 굶어 죽는 사람이 많고 또 물이 깊어 행군하기 어렵다."라며 속히 회군을 허락해 줄 것을 재차 요청했지만 역시 또 거부당했다. 진퇴양난, 병사들 사이에서는 이성계가 자신의 병사들만 데리고 그의 고향인 군사적 근거지인 동북면_{함흥일대}으로 가려고 말에 올랐다는 등의 유언비어가 돌고 분위기가 심상치 않았다. 오죽했으면 계급상으로는 상관인 좌군도통사 조민수가 이 말을 듣자마자 혼자 말을 타고 이성계에게 달려와 "우리들은 어떻게 하고 혼자서 떠난단 말인가."라며 눈물로 호소했을 정도였다.

이성계는 장수들을 불러 모아 "상국_{上國, 명나라}을 범하면 종사와 만백성에게 큰 화가 닥쳐올 것"이라며 요동 정벌 포기 의사를 밝혔고, 장수들은 모두 이성계를 따르겠다고 맹세했다. 결국 위화도에 진영을 설치한 지 2주 만인 5월 22일, 이성계는 "돌아가 임금 곁에 있는 악한 자들을 제거하여 세상을 편안케 하리라."라고 다짐하고 군사들을 돌렸다. 어차피 고려로 돌아가더라도 임금의 명을 거역한 반역자로 남을 바에야 왕을 갈아 치우겠다는 것이었다. 이것이 그 유명한 '위화도 회군'이자 '역성혁명'이라고 우리가 알고 있는 역사적 기록이다.

그러나 이것은 분명 왕명을 크게 어기는 것이었다. 항명_{抗命}이 아니라 사실상 반란이었다. 이 일로 조선은 비극의 역사가 시작되고 말았다.

결국 최영과 회군 간에 전쟁은 불가피하게 되었고, 이성계군은 선 죽교를 거쳐 일시에 주도권을 장악하고 73세의 노장 최영도 붙잡혀 마산으로 귀양을 갔다가 그해 12월 개경으로 붙들려 와서 참형을 당 했다. 이성계는 정도전을 만나기 전까지 공민왕과 그의 아들 우왕에 게는 충신이었다. 하지만 정도전이 권력에 대한 불을 지폈고 이로써 이성계는 조선을 건국하고 조선의 초대 왕 태조로 등극하게 된다.

그러나 역사는 돌고 도는 법이다. 자신의 권력을 장악하기 위하여 "소국이 상국을 칠 수 없다."라는 명분을 내세워 위화도 회군으로 권 력을 장악했지만, 명나라가 안정을 찾아가자 조선에 대한 압박이 다 시 시작되었다.

명태조주원장 3년1394 4월 4일, 최연崔淵, 진한룡陳漢龍, 김희유金希裕, 김화金禾 등 네 명의 명나라 사신이 개경에 왔다. 이들은 모두 고려 출 신 환관이었다. 명나라가 고려 출신 환관들을 사신으로 보낸 것은 조 선의 기를 꺾기 위한 하나의 방편이었다. 명나라 사신들은 출생에 관 계 없이 조선 국왕과 거의 대등한 예우를 받기 때문에 자연히 명나라 의 위상이 올라갈 수밖에 없었다.

태조 이성계는 백관을 거느리고 개경의 서대문인 선의문 밖에서 고 려 출신 사신들을 맞이했다. 조선의 왕이라는 사람이 명나라에서 보 낸 사신을 기다리기 위해 직접 영접을 나갔다는 것은 조선은 명나라 의 일개 동쪽에 있는 제후국이자 신하의 나라로 자초했기 때문이었 다. 최연崔淵이 전하는 명 태조 주원장의 선유宣諭를 듣는 이성계의 심 기는 불편할 수밖에 없었다.

"말 1만 필과 엄인閹人, 환관과 김완귀金完貴의 가족을 데려오라.[40]"

말 1만 필과 조선인 환관내시들을 데려오라는 요구였다.

말 1만 필이라면 제주도는 물론 조선 전체의 목장에서 키운 말들을 모두 갖다 바쳐도 모자라는 숫자이고 환관, 다시 말해 내시들의 숫자도 수백에서 수천 명을 요구한 것이다. 이런 내시를 명나라로 보내기 위해서는 자의든 타의든 멀쩡한 어린 남자의 생식기를 잘라내고 불로 지져 성불구자로 만들어 명나라에 갖다 바쳐야 했다. 말이 내시를 보내는 것이지, 내시로 만든 과정은 그야말로 인간으로서는 도저히 할 수 없는 잔인한 일이었다. 당시 절개 의술이나 지혈 기술이 취약했던 여건에서 내시를 만든다는 것은 언제든 죽을 수 있는 상황이었다. 실제로 수도 없이 많은 어린아이들이 죽어 나갔다.

이처럼 황제의 선유만 보아도 당시 명나라가 조선을 얼마나 깔보았는지 단박에 알 수 있다. 게다가 특이한 점은 황제의 선유에는 김완귀의 가족을 콕 짚어 명했다는 점이다. 주원장은 천호 김완귀가 요동에 사는 여진인들을 조선으로 빼갔다고 의심했다. 명나라의 이런 무리한 요구는 위화도 회군에 따른 업보였다. 명나라에 대한 사대를 명분으로 군사를 돌려 자국의 임금공민왕을 시해했으니 명나라 임금을 군주로 섬기지 않을 수 없었던 것이다. 위대한 장수라고 하는 태조 이성계가 명나라 황제의 선유를 가지고 조선에 온 일개 사신 앞에 무릎을 꿇었다니, 이성계가 조선의 그 유명한 장수가 맞는지 의심스럽다.

---

40) 명태조 3년(1394) 4월 4일

사실 그 용맹하다고 알려진 이성계는 명나라에 대해서는 충견 역할을 자처하면서 위화도 회군으로 돌아와 한 일이라곤 자신이 왕권을 차지하는데 역모를 꾸미는 일이었다. 그 첫 번째가 고려의 우왕과 그의 아들 창왕이 공민왕의 후손이 아니라 그를 보필하던 요승 신돈의 자손이라는 폐가입진廢假立眞[41]의 구실을 내세워 그를 몰아낸 것이다. 대신에 고려 무신 최충헌이 내세웠던 신왕의 7세손을 새로운 왕으로 앉혔는데, 그가 바로 공양왕이다. 공양왕은 성품은 온유하지만 우유부단하다는 사가들의 평가를 받고 있는데, 그도 그럴 것이 왕위를 빼앗기면서도 고작 눈물만 떨구었다.

그 뒤 이성계는 군으로 격하된 공양군과 그의 두 아들을 삼척에서 교살했다.[42] 삼척에서 전해 내려오는 이야기에 의하면, 공양왕은 삼척에서 백성과 다름없는 초라한 집에서 지냈으며, 노끈으로 목을 양쪽으로 잡아 쥐어 죽음에 이르게 하는 교살로 죽음을 당한 후 그의 두 아들과 함께 백성 무덤과 다를 바 없는 묘에 묻혔다.

고려의 왕궁과 왕들은 모두 개경 출신으로 긍지와 자부심을 가지고 있었고, 개경 사람들조차도 마찬가지였는데, 이들은 고려를 부흥시키기 위해 반란을 일으킬지 모르는 사람들이라 이성계는 고려 왕족인 왕씨 성을 가진 사람들의 씨를 말리기로 했다.

우선 강화도와 거제도의 섬을 내주면서 거기에서 평민으로 살라고

---

41) 폐가입진(廢假立眞): 가왕을 몰아내고 진왕을 세운다는 말로, 고려 말 이성계 등이 창왕을 폐위하고 공양왕을 옹립한 사건
42) 태조 3년 4월 17일

하면서 전국에 방을 붙여 고려의 왕족인 왕씨를 모이게 했다. 그리고 미리 구멍을 뚫어 놓은 배에 그들을 태우고 가다가 침몰시키는 방법으로 왕씨들을 바닷속에 수장시켜 버렸다.

살아남은 왕씨들 역시 태조 3년 4월에 태조 이성계의 명으로 삼척, 강화도, 거제에 파견된 관헌들에 의해 목숨을 빼앗겼다. 때문에 왕씨들은 눈물을 머금고 목숨을 부지하기 위해 성씨인 왕王자에 획을 추가하여 전全씨, 옥玉씨, 등으로 살았고, 아예 군주를 뜻하는 용龍자를 택해 사는 사람도 생겼다.

이성계가 충견이 되어 명나라에 충성하고 있음에도 주원장은 내심으로는 걱정이 많았다. 이성계가 명나라에 속한 일개 제후국의 제후를 자처하고 있지만, 조선이 언제 명나라를 공격하지 않을까 온통 신경을 곤두세우고 있었다. 특히 주원장은 이성계의 책사 정도전에 대해서 경계를 품고 있었는데, 이 때문에 이성계를 계속 압박하고 있었다.

그 이유는 정도전이 태조 1년1392. 10월 남경에 갔다가 이듬해 3월 돌아오는 길에 요동지역의 명나라 변장邊將들과 여진족 우두머리들을 만났다는 것이었다.[43] 정도전이 명나라와 대치하고 있는 여진족 장수들을 만나 조선과 화의를 맺었다는 사실이 주원장에게 보고되면서 주원장은 조선의 의도를 크게 의심했다.

---

43) 명나라 사서 《명사明史》 홍무 26년 기록에는 요동 도지휘사가 상주하기를 "조선에서 여진의 5백여 명을 불러들여 몰래 압록강을 건너 침략해 오려고 합니다"라고 하였다. 이는 정도전이 단순히 5백여 명을 데리고 명나라를 공격하는 것이 아니라 요동 정벌을 준비하고 있을지 모른다는 의혹에 이를 사전에 막기 위해 정도전이라는 싹을 자르기 위해 그런 것으로 보인다. 이미 이성계는 실제로 요동 정벌에 나섰던 장수이기 때문에 더 더욱 의심을 했을 것이다.

조선의 태조 이성계는 그리 두려운 상대가 아니지만, 외교, 군사적으로 능통한 정도전이라는 책사가 있음을 누구보다도 잘 알고 있었기 때문이었다. 결국 이러한 의심은 '표전문 사건'으로 폭발하고 만다.

태조 5년1396. 2월 명나라에 보낸 외교문서 표문表文과 전문箋文을 주원장이 트집잡았다. "경박하게 희롱하고 모멸하는 문구가 있어 또 한 번 죄를 범했다."면서 작성자 송환을 요구했는데, 그 당사자로 정도전을 지목했다.

> "조선이 명절 때마다 사람을 보내 표전表箋을 올려 하례하니 예의가 있는 듯하나, 문사文辭 글의 표현에 있어 경박하고 멋대로 능멸하는데 근일에는 인신印信과 고명誥命[44]을 주청한 장계 안에 주紂, 은나라 폭군의 일을 인용했으니 더욱 무례하였다. 혹 국왕의 본의인지, 신하들의 희롱함인지, 아니면 인신印信이 없는데도 거리낌 없었으니, 혹 사신들이 받들어 가지고 오다가 중도에 바꿔치기한 것인지도 모두 알 수 없으므로 온 사신을 돌려보내지 않겠다. 만약에 표전을 작성하고 교정한 인원을 전원 다 내보낸다면 사

---

44) 조선 태종 3년(1403) 4월 8일 명(明)나라 영락제의 즉위를 축하하러 간 등극사(登極使) 하륜(河崙, 1347~1416)이 고명(誥命)과 인신(印信)을 가지고 한양에 도착했다. 고명은 중국 황제가 주변 제후국 왕을 임명하는 임명장이고, 인신은 왕의 권위를 보장하기 위해 금으로 만들거나 도금한 도장인 금인(金印)이다. 이른바 고명과 금인은 조공책봉 관계의 표징으로 중국 황제의 승인을 받아야 비로소 동아시아 국제질서에 편입될 수 있음을 보여준다. 조선 개국 이래 태조 이성계는 명태조 홍무제에게 고명과 인신을 요청했으나 종계변무 문제(宗系辨誣問題·이성계 계보를 바로잡기 위한 문제), 표전 문제(表箋問題, 정도전이 작성한 외교문서로 명태조가 정도전 소환 요구), 양국 간 국경 마찰 등 외교 현안으로 불편한 관계가 계속돼 성사되지 못했다.

신들을 돌려보내겠다."

—《태조실록》, 5년 3월 29일

이는 명태조 주원장이 표전문구를 가지고 거듭 문제 삼은 억지에 불과하다. 문구는 보기에 따라 귀걸이도 되고, 코걸이도 되기 때문이다. 주원장이 요구한 표전문 작성자는 정도전이었다. 주원장이 조선 사람들을 억류하면서까지 정도전의 압송을 요구한 것은 그만큼 정도전에 대한 반감이 크다는 뜻이었다.

그러나 이성계는 표문을 지은 정탁과 전문을 지은 김약항金若恒은 명나라에 보냈지만 정도전은 보낼 수 없다고 거부했다.

"정도전은 그 나이가 55세이고 판삼사사직에 있는데, 현재 복창腹脹, 배가 더부룩한 병과 각기병증腳氣病, 다리가 붓는 병이 있습니다. 또한 정도전은 대사성 정탁이 지은 홍무 29년1396의 하정표를 고치거나 교정한 일이 없습니다."

그래도 계속되는 정도전의 요구에 이성계는 정도전을 명나라로 보낼 수 없다고 하자 이번에는 명나라 예부에서 보낸 자문을 통해 정도전의 이름을 직접 거론하며 제거하라고 요구했다.

"나라를 열어 가업을 계승할 때 소인을 써서는 안 되는데, 조선이 새로 개국해서 등용된 사람의 표전表箋을 보니, 이것은 삼한三韓 생령의 복이 아니요, 삼한의 화수禍首, 화의 우두머리다…. (생략) 정도전이라는 자는 왕에게 어

떤 도움을 주는가? 왕이 만일 깨닫지 못하면 이 사람이 반드시 화의 근원
이 될 것이다."

　한나라의 임금에게 신하의 이름을 거론하며 비판하는 것은 극히 이
례적인 일이자 무례한 일이다. 이른바 황제라는 이름에도 걸맞지 않은
행위였다. 그만큼 주원장은 정도전을 두렵게 여겼다.
　위와 같이 명나라의 무리한 요구와 횡포에 가까운 일들이 거듭되면
서 이성계는 북벌을 결심했다. 사실 원나라에서 나고 자란 이성계에
게는 명나라에 대한 두려움이 없었다. 나라를 열기 위해서, 또한 신생
왕국의 안정을 위해서 사대를 선택한 것일 뿐이었다.
　정도전의 목적은 이성계를 중원의 임금, 곧 천자로 만드는 것이었
다. 조선군이 압록강을 건너 북상한다면 지금의 요동만 차지하고 끝
날 전쟁이 아니었다. 1368년 개국한 신생 명나라와 1392년 개국한 신
생 조선이 천하의 패권을 두고 맞붙는 것이었다.
　북벌을 위해서는 먼저 전군을 단일 대오로 편재해 군사훈련을 시켜
야 했다. 정도전은 오진도伍陣圖와 수수도蒐狩圖[45]를 만들어 태조 이성
계에게 바쳤다. 이성계는 이를 보고 기뻐하며 각 절제사 및 군관들에
게 진도를 익히게 하고 지방에도 사람을 보내 이를 가르치게 했다.

---

45) 《오진도》는 중군, 좌군, 우군, 전군, 후군 5군으로 편성되는 오행진법에 의거한 기본대
　형을 숙달하기 위해 제작된 훈련교본이다. 이와 반면에 수수도는 기동훈련을 연습하기
　위한 교본이다. 수수(蒐狩)라는 것은 본래 중국 고대 시절에 봄, 가을철에는 사냥을 해
　가지고 짐승을 잡아 민간의 피해를 구제하는 동시에 군사훈련을 시키던 것을 말한다.
　그 모양을 따서 어떻게 하면 유효적절하게 훈련할 수 있는지 그 방법을 창안한 게 《수
　수도》라는 책이다.

조선을 세운 개국의 설계사 정도전은 이렇듯 중원을 도모하고자 했다. 정도전은 중원을 차지할 자신이 있었고, 이성계 또한 마찬가지였다. 빈농 탁발승 출신의 주원장보다는 이성계가 모든 면에서 뛰어났다. 중원의 황제가 되지 못할 이유가 없었다. 정도전이 북벌을 추진한다는 소문이 돌면서 정국은 크게 긴장했다. 정도전 등은 자신만만한 반면, 조준 등은 자칫 신생 조선이 망할 수도 있다는 두려움에 휩싸였다. 북벌을 둘러싸고 조정에는 팽팽한 긴장감이 흘렀다.

그러나 중원을 차지하고 황제의 나라를 꿈꿔왔던 조선의 운명은 그걸로 끝이었다.

태조 5년1396년 8월 13일 북벌을 한창 준비 중인 이성계에게 불운이 닥친 것이다. 자신이 사랑하던 신덕왕후 강씨가 세상을 떠나면서 북벌에 문제가 발생한 것이다. 강씨가 이득분의 집에서 세상을 떠나자, 이성계는 통곡하면서 슬퍼했다. 조정의 조회와 시장을 열흘 동안 닫게 하고 금주령까지 내렸다.

강씨가 죽고 그녀의 대상재에 너무 심신을 쏟은 탓인지 다음날 이성계는 몸져누웠다. 그리고 왕자들과 개국공신들이 이성계의 쾌유를 비는 기도를 올렸다. 이성계의 자식 중에서 가장 장남인 방과정종 역시 소격전에서 부친의 목숨을 비는 초례를 올리고 있었다. 그러나 그 기회를 놓치지 않고 권욕을 꿈꾸던 이방원은 부인 민씨와 그의 오빠들의 도움을 받아 대대적인 살육전을 벌였다.

이미 권력욕에 눈이 뒤집힌 방원에게 아버지나 형제들은 눈에 없었다. 이성계를 따르던 심효생, 이근, 장지화 등은 모두 살해당하고, 미륵원彌勒院 포막圃幕에 숨은 남은도 방원의 사병에게 죽음을 당했다.

정도전은 이웃에 사는 전 판사 민부閔富의 집으로 도주했다. 그러나 민부 역시 전세가 기운 것을 알고 방원에게 정보를 제공했다.

"배가 불룩한 사람이 내 집에 들어왔습니다."

방원이 김소근 등 네 사람을 시켜 침실 안에 숨어 있는 정도전을 체포했다. 정도전은 칼을 갖고 있었으나 김소근 등이 포위하자 칼을 버렸다. 이미 사태를 돌이킬 수 없다는 사실을 깨달은 것이다. 방원은 정도전의 목을 베게 했다.

태조 7년1398. 8월 26일, 혁명사상을 이씨 왕조 개창의 이념으로 개혁을 단행하려던 풍운아 정도전의 운명은 쉰일곱 나이로 끝났다. 그의 인생은 크게 두 사건으로 요약할 수 있다. 하나는 조선의 개국이고, 다른 하나는 북벌이다. 정도전은 토지 개혁을 명분 삼아 새 나라 개창을 꿈꿨다. 이를 위해 이성계를 설득해 고려의 요동정벌군의 발길을 돌리게 했다. 그리고 조선을 개창하는 데 성공했다.

그 후 다시 요동정벌을 꿈꿨다. 조선의 임금을 천자로 만들려 한 것이다. 그러나 그가 사대를 명분으로 고려 정벌군의 발길을 돌린 것처럼 또 다른 사대주의자들이 그의 목을 쳤다. 조선을 천자국으로 만들려던 원대한 꿈은 이렇게 좌절되었다.

정도전의 죽음은 비단 한 사대부의 죽음이 아니었다. 천자의 제국 고구려를 재건하려던 민족의 꿈도 함께 죽은 것이다. 어쩌면 위화도 회군으로 요동정벌을 가로막았던 그 일에 대한 업보인지도 모른다. 정도전의 죽음으로 조선은 사대주의 국가로 전락했다. 그 중심에는 이성계의 아들 이방원이 있었다. 그가 바로 아버지 이성계와 장남 정종을 몰아내고 형제들을 도륙한 후 왕권을 잡은 조선의 제3대 군왕 태종이다.

뒤에서 다시 태종에 대해 언급하겠지만, 그는 아버지를 왕조에서 끌어내리고 형님인 정종을 겁박하여 왕권을 찬탈한 한마디로 불효자식이자 조선에 있어 군왕이 돼서는 안 될 사람이었다.

◆ 정도전의 북벌계획

최근 정도전의 북벌론에 대해 이를 부정하는 학자들이 있다. 과연 당시에 조선이 명나라와의 마찰을 무릅쓰고 요동 공격에 대한 엄두를 내었을까 하는 것이다. 당시 정도전의 요동정벌론은 정적들을 누르기 위한 하나의 술책이었다고 주장하는 것이다. 그만큼 조선은 명나라와 비교할 수 없는 작은 나라라는 것이다. 무슨 근거로 그런 주장을 하는지 모르겠지만, 저자는 동의할 수 없다. 또 다른 학자는 정도전이 요동정벌을 구체적으로 기획했는지도 확인하기 어렵다고 주장한다. 《명사》나 《조선왕조실록》에 요동 정벌에 대한 내용이 분명하게 기록되어 있음에도 그런 주장을 하는 것이다.

정도전은 유학자였지만 다른 유학자들과는 많이 달랐다. 다른 유학자들은 공자, 맹자의 유학 경전만 파고들었는데, 정도전은 유학 외에 제자백가들의 저서까지 섭렵했다. 정도전의 문집인 《삼봉집》 부록의 〈사실事實〉은 "정도전이 경서經書부터 제자諸子까지 깊게 연구했다."라고 전한다.

언젠가 정몽주가 《맹자孟子》 한 절을 보낸 적이 있는데, 이때부터 정도전은 매일 한 장 혹은 반 장씩 연구해서 깊은 경지에 이르렀다. 정도전은 1,700여 년 전의 지식인 맹자의 가르침을 담은 《맹자孟子》의 한 구절을 읽으면서 큰 감동을 받았다.

> "백성이 가장 귀하고, 사직은 다음이며, 군주는 가볍다. 이런 까닭으로 구민丘民, 들판의 백성 마음을 얻으면 천자天子가 되고, 천자의 마음을 얻으면 제후諸侯가 되고, 제후의 마음을 얻으면 대부大夫가 된다."
>
> —《맹자》〈진심〉 하

이 글은 역성혁명의 논리를 말한 것이다. 가장 미천하고 가장 힘 없고 가장 가난한 들판 백성들의 마음을 얻는 자가 천자가 된 자인 것이다. 그래서 체제를 변혁하려면 들판 백성들의 눈으로 세상을 바라보아야 한다는 것이다. 자고로 지금이나 옛날이나 백성을 위한 정치를 강조하지만 임금이나 대통령은 백성의 종이라고 주장하는 자는 독살 당하거나 쥐도 새도 모르게 숙청당했다.

역성혁명을 꿈꾸던 정도전은 자신의 권욕에 눈이 먼 채, 사대事大하겠다며 수많은 조선 어린 소녀들을 골라 직접 면접까지 하며 뽑아 명나라에 갖다 바친 어리석고 여자밖에 모르던 태종에게 무참히 살해당했다.

조선이라는 나라는 수백 년 전에 이미 망해서 무엇이 진실인지는 모르지만, 그래도 기록과 근거가 있는 내용을 믿고 가는 것이 학자의 길일 것이다. 또한 조선에 수많은 궁녀와 환관을 요구하고 순장까지 행한 부도덕한 명나라의 정복은 지금도 대한민국 사람이라면 누구나 마음속에 품고 있는 희망적인 일이다. 그런데 당시 조선이 명나라를 정복하겠다는 생각은 어리석고 무모

했다고 주장하는 학자가 있다니, 사대주의적 사고방식의 답습으로밖에 보이지 않는다.

좋게 말하면 조선의 사대교린 외교정책은 양날의 검이었다. 특히 중국에 대한 사례는 국경을 맞대고 있는 대국 명나라와의 전쟁을 막을 수 있는 국체보존의 한 방편이었다. 그러나 이성계도 그리고 그의 아들 태종과 세종도 사대를 외교정책의 기틀로 삼아서 독립국의 자존감을 스스로 무너뜨린 결과를 초래한 것이다. 권력에 눈이 먼 자들에게는 옛날이나 지금이나 백성과 나라의 미래가 보이지 않는 법이다. 당장 눈앞의 정권을 차지해야 하고 자신의 편이 다음 정권을 잡아야 자신들의 치졸하고 정당치 못한 행위들을 감출 수 있기 때문이다. 그런 역사는 수백 년이 지난 지금도 계속되고 있다.

당시 정도전이 북벌을 준비했던 것은 그만한 이유가 있었다.

고려 우왕 14년1388, 홍무 21년 명태조 주원장이 지금의 심양 남쪽 진상둔진의 봉집보에 철령위를 설치하자 고려는 크게 반발했다. 우왕은 박의중朴宜中을 사신으로 보내 압록강 북쪽에서 심양 남쪽까지는 원래 고려 영토임을 주장하는 한편 이성계와 조민수曹敏修에게 군사를 주어 북상시켰다. 당황한 주원장은 철령위를 설치한 봉집보가 고려 강역임을 인정하고 홍무洪武 26년1399, 조선 태조 2년, 지금의 심양 북쪽 철령시 자리인 옛 은주로 철령위를 이전했다. 고려의 국경은 서북쪽으로는 봉집보, 동북쪽으로는 공험진까지였는데, 이는 현재의 압록강 대안의 단동에서 심양까지 292km에 이르는 거리로, 옛날 도량형을 따르면 730리 정도다. 그러니 고려의 북쪽 국경은 대략 압록강과 두만강 북쪽으로 700여 리였던 셈이다. 이 정도면 중국 북경에 근접한 거리이니 공민왕과 최영이 얼마나 대단한 인물인지 놀라지 않을 수 없다.

당시 명나라는 고려에 맞서 대군을 일으킬 만한 상황이 아니었다. 북방의 몽골, 즉 원나라가 언제든지 다시 남하할지 알 수 없었기 때문이다. 조선군과 몽골 및 만주족 군사가 연합한 대명對明 전선은 한족漢族의 명나라로선 상상하기도 싫은 구도였다. 그래서 명태조 주원장은 후왕들에게 전하는 외교정책에서 정벌해서는 안 되는 '부정지국不征之國'을 열거해서 이들 나라와는 절대 전쟁을 벌이지 말라는 유훈을 남겼다.

명나라가 전쟁을 벌여서는 안 된다고 한 나라는 모두 열다섯 개인데, 동북의 조선이 그중 첫 번째였다. 그만큼 명나라는 고려의 뒤를 이은 조선을 두려워했다. 그 외에 정동正東의 일본과 정남正南 동쪽의 대·소유구大小琉毬, 서남쪽의 안남安南, 베트남과 진랍眞臘, 캄보디아, 섬라暹羅, 태국, 고성古城, 베트남 중부, 팽성彭城, 말레이시아 일부이 이들 열다섯 나라에 속한다.

이는 주원장이 자손들에게 내려준 《황명조훈皇明祖訓》[46]에 나오는 것으로, 이 책에는 주원장의 뒤를 이은 황제들이 반드시 지켜야 할 유훈이 실려 있다.

---

46) 《황명조훈》은 홍무 6년(1373), 《조훈록祖訓錄》이란 이름으로 처음 작성해 반포했다가 홍무 28년(1395) 《황명조훈》이란 이름으로 다시 반포했는데, 모두 13장으로 이뤄져 있다.

제3부 · 조선은 명나라를 정복할 수 있었다

217

주원장은 홍건족 출신으로 학문이 부족했지만, 자신이 세운 왕조가 오래 지속되기 위해서는 어떻게 해야 하는지 잘 알고 있었다. 그래서 황권을 위협할 수 있는 승상丞相을 세우는 것과 황제 친척들의 위법행위를 엄하게 금지했다. 백성들에 대한 가혹한 형벌을 금지하는 내용 등을 담은《황명조훈》을 작성했는데, 이 중 외교정책은 '15개 부정지국'으로 요약할 수 있다.

"중국의 부강함을 믿고 한때의 전공을 탐해서 까닭 없이 군사를 일으켜 인명을 상하게 하지 마라!"

주원장이 유언으로 《황명조훈》을 남긴 것은 주변 국가들과 싸우는 틈에 몽골이 다시 흥기興起하면서 명나라가 순식간에 망할 수도 있다는 두려움 때문이었다. 그 뒤 주원장의 유언대로 명나라는 여진족청나라에 의해 멸망하고 말았다. 수백 년 후를 예측

■《황명조훈(皇明祖訓)》 서(序)

하고 주원장이 내린 유언은 조선과는 전쟁을 벌여서는 안 된다는 것이다. 그런데 이런 정세를 읽지도 못하고 태조 이성계는 오히려 위기에 있는 명나라에 사대하는 것을 조선 외교정책의 가장 큰 목표로 삼았으니, 뭔가 잘못돼도 한참 잘못된 일이었다.

태조, 정종, 태종의 뒤를 이은 세종과 문종 그리고 세조를 비롯한 조선의 군왕들은 사대외교 정책을 계승했는데, 명나라도 물론 이런 사실을 잘 알고 있었다. 알아서 발아래 기겠다는데 가만히 있을 사람이 누가 있겠는가? 당연히 명나라 사신들의 횡포는 날로 극심해질 수밖에 없었다. 그 대표적인 것이 조선 출신으로 명나라 환관이 된 사신들의 횡포를 들 수 있다.

그 뒤 주원장의 4번째 왕자이자 명나라 3대 태종이 된 영락제 주체는 조선에 대해 많은 처녀들과 환관들을 요구했고 마지막 죽는 순간에도 궁녀로 잡아 온 조선 여인들을 순장하는 악행을 저질렀다. 게다가 영락제 주체는 여자를 매우 좋아했는데, 우연의 일치인지 이성계의 아들 이방원과도 인연이 있었고, 이방원 역시 조선의 3대 국왕 태종으로 등극하면서 영락제의 발자취를 그대로 뒤쫓아가는 악행을 저질렀다.

묘호도 영락제와 같은 태종을 사용하고 여자를 좋아하는 성격도 그대로 닮은 것이다. 게다가 명나라에 충성하기 위해 명나라에 보낼 공녀들을 직접 고르기도 하는 등 국왕으로 해서는 안 될 나쁜 짓을 서슴지 않았다.

명나라 정벌에 대한
꿈을 무너뜨린 이방원

　조선의 태종은 고려 공민왕 16년[1367] 5월 태조 이성계와 신의왕후 한씨 사이의 5남으로 태어나 세종 4년[1422] 5월 10일에 56세로 승하했다. 한창 꽃들이 만발하는 5월에 태어나 같은 5월에 세상을 떠났으니 어떻게 보면 행복한 군왕이었을 것이라는 생각이 들지만, 사실은 그렇지 않았다.

　이름은 이방원, 자子는 귀덕貴德으로 조선이 개국되자 정안대군靜安大君에 봉해졌다. 재위 기간은 1401년 11월부터 1418년 8월 9일까지 모두 16년 9개월에 이르러 비교적 긴 시간 동안 왕위에 머물렀다. 하지만 그리 길지 않은 53세의 생애를 살았다. 태종은 부인 20명으로부터 12남 17녀 총 29명의 자녀를 두었으며 부인 원경왕후 민씨 외에는 모두 후궁이었다. 조선 군왕 중에 가장 많은 후궁과 자식을 가진 왕이 세종으로 착각하는데, 사실은 세종의 아버지 태종이고 그다음이 세종이다.

태종 이방원은 어린 시절 아버지를 따라 전쟁터를 누비기도 했지만, 기본적으로는 머리가 뛰어난 문사文士였다고 한다. 물론 저자는 동의하지 않는다. 이방원은 우왕 8년1382, 16세 때 진사시에서 2등으로 합격하고 다음 해 문과에서는 7등으로 급제했다. 무과의 집안에서 진사시를 2등으로 합격했다는 것은 기본적인 머리도 있었지만 그만큼 많은 노력도 동반했다는 뜻이 된다. 그리고 이방원에게는 그를 왕으로 만든 부인 민씨가 있었다. 당시 고려왕조에서 명가라고 자부하려면 충선왕이 복위년1308 11월 교서에서 발표한 재상지종宰相之宗 15가문에 들어가야 하는데, 재상지종이란 여러 대에 걸쳐 재상을 배출한 가문을 뜻한다.

구체적으로는 신라 왕실인 경주 김씨와 고려 국왕들의 외척인 언양 김씨, 정안 임씨, 경원 이씨, 안산 김씨, 등 왕비족과 철원 최씨, 해주 최씨, 공암 허씨, 평강 채씨, 청주 이씨, 당성남양 홍씨, 황려여흥 민씨, 황천 조씨, 파평 윤씨, 평양 조씨를 가리키는데, 이방원의 부인 민씨는 여흥 민씨다. 민씨의 아버지 민제는 학식과 덕망이 있어 고려 말부터 예조판서, 예문관제학 등 예禮를 다루는 분야에서 뛰어난 활동을 보인 인물이다.

태종 이방원은 군왕이 되기 전에는 자기 분수를 알았고 바둑 두기와 시 짓기를 즐겨 주변에 좋은 사람들이 많이 몰렸다. 민씨를 찾아와 사위 이방원을 소개해 달라고 했던 하륜이 대표적인 경우다. 민제에게는 자식이 4남 3녀가 있었다. 4남은 민무구, 민무질, 민무휼, 민무회였고, 3녀는 이방원의 부인 민씨원경왕후를 비롯해 셋이었다. 나머지 두 명은 각각 노한[47], 조박[48]과 결혼했다. 따라서 두 사람은 이방원의 동서다. 민무구와 민무질 그리고 노한과 조박은 다소의 우여곡절을 겪기는 하지만, 이방원이 권좌에 오르기까지 헌신적인 노력을 다했다.

이방원이 자신의 아버지 태조 이성계를 밀어내고 왕위에 오른 과정을 살펴보면 이방원이 얼마나 처가와 왕실의 도움을 받았는지 알 수 있다. 아버지 이성계가 우왕과 창왕을 죽이고 공양왕을 앉힌 후 조준, 남은, 정도전 등이 이성계를 왕으로 추대하려는 기회를 노리고 있을 때, 뜻하지 않게 이성계는 해주에서 사냥하다가 낙마하여 중상을 입었다. 이 때문에 예성강변의 벽란도로 가서 장기간 머물렀던 일이 있었다. 이 기회를 놓치지 않고 고려 충신 정몽주가 이성계 편에 있는 조준, 정도전, 남은, 윤소종, 남재, 조박 등을 탄핵하여 멀리 유배를 보내 버렸다.

이를 지켜본 이방원은 급히 말을 타고 달려 아버지 이성계를 데리고 개경으로 돌아왔다. 아버지가 개경에 있어야 아버지를 따르는 무장 세력들이 정몽주 세력을 제거하려는 자신의 계획에 동조할 것이라 믿었

---

47) 노한(盧閈), 1376년(우왕 2년)~1443년 세종 25년: 태종의 비 원경왕후의 동생과 결혼해 조선 개국 때 음보로 등용하여 사간원 지사를 지냈다. 2차 왕자의 난 때 공을 세워 태종 때는 좌부승지, 경기도 관찰사, 한성부윤 등을 지냈으며 탄탄대로를 달리다 처남인 민무구, 민무질 형제의 불충 사건에 연루되어 태종 9년(1409) 파직당했다가 세종 4년(1422)년 세상을 떠나기 직전 상왕 태종이 전교를 내려 한성부윤에 복직되고, 그 뒤 형조판서, 대사헌 등을 거쳐 우의정을 지냈다.

48) 조박(趙璞), 1356년(고려 공민왕 5년)~1408년(태종 8년) 개국공신 1등으로 태종과는 동서지간이며 고려말 이성계를 따랐고 정몽주에 의해 수원에서 살해될 뻔했으나 도망쳐 목숨을 건졌다. 1차 왕자의 난 직후인 1398년 12월 대사헌으로 있으면서 조준 등과 함께 《사서절요(四書節要)》를 지었고, 1400년 8월 조준을 무고한 혐의로 이천에 유배하였다가 태종이 즉위하면서 화려하게 복귀하였다.

기 때문이다. 그리고 이방원은 아버지의 뜻과 관계없이 이성계의 이복동생인 이화와 함께 정몽주 제거 계획을 세웠다. 그런데 이성계의 이복형인 이원계의 사위 변중량이 이를 전해 듣고는 즉각 정몽주 쪽에 알렸다. 이성계와 이원계 사이는 그리 원만하지 않았다. 어머니가 노비였던 이성계에 대한 콤플렉스가 있었다. 그러나 변중량의 이야기를 전해 들은 정몽주로서도 진퇴양난이었다. 태조 때 집필되었다는 점에서 다소 허구적인 면도 있지만《고려사》는 이성계가 멀쩡하게 살아서 개경으로 돌아왔을 때 정몽주가 두려움과 걱정으로 3일 동안이나 아무것도 먹지 못했다고 기록하고 있다.

공양왕 4년1392 정몽주는 이성계의 동태를 살피기 위해 모른 척하고 이성계의 집을 찾았다. 이성계는 마치 아무 일도 없었다는 듯이 정몽주를 대했다. 이성계는 속으로 이미 대세는 자기 쪽으로 기울었다고 생각하여 정몽주의 마음을 돌릴 수 있다고 여겼다. 평소와 다름없이 자신을 대하는 이성계를 보고 정몽주는 일단 안심하며 이성계의 집을 나섰다. 정몽주가 집에서 나가자 이방원은 바로 아버지에게 뛰어 들어가 정몽주를 제거해야 한다고 설득했다. 그러나 이성계는 단호히 거절하며 자중하라고 타일렀다. 이방원은 밖으로 나와 아버지와 의형제를 맺고 있는 여진족 출신 이지란을 설득했으나 이지란은 이성계 편이었다.

이때 이성계의 이복동생 이화가 이방원에게 "몽주를 죽일 때는 지금"이라고 조언했고 이에 이방원은 자신의 심복인 조영규, 조영부, 고여, 이부 등 45명을 선죽교로 보내 정몽주를 죽이라고 명했다. 이에 이방원의 심복들이 선죽교에서 정몽주를 기다렸다가 정몽주가 도착하

■ 포은 정몽주

자 조영규가 먼저 쳤으나 맞지 않았다. 정몽주는 무사들을 꾸짖으면서 말을 타고 달아났다. 그러나 조영규가 재빨리 뒤따라가 말 머리를 치자 말이 거꾸러지고 정몽주가 땅에 떨어졌다.[49] 뒤이어 철퇴로 정몽주를 내리쳐서 무참하게 살해했다.

이성계는 분노했고 이방원을 크게 질책했다. 사실 이성계는 정몽주 같은 인물을 잘 설득해 새로운 정권의 정신적 상징으로 삼고 싶은 생각이 있었을 것이다.[50] 하지만 이방원은 누구보다 아버지 이성계를 잘 알고 있었다. 정몽주를 격살했을 때 이성계는 불같이 화를 냈지만, 그것이 아버지가 내심 바라는 일이었다는 사실을 안 것은 이방원뿐이었다. 이성계의 말은 액면 그대로 믿으면 안 되었다. 그는 타고난 전략가였다.

그러나 정몽주의 일을 계기로 이성계는 이방원을 경계하고 멀리했다. 이 일을 계기로 공양왕은 왕위를 내려놓았고, 공민왕 43년 마침내 고려는 34대 475년 만에 멸망하고 이성계가 즉위하면서 향후 500년을 이어갈 새로운 왕조가 시작되었다. 조선의 건국 과정에서 가장 공이 많은 사람은 이방원이었다. 그러나 이성계의 후계자를 선정하는 세자 책봉 논의 과정에서 이방원은 이성계의 현비 강씨신덕왕후에 의하여 제

---

49) 공양왕 4년(1392) 4월 4일
50) 이한우(2005), 《태종》, 해냄, p.31.

외되었다.

이성계 역시 잔인한 아들 방원을 보면서 언젠가는 아비에게까지 칼을 들이댈 자식으로 생각했기 때문에 이를 수락한 것이었다. 그 때문인지 현비와 정도전 등 개국공신들은 자신들의 세력을 강화하기 위해 현비의 소생이며 막내아들인 방석을 세자로 세웠다. 태조는 처음에는 신의왕후 한씨_{이방원의 친어머니} 소생의 아들 중에서 선정하려 하였으나, 현비가 이를 통곡하며 막았다.

이성계는 현비를 끔찍이 사랑했고 더군다나 고려말 이성계가 권력을 잡아가는데 현비의 가문은 막강한 후원 세력이 되었다. 결국 태조는 현비 강씨의 소생인 막내 방석을 세자로 삼았다. 이런 과정에서 이방원의 강씨에 대한 증오와 분노는 계속해서 쌓여 갔다. 급기야 이방원은 제1차 왕자의 난을 일으켜 강씨의 소생인 이방번과 이방석을 아버지가 보는 데서 끌어내 죽이고 실권을 장악했다.

나이 들어 얻은 끔찍이 사랑했던 어린 아들들이 자신의 눈앞에서 비참하게 죽는 모습을 본 이성계는 분노했지만, 실권은 이미 방원이 장악한 상태였다. 이성계는 자신이 종이호랑이로 전락했다는 사실을 받아들이고 왕위에서 물러났다. 그리고 세자였던 방과_{정종}가 왕위에 올랐지만 모든 실권은 이방원이 쥐고 있는 상황이었다. 이에 불만을 품은 방원의 형 방간이 아들 이맹종, 지중추원사_{知中樞院事} 박포 등과 함께 난을 일으켰으나 방원에 의해 진압되었고 이방간 부자는 목숨을 건져 황해도 토산군으로 귀양을 가야 했다. 이것이 2차 왕자의 난이다.

2차 왕자의 난 직후 방원의 측근들은 노골적으로 세자 자리를 요구했고 이어 정종의 왕위까지 빼앗았다. 그리고 34세의 이방원이 마침내 임금의 자리에 오른 것이다.

왕권을 차지하기 위해 아버지를 내쫓고, 형인 정종을 겁박하여 왕권을 빼앗은 태종이 왕이 되어서 가장 먼저 한 일은 자신을 왕으로 만들어 준 처가를 쑥밭으로 만들고 인척들을 도륙한 것이었다. 그리고 하륜과 권근을 불러 중국 역대 임금의 비빈 수와 고려 때의 비빈과 시녀의 수[51]를 고찰하여 보고하게 했다.[52]

《실록》은 당시 이런 지시를 내린 이유를 두 가지로 밝힌다. 하나는 즉위한 지 얼마 안 돼 빈·첩이 갖춰지지 않고 시녀만 있을 뿐이었고, 또 하나는 정비靜妃, 원경왕후 민씨의 투기가 심해 사랑이 아래로 이르지 못하여, 임금이 빈·첩을 갖추고자 하였기 때문이라고 하고 있다. 《실록》의 기록이 사실인지 아닌지는 태종의 다음 행동을 보면 알 수 있다.

태종 재위 1년 정비전靜妃殿의 시녀와 환관 20여 명을 궐 밖으로 내쫓은 사건이 발생했다. 태종이 궁녀들을 가까이하자 민씨는 정비전의

---

51) 역대 왕들의 후궁 수: 하륜과 권근 등이 조사한 바에 의하면, 공자가 쓴 《춘추(春秋)》의 해설지인 《춘추공양전(春秋公羊傳)》에 이르기를, 《춘추》의 장공(莊公) 19조에 "부인 강씨가 거(筥)나라로 가다."라는 말이 있는데, 이에 대한 설명으로 제후는 한 번에 아홉 명의 여자에게 장가들며, 한 나라에 장가들면 두 나라에서 여조카나 손아래 누이가 잉첩으로 따라온다는 이야기가 실려 있다. 《예기》의 〈혼의〉에는 또한 "천자에는 세 명의 부인(夫人)과 아홉 명의 빈(嬪)과 27명의 세부(世婦)와 81명의 어처(御妻)를 준다."라고 되어 있다. 즉, 황제는 황후 외에도 모두 120명의 후궁을 둘 수 있다는 내용이다.
52) 《조선왕조실록》 태종 2년(1402년) 1월 8일

시녀와 환관들에게 태종이 가깝게 지낸 궁녀들을 찾아내게 했다. 이 소식을 들은 태종은 화를 내면서 정비전의 시녀와 환관들을 내쫓았다. 자신의 행실이 밝혀질까 염려해서였다.

이런 사단이 있은 지 채 1년도 안 된 태종 2년₁₄₀₂ 3월 7일에는 성균악정成均樂正 권홍權弘의 딸을 후궁으로 맞이하기 위해 혼인을 주관하는 가례색까지 설치했다. 그러나 일정은 예정대로 진행되지 않았다. 정비 민씨가 태종의 옷을 잡으며 항의했기 때문이다.

> "제가 상감과 어려움과 화란禍亂을 함께 겪어 국가를 차지했는데 이제 나를 잊음이 어찌 여기에 이르셨습니까?"

태종은 당황했다. 왕비가 왕실의 법도를 어기고 무작정 반박할 줄은 예상치 못했기 때문이다. 태종은 가례색을 파하도록 명하고 환관과 궁녀에게 권씨를 별궁別宮으로 맞아들이게 시켰다. 가례색을 파했지만, 왕비 민씨는 울음을 그치지 않았고 음식도 들지 않았다. 정비는 정비대로 마음의 병을 얻었지만, 태종은 태종대로 며칠 동안 정사를 보지 않았다.

정비 원경왕후 민씨₁₃₆₅~₁₄₂₉는 태종 이방원보다 두 살 연상이다. 여흥부원군 민제의 딸로, 여흥 민씨다. 우왕 8년₁₃₈₂ 열여덟의 나이로 열여섯의 이방원에게 출가하여 4남 4녀를 두었으며 태조 1년₁₃₈₂ 정녕옹주에서 정종 2년₁₄₀₀ 2차 왕자의 난으로 방원이 왕세자가 되자 정빈貞嬪에 봉해진다. 세종대왕의 어머니가 바로 그녀다. 훗날 태종은《고려사高麗史》를 보다가 세종에게 이렇게 말했다.

"너의 모후의 공이 유씨의 제갑[53]에 비기면 더욱 무겁다."

그러나 태종은 부인 민씨의 고마움도 잊어버린 채, 재위 1년부터 궁녀들과 가까이하였고, 태종 2년에는 용모가 출중한 권씨에게 반해 혼인까지 준비했지만, 왕비 민씨가 반대하자 권씨를 정의궁주貞懿宮主로 삼고 왕비 민씨에게 다른 생각을 하지 말라고 하였다. 그러나 민씨는 여전히 후궁 권씨의 입궁을 불안하게 여겼다. 혹 자기를 폐위시키고 권씨를 왕비로 삼으려는 것이 아닌가 의심했다. 태종은 왕위에 오른 뒤 상당히 여색을 밝힌 것으로 보인다.

태종 2년1402에는 내서사인內書舍人 이지식과 좌정언左正言 전가식田可植이 상소를 올려 태종이 총명한 자질로 경전과 역사서를 널리 보면서 옛 선왕을 본받으려고 노력한다고 말한 다음 태종을 직접 비판했다.

"전하께서는 의복과 어가가 공교롭고 화려한 것을 자못 좋아하여 제도를 따르지 아니하시고, 대간의 말이 간혹 뜻에 거슬리면 엄하게 꾸짖으시며, 매와 개를 좋아하시고, 성색聲色, 여색을 즐기시는 것을 그치지 않으셨습니다."

---

53) 제갑(提甲)은 갑옷을 들어다 입힌다는 뜻으로 고려 태조 왕건의 고사에서 나오는 말이다. 후삼국 말 궁예의 부하였던 홍유(洪儒), 배현경(裵玄慶), 신숭겸(申崇謙), 복지겸(卜智謙) 등이 왕건을 임금으로 추대하려 하자 왕건이 굳이 거절하면서 받아들이지 않았다. 그때 부인 유씨가 손수 갑옷을 들고 와 왕건에게 입히자 여러 장수들이 옹위하고 나와 "왕공(王公-왕건)께서 의로운 깃발을 드셨다."라고 외치자 수많은 사람들이 달려와 붙었다는 이야기.

태종은 이 상소를 보고 놀라며 가슴이 아프다고 했고, 이를 간파한 신하들은 국문을 해야 한다고 상소하여 태종은 국문을 허락했다. 그리고 고문에 못이긴 전가식은 "전하께서는 자식이 번성한데도 권씨를 맞이하여 후궁이 적실_{왕비}로 삼지 않을까 해서 여흥부원군 민제_{민씨의} _{아버지}의 집에 가서 이 일을 고하자, '네 말이 옳다.'고 대답하여 상소를 올렸다."라는 것이었다. 상소에서 '자식이 많은데도'라는 내용이 나오는데 태종에게는 부인과 자식이 얼마나 되었길래 상소문에 이런 내용이 있었을까?

결론부터 말하자면 태종은 조선의 왕들 중 가장 많은 자식_{29명: 12남 17녀}을 두었으며 부인도 12명으로 가장 많았다. 물론 이것도 실록에 나타난 숫자일 뿐이다. 《조선왕조실록》은 왕이 죽으면 다음 왕이 전왕에 대한 기록을 모아서 만드는데, 태종의 아들이 세종이었다. 잘 알다시피 세종은 아버지 말이라면 무조건 복종하는 파파보이였으니, 그 실록을 믿어야 할지 말지는 독자의 몫이다.

참고로 태종은 왕권에 도전하는 사람들은 그 누구도 용서하지 않았다. 그 방법도 자신의 손에 피를 안 묻히고 측근들을 이용해 보복하는 식이었다. 후비 권씨 문제로 왕비 민씨와 생긴 갈등과 여색을 즐긴다는 상소가 그의 아버지 민제에 의해 올라왔다는 사실에 크게 분노했지만, 태종은 죄를 묻지 않고 조용히 덮었다. 하지만 태종의 마음은 용서한 게 아니었다.

그러던 중 여자 좋아하는 버릇을 못 버리고 태종은 또 사고를 치고만다. 민씨의 부름을 받고 잠시 입궐했던 민씨 친정의 여종을 임신시킨 것이었다. 원경왕후 민씨의 몸종이었다가 태종의 승은을 입었던 효빈 김씨가 바로 그녀다. 자신의 몸종이 남편이랑 배꼽을 맞추었는데, 그 어떤 여인이 마음이 편했겠는가?

몸종이 임신했다는 소식을 들은 민씨는 분노했다. 믿는 도끼에 발등이 찍혔다고 해야 할까? 당장 옛날집 행랑방으로 내쫓고, 해산달이 가까워지자 방앗간에 내동댕이쳤다. 그리고 이도 모자라 애를 낳자 이불도 빼앗은 다음 오두막에 내팽개치고, 그래도 분이 안 풀려 삭풍이 몰아치는 12월에 소를 태워 교하로 보냈다. 여종과 갓난아기를 죽이려고 했던 것이다.[54] 자신의 혈육과 그 모친을 죽이려 했던 사실을 안 태종은 부인 민씨는 물론 민씨의 친정아버지, 그리고 민씨 형제들에게 복수할 날만 기다리고 있었다.

방귀 뀐 놈이 성낸다고 태종은 재위 기간 중에 여자 문제로 부인 민씨의 마음을 갈기갈기 찢어 놓았다. 그런 인간이 바로 태종이었던 것이다. 그리고 태종은 부인 민씨를 가만히 두지 않았다. 이미 중전이 된 민씨를 내칠 수는 없어 그녀의 가족에 대한 복수를 시작했다. 태종 7년1407, 태종은 자신의 손에 피를 묻히기 싫어서 개국정사 좌명 상공신이자 영의정부사領議政府事인 이화 등을 시켜 상소케 하여 민무구, 민무질, 신극례 등의 죄를 청했다. 가슴속에 품었던 민씨에 대한 보복을 결심한 것이다.

《춘추》의 법에 인신의 죄 가운데 금장今將보다 더 큰 것이 없으니, 이는 간사한 마음을 막고 난의 근원을 방지하려는 것입니다.

---

54) 《조선왕조실록》 태종 15년(1415년) 12월 15일 기록

여기서 금장의 장將자는 '장차', '미래'란 뜻으로 지금 임금이 아니라 장차 다른 인물을 임금으로 삼으려는 반격의 마음을 품은 것을 뜻한다. 이화 등은 태종의 의중을 미리 읽고 민씨 형제를 반역죄로 모는 상소를 올린 것이다.

태종 6년1406 재변이 일어나 태종이 세자 양녕에게 왕권을 양위하겠다고 했을 때 모든 대신들이 애통해했지만 민무질·무구 형제는 오히려 좋아했는데, 이것이 어린 세자를 끼고 정권을 장악하려는 '협유집권狹幼執權'의 마음이 있기 때문이라는 것이다. 게다가 민무구, 무질 형제에게 세자 이제양녕대군뿐만 아니라, 이보효령대군, 이도충녕대군 등 태종의 다른 왕자들을 제거하려 했다는 혐의를 뒤집어씌웠다.

민씨 형제는 역적이라는 상소였다. 민씨 형제는 태종의 처남이자 누나의 아들인 왕자들을 죽일 이유도 없고 왕자 중 누가 왕이 되어도 권력을 장악할 수 있는데 그런 일을 도모할 사람들이 아니었다. 더군다나 민씨 형제의 누나는 이 나라의 왕비 아닌가, 왕비의 친동생들을 역적이라고 상소할 수 있는 일은 태종의 사주가 없다면 불가능했다. 소두상소문의 우두머리 이화가 태조의 이복동생이자 태종의 숙부라는 점을 볼 때, 이 상소는 종친 세력이 외척 세력을 공격한 것이나 다름없었다.

태종은 이렇듯 야비하고 잔인한 사람이었다. 태종은 이복동생이자 당시 세자였던 어린 방석을 아버지 이성계와 같이 있는 방안에서 끌어내 죽여버렸다. 그리고 형 방과정종를 내몰고 왕이 된 인물이었다. 그런 그가 방탕한 여자 문제로 부인 민씨로부터 힐책을 당하자 옹졸하게 복수의 칼로 그녀의 집안사람들을 멸문滅門시킨 것이다. 당시 민씨의 아버지 이제는 덕망이 높던 사람이고 더군다나 그의 아들 형제들은 병권을 장악하고 있었다.

역사는 태종이 장차 자신의 아들 세종이 성군으로 조선을 다스리기 위한 길을 터주기 위해 스스로 손에 피를 묻혔다고 미화하고 있으나, 이는 잘못된 사견에 불과하다. 자신과 사이가 좋지 않은 왕비 민씨와 그의 동생들이 세자를 등에 업고 권력을 장악한다면 본인도 자신이 내쫓은 아버지 이성계의 꼴이 될 것이 자명한 일이었기 때문에 이 같이 사주한 것이다. 한 마디로 태종은 나쁜 남자였다.

결국 태종은 장인 민제가 세상을 떠난 지 보름 후에 처남들의 죄상을 일일이 열거한 교서를 중외에 발표하고, 그로부터 2년 후 제주도로 유배되어 있던 민씨 형제에게 스스로 목숨을 끊을 것을 명했다. 그리고 태종 15년1415, 남은 두 처남 민무휼閔無恤, 무회無悔 형제도 먼저 죽은 형님들의 무고를 주장하다 옥에 갇힌 후 심한 고문으로 옥사당했다.

아마 태종은 부인 민씨도 죽이고 싶었을 것이다. 그러나 다음 왕을 이을 자식들이 이미 성숙한데다 이목도 있어 내치지 못했다. 그 대신 바람둥이로서의 역할을 수행해 나갔다. 그 덕분인지, 자신도 그 숫자를 셀 수 없을 정도로 많은 자식을 낳았다. 그 숫자가 얼마나 많았는지 대궐에서 다 키우지 못해 궁 밖에서 키웠다고 하니 그 바람기가 얼마나 심했는가 대충 짐작하고도 남는다.

《조선왕조실록》에서는 조선 군왕 27명 중에서 가장 호색가로 꼽히는 왕으로 연산군을 꼽는다. 그런데 역설적으로 채홍사를 두어 많은 여자를 불러들였고 난잡하고 패륜적悖倫的일 정도로 성에 탐닉했었다는 그가 폐비 신씨에게서 2남 1녀, 실명失名의 후궁 한 명에게서 2남 1녀 등 총 4남 2녀의 자식을 두었다고 전해져 의아疑訝해 진다.

그것은 그의 부친 성종이 부인 12명에게서 16남 12녀를, 그의 동생 중종이 10명의 귀인에게서 9남 11녀를 둔 것과 비교해 보면 더욱 그렇다. 연산군이 6남매를 둔 것으로 봐서 생식능력이 없는 것도 아닌데, 그가 상대한 그 많은 여자들이 불임이었는지, 아니면 사관들이 생산 기록을 누락漏落시킨 것인지, 그것도 아니면 이미 지나친 방사房事로 나이 30에 정액이 고갈될 정도로 난잡하였다는 이야기들이 사실인지 의문스럽다.

《연산군일기燕山君日記》는 반정의 주역 세력이 기록한 승자의 기록물이고, 그래서 연산군의 악행만을 강조한 감이 없지 않다. 사초가 없는 상태에서 만들어진 것이기에 실록으로서의 질이 떨어지고 있는 것도 사실이다. 그런데 우리는 태종과 세종은 성군으로 미화시키면서 그들의 여성관이나 호색가로서 그 많은 자식을 둔 것에 대해서는 언급하지 않는다. 아니 신경 쓰고 싶어 하지 않는다. 그냥 사람들이 "연산군은 많은 여자들과 난잡한 성행위를 하고, 모자라는 정력을 보강하기 위해 백마의 거시기까지 먹었다."라고 하니까 그러한 기록에 분노하고 "연산군은 단지 나쁜 왕이다."라고 믿고 있을 뿐이다.

이방원은 그렇듯 음흉한 구석이 있는 인물이었다. 기회를 잡을 때까지는 속내를 드러내지 않고 기다릴 줄 알았다. 그리고 기회가 오면 놓치지 않고 행동으로 옮겼다. 또 적을 공격할 때는 다시는 일어나지 못하도록 무참히 죽여버리는 잔인한 구석도 있었다. 정몽주를 척살한 사건에서 알 수 있듯, 그는 적이라고 판단하면 반드시 목숨을 끊어 놓아야 직성이 풀렸다. 그래서 그런지 우리나라 대통령 중 태종을 좋아하는 인물들이 있는데, 그들이 태종을 제대로 알고 있는지 의문스럽다.

이방원은 때가 될 때까지 절대 속내를 드러내지 않는 사람이었다. 특히 그가 부인 민씨 말고도 왕권을 잡기 위해 아버지 태조 이성계의 부인 강씨원경왕후에 대한 보복을 살펴보면 그의 주도면밀한 모습을 잘 알 수 있다.

이방원은 오랫동안 계모 강씨와 아버지 태조 이성계가 동시에 힘을 잃는 순간을 기다렸다. 사실 이런 행동들은 보통 사람이라면 하기 힘든 일이었다. 사람의 감정이란 그렇게 참는다고 참아지는 게 아니기 때문이다. 그러나 혼자 그런 결심을 한다고 모든 일이 뜻대로 되지 않는다. 다행히 하늘은 그의 편이었다. 그의 최대 정적인 계모 강씨원경왕후가 자주 앓아눕기 시작했다. 그리고 마침내 1395년 7월 강씨는 아예 병상에서 생활하는 신세가 되었다. 그러다가 태조 7년1398 8월 강씨는 마침내 사망하고 이 소식을 전해 들은 아버지 태조마저 병상에 누워 며칠째 일어나지 못했다.

이방원은 이 순간을 오랫동안 기다렸다. 1398년 8월 26일, 6년 동안 숨기고 있던 야망이 드러나는 순간 이방원은 정적들의 목을 한꺼번에 날려버렸다. 그리고 이미 죽어 백골이 된 계모 원경왕후에게 복수를 해 나갔다.

'빈대골'은 오늘날 정동의 지명인데, 이 지명은 태종과 관련이 있다. 2003~2005년 있었던 청계천 복원공사 과정에서 조선시대에 광통교를 받치고 있던 고풍스럽고 아름다운 조선 초기 석물이 발견

■ 청계천 복원 중 발견된 병풍석

되었다. 그런데 아무리 보아도 무슨 모양인지 알 수가 없었다. 자세히 보니 왕릉의 병풍석을 거꾸로 하여 광통교를 받치게 해 놓은 것임이 밝혀졌다. 이와 관련하여《조선왕조실록》에는 태종 10년 1410년, 큰비만 오면 광통교의 흙다리가 무너져 돌다리로 바꾸었는데, 이때 정릉의 석재를 가져다 사용했다고 기록하고 있다.[55]

이성계에게는 고향인 함경도에 두고 온 향처鄕妻, 고향에 있는 처인 신의왕후 한씨1337~1391와 개경에서 혼인한 후 많은 도움을 받은 경처京妻인 신덕왕후 강씨가 있었다. 함경도의 변변치 못한 집안 출신인 이성계에게 고려의 권문세족인 신덕왕후 강씨와의 혼인은 출세에 큰 도움이 되었다. 신덕왕후는 조신하여 향처의 자식들을 잘 대우했고, 조선이 건국되기 한 해 전에 세상을 떠났다. 그런데 신덕왕후가 조선의 첫 번째 왕비가 되면서부터 갈등이 시작되었다. 신덕왕후 소생으로 고작 11세인 막내 이방석이 7명의 형들을 제치고 왕세자에 책봉된 것이다. 이때부터 이방원은 신덕왕후에게 원한을 품기 시작했다.

55) 태종 10년(1410) 8월 8일

1396년에 신덕왕후가 눈을 감자 태조 이성계는 눈물을 흘리면서 4대문 안에는 왕릉을 만드는 예가 없음에도 그 안에 왕비의 능을 조성하고 이를 '정릉貞陵'이라고 했다. 하지만 1398년 제1차 왕자의 난을 일으킨 이방원은 정도전과 배다른 동생들을 죽이고, 아버지 이성계가 눈을 감자마자 복수혈전에 나섰다. 우선 그녀를 계비가 아닌 후궁으로 격하시켜 종묘에서 내치고, 4대문 안에 왕릉을 둘 수 없다는 구실을 내세워 신덕왕후의 능을 경기도 양주군 성북면 사한리로 이전해 버렸다.

기존의 정릉은 깎아 평지로 만들고, 거기에 쓰였던 것들을 모두 해체해 버렸다. 그러다가 1410년에 광통교의 다리를 돌다리로 만들면서 버려두었던 정릉의 병풍석을 거꾸로 처넣어 다리를 만들고 백성들이 수없이 그 위를 밟고 지나가게 했다. 오늘날 덕수궁 주변을 정동이라고 부르는 것은 신덕왕후의 정릉이 있었기 때문이다. 그런데 더 웃기는 것은 그러한 역사를 잘 알고 있는 정부도 태종이 만든 병풍석을 그대로 복원하고 우리는 정동에 있는 신덕왕후의 능을 보전시키기는커녕 태종이 만든 돌다리를 아직도 밟고 다닌다는 것이다.

조강지처인 원경왕후의 집안을 멸문지화하고 아버지 이성계의 비인 계모 신덕왕후의 무덤까지 파헤쳐 없애버린 패륜아 태종은 여성에 대해 편력이 심했던 것 같다. 그런 이력 때문인지 부인 민씨의 질투에 화가 나 또다시 외가를 쑥대밭으로 만들었으니 과연 그를 성군으로 말하는 게 옳은지 의문이 간다.

제왕의 바람직한 부부관계를 노래한 《시경》에 실린 첫 구절 "노래하는 한 쌍의 저 물수리"라는 구절처럼 태종은 만백성에게 금슬 좋은 부부의 모범도 이루지 못했고, 성군으로서의 의무도 다하지 못했다. 권력을 둘러싼 암투는 시대와 장소를 막론하고 있어 왔지만, 왕권의 자리다툼으로 아비인 이성계를 내쫓고, 아버지의 어린 자식들을 아버지가 보는 데서 죽여 버린 경우는 고금을 통틀어 드물다. 게다가 친형인 정종을 협박하고 왕위에서 끌어내린 사람도 태종이었다. 한마디로 《대학연의》가 강조하는 '수신제가치국평천하修身齊家治國平天下'에 대한 근본 사상도 모르면서 "학문의 이치에 도달했다."고 스스로 자화자찬했던 태종은 오로지 자신의 왕권강화와 성욕을 채우기 위해 권력의 길을 걸었다.[56]

---

56) 정승호, 김수진(2021), 《조선의 왕은 어떻게 죽었을까》, 인물과 사상사.

천재일우의 기회를 놓쳐버린
명나라 정복

　조선에 주원장의 사망 소식이 전해진 것은 정종 즉위년1398년 10월 3일이다. 전 성균사성成均司成 공부孔俯 등이 사신으로 가다가 요동에서 주원장의 사망 소식을 들었다. 이들은 명나라 태조 주원장이 죽고 주원장의 손자 주윤문혜종, 건문제이 즉위하면서 대사면을 베풀었다는 소식을 듣고 조선으로 되돌아왔다. 조선은 명 태조 주원장의 사망 소식을 무려 넉 달이나 지난 뒤에야 알게 된 것이다. 주원장은 이미 같은 해 5월 24일에 사망한 뒤였다. 명나라가 이 소식이 조선에 전해지는 것을 꺼린 탓이었다. 심지어 그들은 조선 사신이 수도 금릉을 방문하는 것 자체를 막았다.

　명나라와 조선은 형식상 사대事大 관계를 맺고 있었다. 조선이 공물을 바치는 조빙사朝聘使, 조공을 바치기 위해 명나라에 파견된 사신를 보내면, 명나라에서는 그에 답례하는 의미로 회사품回賜品을 내려주는 전형적인 조공 외교이자 사대 외교가 이뤄지고 있었다. 명나라는 3년에 한 번씩만 사신을 보내라는 '3년 1빙三年一聘'을 주장했다. 물론 조선은 그보다 훨씬 자주 사신을 보냈으나, 명나라는 이를 굳이 막지 않았다.

그런데 주원장이 사망한 뒤 명나라의 태도가 달라지기 시작했다. 정종 즉위년1398 11월 30일, 조정은 판삼사사判三司事 설장수偰長壽를 계품사計稟使로 삼아 김사형金士衡, 하륜河崙과 함께 명나라에 보냈다. 하지만 사신 일행이 요동 파사포에 이르자 요동도사遼東都司가 금릉행을 막았다.

"3년 1빙의 시기에 어긋납니다."

뒤늦게 3년 1빙의 원칙을 내세운 것은 조선 사신에게 어수선한 명나라 내부를 보여주지 않겠다는 의도가 분명했다. 설장수는 금릉에 가지 못하고 이듬해 1월 의주로 되돌아와 의주에서 좌정승 조준趙浚에게 글을 보냈다.

"매년 조빙할 것을 청해 다시 주문奏聞하든지 아니면 진위陳慰하는 진향사
進香使⁵⁷⁾로 차견差遣하십시오."

'3년 1빙'을 '매년 조빙'으로 바꾸어달라고 요청하든지, 그렇지 않으면 명 태조의 국상을 위로하는 진향사로 바꾸라는 뜻이었다.

정종 즉위년 12월 22일, 명나라는 조선에 주원장이 죽었음을 알리는 부음訃音을 전했다. 명나라 사신 진강陳綱과 진예陳禮 등이 압록강 서쪽에 도착하자 조선의 의주만호가 마중을 나갔다. 진강 등은 주원장의 부음을 알리는 자문咨文과 이듬해 달력을 전하고 곧바로 돌아가려 했다. 상국의 사신이라고 거들먹거리던 과거의 자세와는 딴판이었다.

의주 만호가 거듭 청하자 강을 건너와 이틀 밤을 유숙하고 돌아갔다. 주원장이 사망한 지 무려 7개월여 만에 알린 부음이었으니, 애써 감추다 마지못해 알렸다고 해도 과언이 아니다.

정종은 재위 1년1309 1월, 우정승 김사형을 혜제건문제, 주원장의 장남의 아들의 등극을 하례하는 사신으로 보내고, 9일에는 설장수가 요청한 대로 조빙사의 명칭을 진향사로 바꾸어 보냈다. 두 달 후인 3월에는 앞서 언급한 것처럼 요동 동녕위 소속 조선 사람이 도주해 와 명나라에 대란이 일어날 것 같다고 고했다.⁵⁸⁾ 그리고 정종 1년1399 3월, 명나

---

57) 진향사는 국상이 났을 때 제문(祭文)과 장례에 쓰는 예물인 제폐(祭幣)를 가지고 가는 사신을 뜻한다.
58) 《정종실록》 1년(1309), 1월 2일

라 요동 동녕위에 속해 있던 조선 사람이 도주해 왔다. 요동의 정세가 심상치 않자 조선으로 되돌아온 것이다. 그가 전하는 명나라의 정세는 긴박했다.

> "연왕燕王, 주체이 태조 고황제太祖 高皇帝의 제사를 지낸다며 군사를 거느리고 수도에 갔는데, 새 황제가 연왕 혼자 성에 들어오라고 했습니다. 연왕은 봉지封地로 되돌아가 황제 곁의 간신들을 모두 없애겠다는 명분을 들고 일어났습니다."[59]

명나라 요동은 새 황제 주윤문의 숙부이자, 명 태조 주원장의 넷째 아들인 연왕 주체영락제, 1360~1424가 장악하고 있었다. 그가 새 황제에게 맞서 군사를 일으키려 한다는 것이었다. 명나라가 대란에 휩싸일 조짐이었다. 조선 조정은 바짝 긴장할 수밖에 없었다. 정종도 마찬가지였다. 만약 무인난1차 왕자의 난이 일어나지 않아서 이성계李成桂와 정도전鄭道傳, 남은南誾이 건재했더라면 명나라 대란은 북벌의 호기로 받아들여졌을 것이다. 그런데 자신의 권력을 잡겠다고 이들을 무참히 죽여버린 아들 이방원이 얼마나 원망스러웠을지 가늠하고도 남을 일이었다.

사실 명나라의 대란은 이미 예견되어 있었다. 조선에서 왕자의 난이 일어나기 석 달 전인 태조 7년1398 윤 5월, 명 태조 주원장이 71세의 나이로 서궁에서 세상을 떠나자마자 명나라 황실 사람들은 위기를

---

59) 《정종실록》 1년 3월 1일

느꼈다. 주원장은 가난한 농부의 아들로 태어나 탁발승을 거쳐 황제의 자리까지 오른 풍운아로 여색도 상당히 밝혔다. 황후 마씨를 포함해 모두 스물두 명의 여성에게서 스물여섯 명의 황자를 낳았는데, 황후 마씨가 낳은 적자만 넷이었다.[60] 조선의 세자 방석芳碩: 1392~1398은 어린데 장성한 이복형들이 많아서 문제였다면, 명나라는 태자주윤문가 어린데 장성한 숙부들이 많은 것이 문제였다.[61]

주원장은 황제로 등극한 홍무洪武 원년1368에 황후 마씨 소생의 장남 주표朱標를 황제로 삼았다. 주원장은 주표를 아꼈지만 두 사람은 성격이 맞지 않았다. 주표는 아버지가 수행한 피의 숙청이 옳다고 생각하지 않았다. 특히 주원장의 창업을 도운 수많은 공신들을 죽인 것은 도의가 아니라고 보았다. 그래서 주표가 정사를 보좌하면서부터 부자 사이는 긴장이 흘렀다.

부자의 긴장 관계는 아들이 먼저 죽자 정리되었다. 조선이 건국한 해인 홍무 25년1392, 지방을 사찰하고 돌아오던 황태자 주표가 병에 걸려 38세의 나이로 세상을 떠났다. 주표가 즉위하면 주원장의 철권 통치가 유교에 입각한 인의仁義 정치로 바뀔 것으로 생각했던 대신들은 태자의 죽음을 크게 애도했다. 주원장은 주표에게 의문태자懿文太子라는 시호를 내리고 그의 둘째 아들 주윤문을 황세손으로 책봉했다.

---

60) 《명사》에 나와 있는 내용이지만, 실제 관방 역서에는 마황후는 아들이 없었다고 한다.
61) 《태조실록》 7년(1398), 5월 24일

첫째 손자 주웅영朱雄英이 아홉 살 어린 나이로 일찍 세상을 떠났기 때문에 주윤문이 생존 장손이었다.

홍무 31년1398, 병석에 누운 주원장은 자신이 다시 일어나지 못할 것을 직감했다. 그러나 편하게 눈을 감을 수 없었다. 두 가지 큰 걱정거리가 있었기 때문이다. 하나는 조선의 북벌 움직임이었다. 조선이 실제로 북벌을 단행하면 개국 이래 초유의 위기를 맞게 될 게 분명했다. 이성계는 패한 적이 없는 상승常勝 장군이고, 그의 참모 정도전은 불세출의 전략가였다. 정도전이 요동의 여진족 우두머리를 만났다는 정보를 들은 주원장이 끝까지 조선에 그의 압송을 요구한 것은 위기를 사전에 방지하려는 목적이었다. 조선군이 북벌에 나서고, 여진족이나 몽골족이 이에 가세하는 최악의 상황이 되면 명나라는 개국 30년 만에 끝장날 수도 있었다. 이런 생각 때문에 주원장은 편히 눈을 감을 수 없었다.

또 한 가지 이유는 장성한 아들들이었다. 어린 황태손 주윤문에게 과연 장성한 숙부들이 복종할지 안심할 수 없었다. 스물여섯 명의 황자들 중에서 넷째인 연왕 주체가 가장 문제였다. 모두들 오래전부터 장남 주표보다 넷째 주체영락제, 태종가 기질적으로 주원장과 훨씬 닮았다고 수군거렸다. 주체가 조카 황제에게 불복하는 가운데 조선군이 북벌에 나선다면, 주원장으로선 상상하기도 싫은 상황이었다.

주원장은 비밀리에 부마인 영국공榮國公 매은梅殷을 불렀다. 둘째 딸 영국공주英國公主의 남편 매은은 열여섯 명의 부마 중 그가 가장 신임하는 사위였다.

"너는 나이도 있고 충신忠信이니 어린 황제를 부탁할 만하다."

어린 새 황제를 보필하라는 유조遺詔였다.

"감히 천자를 어기는 자가 있다면 네가 토벌하라."

그가 가장 염두에 두고 있는 사람은
자신의 아들들이었지만, 유조遺詔, 죽기 전
에 내린 명령에는 조선의 북벌도 염두에 두
고 있었다. 할아버지의 뒤를 이어 명나
라 2대 황제가 된 혜제惠帝 주윤문은 주
원장이 생전에 무엇을 우려했는지 잘 알
고 있었다. 즉위한 이듬해1399, 연호를 건

■ 혜제 주윤문(ⒸC나무위키)

문建文으로 개칭한 주윤문은 제태齊泰를 병부상서兵部尚書로 삼고, 황자
징黃子澄을 태상시경太常寺卿으로 삼았으며, 방효유方孝孺를 한림원翰林院
시강侍講으로 삼아 국사를 의논했다.

가장 시급하고 중요한 것은 숙부들이 제후로 있는 번藩을 철폐하는
삭번削藩 정책이었다. 주원장이 사망하면서 생긴 지방 권력의 공백을
황자들의 번이 담당했다. 이런 이유로 혜제 주윤문은 즉위 초부터 삭
번을 단행했다. 주원장의 다섯째 아들 주왕周王, 열두 번째 아들 상왕
湘王, 일곱 번째 아들 제왕齊王, 열세 번째 아들 대왕代王, 열여덟 번째
아들 민왕岷王이 맡고 있던 번을 차례로 철폐한 것이다.

가장 큰 문제는 넷째 아들 주체영락제가 장악하고 있는 연왕부燕王府

였다. 다른 번들도 삭번에 불만을 갖고 있었지만 어쩔 수 없이 받아들였다. 황제를 꿈꾸는 황자들이 아니었기 때문이다. 그러나 주체는 이들과 달랐다. 혜제 주윤문이 이 사실을 알고 있었기에 대신들과 상의해 연왕 주체를 무력화시키는 데 나섰다.

먼저 주체가 북평北平, 북경을 거점으로 난을 일으킬 우려가 있다고 보고 홍무 31년1398 12월 공부시랑工部侍郎 장병張昺을 북평포정사北平布政使, 사귀謝貴를 북평도지휘, 장신張信을 북평도휘사로 삼아 북평의 군사권을 장악했다. 뒤이어 도독都督 송충宋忠을 북평 근처 개평開平, 지금의 당산에 주둔시켜 연왕 주체의 군대를 장악하게 했다. 주체는 자신의 목덜미를 겨냥한 조카의 칼날을 느끼고 반격의 기회를 노렸다.

그런데 한 가지 걸림돌이 있었다. 세 아들 고치高熾, 고후高煦, 고수高燧가 수도 금릉남경에 인질로 잡혀 있었던 것이다. 먼저 이 세 아들을 빼내 와야 했다. 주체는 병을 칭하고 누워버렸다. 아픈 부친을 보러 가겠다는 사촌들의 요구를 거절할 수 없었던 혜제는 주체의 세 아들을 북평으로 돌려보냈다. 그러나 미심쩍은 구석이 많다고 생각한 혜제는 연왕부의 장사長史 갈성葛城을 금릉으로 불러 연왕부의 사정을 물었다. 갈성은 새 황제의 질문에 솔직하게 답했다.

"연왕은 아무런 병이 없습니다. 장차 모반할 것입니다."

놀란 혜제는 북평포정사 장병과 도지휘 사귀 등을 시켜 연왕부를 포위하게 했다. 이때 주체의 참모는 승려 요도연姚道衍이었다. 주체는 요도연 등과 모의를 거듭한 끝에 장옥張玉, 주변 등에게 날랜 군사 800명을 무장시켜 왕부王府에 잠복하게 한 뒤 장병과 사귀 등을 불렀다.

"연왕부의 무장을 해제시켰으니 들어와서 군사를 검열하시오."

연왕부에서 회유하는 말을 믿은 장병과 사귀 등이 왕부로 진입하자 주체는 곧바로 매복했던 군사를 시켜 장병과 사귀 등을 체포했다. 주체는 이들에게 호통쳤다.

"내가 어찌 병이 있겠는가? 일이 이렇게 된 것은 너희 간신배들이 나를 핍박했기 때문이다."

두 장수가 끝까지 항복하기를 거부하자 주체는 그들의 목을 베고, 혜제에게 붙은 장사 갈성과 노진盧振은 일가까지 도륙했다. 황제의 포위망을 무력화한 주체는 '청군측靑君側'을 명분으로 군사를 일으켰다. 청군측이란 임금 주변의 간신들을 제거한다는 뜻으로 《춘추공양전春秋公羊傳》 정공定公 13년 조에 나오는 말이다. 주체는 혜제에게 자신의 행위가 '정난靖難'이라고 주장하는 상서를 올렸다. '정난'이란 나라의 위기를 편안하게 평정한다는 뜻이다. 주체는 혜제 주변의 제태, 황자징 등의 측근을 황실 지친을 모해한 간신으로 지목하며 처벌을 요구했다.

요동 동녕부의 조선 출신 군사가 조선으로 도주해 중원에 대란이 발생할 것임을 예고한 지 넉 달 만인 건문 원년1399 7월, 드디어 혜제와 주체 양측이 수십만 대군을 징발해 사력을 다해 싸우는 3년 내전이 시작되었다.

혜제는 금릉에서, 주체는 북평에서 각각 군사를 크게 모았다. 연왕 주체는 호락호락하지 않았다. 북평 주변 도시들이 속속 연왕에게 붙었다. 북평 동남쪽 통주가 붙었고, 계주, 준화, 밀운 등이 격파되거나 귀부했다. 주체는 만리장성의 주요 관문인 거용관을 격파하고, 7월 8일에는 예전에 한나라 낙랑군이 있었던 영평부永平府, 현 하북성 노룡현를 장악했다.

혜제는 주체를 응징하는 데 나섰다. 주체를 황실 호적에서 파내 서인으로 내리고, 주원장의 유조를 받은 부마 매은에게 군사를 모집하게 했다. 강소성 회안에 주둔한 매은은 40만여 명의 토벌군을 모았다. 영국공 매은은 주체가 보낸 사신을 비형鼻刑, 즉 코를 베는 형벌로 처벌했다. 명 황실 내부의 싸움은 이처럼 서로에 대한 증오가 넘치고 있었다. 중국 남북으로 북평北京과 금릉남경 사이에 거대한 전선이 형성된 것이다.

만약 이성계와 정도전, 남은 등이 건재했다면 선조들의 구강舊疆을 수복하라고 하늘이 준 다시없는 기회로 여겼을 것이다. 주체의 군대가 대거 남하했을 때 조선군을 북상시켰다면 텅 빈 북경을 장악하는 것도 그리 어렵지 않은 일이었을 것이다. 조선군이 북상하더라도 주체는 군대를 돌릴 수 없었을 것이다. 중원을 두고 사생결단하는 마당에 다시 북경으로 되돌아갈 수는 없었다. 쉽게 말해 요동에서 북경까지는 무주공산이었다. 당시 조선의 국경은 북경에서도 얼마 되지 않는 거리였고 조선군이 마음만 먹으면 북경은 오늘날 우리의 영토가 될 게 뻔한 일이기도 했다.

명나라의 내전에 대해 조선 조정에서도 드디어 심각하게 논의를 시작했다. 정종 2년₁₄₀₀ 5월, 경연에서 중국 삼국시대 오나라가 위나라에 항복했을 때 발생했던 문제가 논의됐다. 명나라에서 벌어진 내전을 논의하면서 《통감촬요通鑑撮要》에 나왔던 중국의 옛 사례를 든 것이다. 오나라 손권孫權이 우금于禁을 보내 위나라에 항복하겠다고 전하자 위나라 임금은 이를 받아들이려고 했는데, 유엽劉曄이 반대했다는 내용이다. 조조曹操의 아들 조비曹丕가 임금으로 있던 황초黃初 2년₂₂₁ 발생한 사건이다. 동지경연사同知經筵事 전백영全伯英이 정종에게 물었다.

"위나라 임금과 유엽 중 누가 옳습니까?"
"유엽의 간쟁이 옳다. 위나라 임금이 간하는 것을 좇지 않고 오나라의 거짓
항복을 받아들였으니 이는 대단히 잘못된 일이다."

전백영은 뒤이어 명나라의 일을 되물었다.

"지금 연왕이 군사를 일으켜 중국에서 난리가 났는데, 혹시 정료위定遼衛
에서 우리에게 항복하겠다고 요청하면 받아들이시겠습니까?"

요동에 설치한 명나라의 정료위가 조선에 항복하겠다고 하면 받아들이겠느냐는 질문이었다. 무인난₁차 왕자의 난만 일어나지 않았더라면 요동을 저절로 차지할 수 있는 상황이었다.

정종은 "항복을 받지 않는 것이 낫다."고 말했고, 지경연사 권근權近도 동조했다.

"만일 연왕이 난을 평정하고 천하를 차지하면 반드시 우리의 죄를 물을 것
이니 그때는 어떻게 대답하겠습니까? 성상의 말씀이 의리에 합당합니다."

정종이 동조했다.

"경의 말이 옳다."

요동 정료위에서 스스로 항복해도 받아들이지 않겠다는 뜻이었
다.[62] 아버지 태조와 함께 사대교린 쪽으로 방향을 결심한 것이다. 어
차피 동생 이방원의 눈치를 보면서 언제 왕에서 쫓겨날지 모르는 상
황에 있던 정종이 이런 약해빠진 생각을 하고 있는 것은 어쩌면 당연
한 일이었다. 그런데 정종은 아버지 말이라면 무조건적으로 받아들이
는 효자였는데, 당시 아버지 이성계가 북벌을 준비했던 일을 잘 알고
있으면서도 이런 결정을 내린 것은 동생 이방원의 눈치를 봐야 했기
때문이었다.

당시 조선의 왕권은 이미 이방원과 그를 지지하는 자들이 장악하
고 있었고, 정종은 단지 허수아비 왕이었기 때문이다. 정료위는 홍무
4년1371, 명 태조 주원장이 설치한 것으로, 요동도사가 관할하는 군정

---

62) 《정종실록》 2년(1400) 5월 17일

기구였다. 현재 중국에서는 요녕성 요양시에 요동도사가 다스리는 치소治所가 있었으며 지금의 요녕성 대부분을 다스렸다고 주장하고 있지만, 이는 사실이 아니다.

당시 명나라 주원장과 고려 우왕이 맺은 국경 조약이 조선에도 그대로 적용되었는데, 그에 따르면 두만강 북경 700리 지점의 공험진과 압록강 북쪽 철령이 국경이었다. 철령은 지금의 요녕성 심양 남부 진상 둔진으로, 압록강 대안의 단동에서 250킬로미터 정도 떨어진 곳이다. 이곳보다 더 서쪽에 있는 정료위가 조선에 항복할 경우 어떻게 할 것인가를 논의할 정도로 상황은 조선에 유리하게 흘러가고 있었다. 말 그대로 천 년에 한 번 올까 말까 할 천재일우千載一遇의 기회였다.

그러나 기회는 준비된 자만이 잡는 법이다. 조선은 무인난, 즉 1차 왕자의 난으로 그 기회를 스스로 날려버렸다. 1차 왕자의 난[63]을 일으킨 이방원은 미래를 살아가야 하는 후손들에게 천추의 한을 남긴 어리석은 군왕이 되었다.

더욱 화가 나는 것은 이방원에게는 명나라를 멸망시킬 기회가 이때뿐만 아니라 두 번에 걸쳐 더 있었다는 것이다.

---

63) 1차 왕자의 난: 1398년(태조 7년) 8월 왕위 계승을 둘러싸고 일어난 왕자 간의 싸움이다. 태조 이성계의 4번째 아들 이방원은 개국공신과 세자로 책봉되지 못한 불만에 아버지의 책사 정도전과 남은 심효생 등과 함께 태조의 병세가 위독하다며 왕자들을 궁중으로 불러들여 반대파들(정도전, 남은, 심효생, 박위, 유만수, 장지화, 이근 등)을 제거했다. 그리고 세자 방석을 폐위하여 귀양 보내는 도중에 살해하고, 방석의 동복형 방번도 함께 죽였다. 이것이 1차 왕자의 난이다.

또 한 번의 명나라
정복을 놓치다

    태종 2년1402 8월, 사은사 박돈지가 명나라 수도 남경으로 가다가 길이 막혀서 되돌아왔다.[64] 한 달 반 전인 6월 17일, 연왕 주체가 내전에서 승리해 즉위식을 치르고, 성조영락제의 시대를 열었지만, 내전의 여진은 계속되고 있었다. 더욱이 황제 혜제 주윤문이 행방불명 상태였다. 영락제는 사활을 걸고 조카 혜제 주윤문의 행방을 찾았지만 오리무중이었다. 하늘로 솟았는지 땅으로 꺼졌는지 알 수 없었다.

    혜제의 시신을 찾지 못했으므로 아직 승부가 난 것은 아니었다. 게다가 혜제의 충신 방효유 등은 10족이 죽음을 당하면서까지 영락제에게 저항하고 있는 상황이었다. 명 태조 주원장으로부터 황위를 물려받은 장본인은 손자 주윤문이지, 아들 주체가 아니었다. 혜제 주윤문의 행방이 묘연하다는 것은 영락제의 불안 요소였다. 영락제는 당시

---

64) 《태종실록》 2년(1402) 8월 1일

황제로 있던 조카 혜제 주윤문을 내쫓고 황제의 자리에 오르려고 했던 것이다.

조선의 사은사 박돈지는 황제혜제의 조서를 베껴서 돌아왔다.

"짐이 황조皇祖, 주원장의 보명寶命을 공경히 받들어서 하늘의 천신天神과 땅의 지기地祇, 땅의 신를 이어 받들었는데, 연나라 사람이 부도하여 마음대로 군사를 움직여 만백성에게 포악하게 하므로 내가 여러 번 큰 군사를 일으켜 토벌했다."

주윤문이 내린 황제의 조서로, 숙부 주체를 '연나라 사람'이라고 호칭했다. 연왕 주체의 군사가 강소성 회수를 건너 남경을 포위하자 다급히 작성된 조서였다.

"너희들 사방의 도사都司, 포정사布政司, 안찰사按察使와 여러 부위府衛의 문·무 신하는 나라의 급변이 있음을 들었으니 각각 충성과 용기를 분발하고, 의義를 사모하는 병사들과 씩씩하고 용감한 사람들을 이끌고 대궐에 이르러 임금에게 충성을 다해서 도적들의 난을 평정하고 사직을 붙들어 지탱하게 하라."

남경이 포위당해 위기에 빠진 혜제 주윤문이 사방의 문·무 신하들과 의사들에게 거병을 촉구하는 격문이었다. 그만큼 혜제는 절박했다.

"슬프다. 짐이 덕이 없어 도적을 불렀음은 진실로 말할 것도 없다. 그러나 나의 신하들이 기꺼이 하던 일을 멈추고 돌아보지 않겠는가? 각각 마음을 다해서 난을 평정한다면 상을 내리는 법전에 의해 공을 시행하는 것을 아끼지 않겠다."

이미 전세가 기울어지고 열세에 놓여 있어서인지 격문은 다급한 호소로 가득 차 있었다. 태종은 박돈지가 베껴 온 혜제의 격문을 보면서 영락제를 떠올렸다. 그는 8년 전인 태조 3년1394, 사신으로 명나라에 갔을 때 연왕 주체를 두 번 만난 적이 있었다. 수도 남경으로 가면서 지금의 북경 지역의 연왕부를 지났는데, 연왕 주체는 술과 안주를 내어 조선의 왕자를 환대했다. 시위하는 군사를 흩어지게 하고 한 사람만 시중들게 할 정도로 방원을 극진히 접대했다.

두 왕자는 서로 뜻이 통했다. 처지가 비슷했기 때문이다. 명 태조 주원장은 홍무 25년1392, 맏아들인 태자 주표가 사망하자 맏손자 주윤문을 황태손으로 책봉했다. 같은 해 태조 이성계도 막내아들 방석을 세자로 책봉했다. 임금 자리에 뜻이 있었던 연왕 주체와 정안군 이방원은 어린 조카와 막내 이복동생이 다음 임금의 자리를 꿰차는 것을 지켜봐야 하는 신세였다.

주체의 환대를 받은 방원은 연왕부를 떠나 남경으로 먼저 출발했다. 뒤이어 주체도 빠른 말이 끄는 연輦, 수레을 타고 남경으로 향했다. 자신을 앞지른 수레가 연왕 주체의 것임을 안 방원은 말에서 내려 인사하자 주체도 수레를 멈추고는 휘장을 열어 오랫동안 대화를 나누었다.

그랬던 주체가 지금은 내전에서 승리해 영락제 시대를 연 것이다. 방원 역시 두 차례의 내전1·2차 왕자의 난에서 승리해 조선의 임금이 되었으니 이들은 공통점이 많았다. 달리 말해 왕통의 정통성을 부정하고 반역을 통해 왕권을 손에 넣은 자들이었다.

만약 이때 조선군이 혜제 주윤문에게 조선이 원하는 약속을 받아내고 주체 연왕을 공격했더라면 어떻게 되었을까?

조선이 혜제 주윤문에게 명나라 주원장과 고려 우왕이 맺은 국경 조약, 즉 두만강 북경 700리 지점의 공험진과 압록강 북쪽 철령지금의 요녕성 심양 남부 진상둔진으로, 압록강 대안의 단동에서 250킬로미터 정도 떨어진 곳을 넘어 요동에서 북경까지 조선의 땅으로 인정해 달라고 했다면 혜제는 흔쾌히 승낙했을 것이다.

비록 주체 연왕이 승기를 잡고 있었다고는 하나 승기는 주변국인 원나라나 여진족과의 싸움에서 승기를 잡은 것이 아니라 명나라 내부 반란으로 승기를 잡았다는 말이 옳을 것이다. 게다가 주체 연왕 측에 있던 조선군 1만여 명이 명나라를 탈출해 조선으로 오려고 하고 있었다. 그리고 조선으로서는 주체 연왕과 전쟁을 불사해도 되는 명분이 있었다. 주체 연왕은 아버지 주원장의 장남의 아들 즉 조카를 상대로 반역을 통해 정권을 잡으려는 세력이었기 때문이다.

혜제의 행방이 오리무중인 가운데 그가 쓴 격문이 아직 돌아다닐 정도로 천하는 혼란스러웠지만, 어리석은 태종 이방원은 주체가 승리했다고 받아들였다. 태종 이방원은 재빨리 상상上相, 영의정을 남경으로 보내 영락제의 승리를 축하했다. 여러모로 비슷한 점도 많고 만난 인연도 있어서인지 영락제는 태종을 후대했다. 태종은 재위 3년1403 11월

2일 태평관에 가서 명나라 사신 황엄을 위해 잔치를 베풀면서 황엄에게 물었다.

> "황제께서 새로 보위에 오르신 후 천하 제후 중에 와서 조회하는 이가 없었는데, 유독 조선만 상상을 보내 진하하셨기 때문에 그 충성을 아름답게 여기셔서 후하게 하시는 것입니다."[65]

내란이 일어나 연왕이 아직 승기를 잡지 못해 주변국 어느 나라도 연왕을 황제로 인정하지 않고 있는데 태종은 알아서 연왕 주체의 무릎 아래 엎드린 것이었다. 영락제가 태종을 우대한 것은 개인적인 친분 때문만은 아니었다. 연왕 주체가 연왕부의 군사를 남하시키면서 혜제의 군사 못지않게 우려한 것이 조선의 동태였다. 이 틈을 타서 조선이 북벌에 나선다면 자칫 명나라가 망할 수도 있는 큰 위기에 놓일 것이라 우려한 것이다.

게다가 요동의 정료군定遼軍에 소속되어 있던 조선 출신 군사 1만 명 이상이 남하를 거부하고 조선으로 도주했다. 조선에서 북벌에 나서면 얼씨구나 하고 조선 편에 설 군사들이었다. 만약 그렇게 된다면 싸워보지도 못하고 요동을 조선에 내줄 것이 불 보듯 뻔했다.

연왕 주체가 남하하자 정료군에서 조선으로 도주하는 행렬이 길게 이어졌다. 태종 2년 2월, 서북면 경차관敬差官 정혼鄭渾이 이들에 대한 처리 방침을 보고했다.

---

65) 《태종실록》 2년(1402) 2월 4일

"본국의 인민 중 요양으로 도망갔던 자들이 근래 굶주림과 정역征役, 정벌하는 역사에 시달리다 보니 처자를 이끌고 다시 강을 건너는 경우가 많습니다. 강가의 주군州軍에 두면 뒷날 요양 등에 풍년이 들고 전쟁이 그칠 때 다시 우리 인구人口를 꾀어 소와 말을 도둑질해 강을 건너 달아날 것이 틀림없습니다."

정혼이 이들을 국경에서 멀리 떨어진 충청·전라·경상 하삼도下三道로 이주시켜 역리驛吏나 관노로 삼자고 제의했다. 명나라를 의식한 소인배적 생각이었다. 의정부에서도 정혼의 말대로 하자고 보고했다.

"하삼도에 안치하고 처음에 먹을 양곡 및 곡식 종자와 토지를 주고 극진하게 보호하라."

요동에서 도망친 조선 출신 명나라 군사를 만산군漫散軍이라고 불렀다. 병역이나 부역을 피해서 도망친 군사들이라는 뜻이다. 태종 2년 1402 3월, 만산군 2,000여 명이 강계에 이르렀다. 같은 해 9월 17일 만산군과 그 가족들을 하삼도에 안치했는데, 경상도에 1,297명, 충청도에 854명, 좌우도左右道에 488명, 전라도에 1,585명으로 모두 4,224명이나 되었다. 요동 전체가 무주공산이 된 것이나 다름없었다. 태종이 태조나 정도전처럼 고조선과 고구려의 고토 회복을 꿈꿨다면 천재일우의 기회였다.

조선 출신 군사들만 도주한 것이 아니라 여진족도 반기를 들었다. 태종 2년 4월 동녕위 천호 임팔라실리가 3,000여 호를 이끌고 명나라에 반기를 들었다. 명나라 하지휘河指揮, 요천호姚千戶 등이 1,500여 명의 군사를 이끌고 추격했지만, 되려 죽음을 당해 길거리에 목이 매달렸다. 임팔라실리는 심양위와 개원위의 군마를 다수 살상하고 포주강을 건너와 의주 천호 함영언咸英彦에게 말했다.

"조선에 귀부하려고 합니다. 만약 입국을 허가하지 않으면 이 땅에서 농사
나 지으면서 살겠습니다."

명나라로선 최악의 상황이었고, 조선으로선 최고 기회였다. 다급해진 태종 이방원은 태상왕 이성계에게 이 사실을 보고하고, 의주 천호 함영언을 불러 상황을 물었다. 함영언이 이르기를,

"도망친 군사들에게 물어보니 임팔라실리에게 죽음을 당한 군사의 시신이
들에 가득 찼고, 활과 창, 갑옷과 투구도 버려둔 것이 헤아릴 수 없다고 합
니다."

라고 하였다. 그러자 이성계가 물었다.

"팔라실리 등의 무리가 얼마나 되는가?"

태종 이방원이 대답했다.

"1만여 명은 될 것으로 생각합니다."

전략의 천재 이성계는 하늘이 준 기회를 놓쳤다고 한탄했다. 태종이 4년 전 무인난만 일으키지 않았더라면 요동을 그냥 되찾을 수 있는 호기였다. 그러나 무인난 이후 친명 사대주의를 외교노선으로 선언한 태종은 하늘이 준 기회를 살리지 못했다. 조선이 만산군을 처리하는 데 급급한 사이 영락제 주체는 내전에서 승리했다.

태종 3년1403 1월, 영락제는 요동 천호 왕득명王得名 등을 조선에 보내 칙서를 전하게 했다. 태종은 서교에 나가 사신을 맞이하고는 대궐에 이르러 칙서를 읽게 했다. 칙서는 동녕위에서 도망친 명나라 관원과 군민들에게 전하는 내용이었다.

> "지금은 천하가 태평해졌는데 나는 다만 태조 황제주원장의 법도를 좇아서 너희들을 편안하게 기를 것이다. 너희들은 모두 돌아와 동녕위 안에서 거주하라. 예전에 벼슬하던 사람은 그대로 벼슬하고, 군인들은 그대로 군인으로 있고, 백성은 그대로 백성으로 있으면서 사냥하고 농사짓고 생업에 종사하라, 편한 대로 하고 두려워하고 놀라 의심하지 마라, 만일 끝내 고집하고 흩어져 도망해서 돌아오지 않으면 오랜 뒤에 뉘우쳐도 때가 늦을 것이다."[66]

전쟁을 피해 조선으로 도주한 만산군 및 그 가족들에게 명나라로 돌아오라는 회유문이었다. 조선의 태종은 이 칙서가 조선에 보낸 글이 아니라 명나라에서 도망친 사람들에게 보낸 것이라는 이유로 조서

---

66) 《태종실록》 3년(1403) 1월 13일

를 맞는 영조례迎詔禮를 행하지 않았다. 그러자 왕득명 등이 얼굴에 불만을 나타냈다. 내전이 끝나가자 태도가 달라진 것이다.

조선의 태종은 보름 후인 1월 27일 남녀 3,649명을 먼저 돌려보냈다. 같은 해 3월 22일에는 명나라 국서를 보내 조선으로 도망한 만산군의 숫자를 전달했다. 군사 1만 3,641명, 그들의 가족 1만 920명, 아직도 도망 중인 군사 2,205명이었다. 그사이 병으로 496명이 사망했다. 이 숫자만 해도 2만 7,262명이다. 실로 어마어마한 숫자였다. 당시 인구가 적은 조선에서 이 숫자는 막대한 인력자원이자 군사를 보충할 수 있는 기회이기도 했다. 그러나 어리석은 태종은 그런 기회조차 거부한 채 그저 머리를 숙이는 데 정신이 없었다.

명나라는 이 숫자에 만족하지 않았다. 명나라는 같은 해 4월 19일 사신 황엄 등을 통해 "전자수소者遂 등 4,940명이 풍해도황해도 등에 숨어 살고 있다."는 문서를 전하면서 송환할 것을 요구했다. 황엄 등이 벽제역에 도착했을 때 태종 이방원은 황엄 등이 가져온 것이 조서가 아니기 때문에 면복冕服, 의식복이 아니라 시복時服, 평상복 차림으로 맞이하였다고 전했고, 황엄은 화를 냈다. 조선의 예조좌랑 권선權緖이 명나라에서 만든《홍무예제洪武禮制》를 가지고 벽제역에 가서 설명하자 황엄이 말했다.

"그렇다면 시복 차림으로 맞는 것이 옳다."

명나라의 내전이 영락제 주체의 승리로 끝나면서 사신들의 태도는 이처럼 달라졌다. 이들은 고압적인 자세로 만산군을 송환할 것을 계속 요구했다. 만산군을 색출해서 보내고 난 후에도 남아 있던 만산군을 '만산군여漫散軍餘'라고 했는데, 명나라의 요구가 있을 때마다 태종 이방원은 이들을 찾아 명나라로 보내야 했다. 선조들의 강역을 되찾을 수 있는 호기를 스스로 날리고 사대를 제일의 외교로 삼았던 조선의 태조 이성계, 그의 아들 태종 시대에 대한 어두운 단면이다.

그리고 이러한 사대는 다시 태종의 아들 세종에 이르러 절정에 다다른다. 이미 언급한 조선 궁녀들의 비참한 일들은 모두 태종과 세종대에 이루어졌다. 얼마나 명나라에 사대를 잘했으면 그들은 세종을 '해동요순'이라고 불렀을까 하는 생각이 든다. 하지만 현재를 살아가는 우리는 이들에 대해 조선 역사상 가장 훌륭한 업적을 남긴 군왕들로 기억하고 있다.

인조로 인해 또다시
무너진 명나라 정복

광해군이 왕위에 올라 활동한 시기 북방의 국세 정세는 변화의 조짐이 보였다. 조선에 원병을 보내준 일에다가 동림당東林黨과 비동림당非東林黨의 대립 등 정쟁이 겹치면서 명나라의 국력은 크게 약화되었다. 이 틈을 비집고 압록강 북쪽의 여진족 내부에서는 누르하치가 중심이 되어 통일 운동을 전개했다.

누르하치는 건주좌위建州左衛에 속했는데 건주여진의 5부를 통일하고, 1599년에 해서여진의 하다哈達를, 1607년에는 후이파, 1613년에는 우리烏位 등을 합병해 여진족 대부분을 통일했다. 특히 누르하치는 조선이 명군과 연합해 여진을 공격하는 과정에서 명군의 오인사격에 의해 그의 할아버지와 아버지가 희생된

■ 청태조 누르하치

개인적인 원한까지 있었다.

광해군이 왕위에 오른 1608년은 명의 세력이 약해지며 누르하치의 여진 세력이 강성해진 시기였고, 누르하치 역시 중원 대륙을 차지한 명의 공격을 최종 목표로 하고 있었다. 누르하치가 명 침공에 앞서 그 배후가 되는 조선을 공격하려 한다는 소문도 떠돌았다. 1608년 12월 18일 북경을 다녀온 진주사 이덕형과 황신이 명나라 상황을 전했다.

> "신이 북경에 있을 때 중국 조정의 여론을 들어보니, 누르하치를 걱정거리로 생각했습니다. (중략) 신이 우리나라로 오면서 이 길을 오가는 사람을 만나 물어보았더니, 모두들 '이 도적에 대한 우려는 요동과 광녕에 있고, 그다음은 귀국에 있다. 그러니 지금 한가한 시기에 험한 요새지를 손보아 군사들이 들어가 지킬 수 있는 계책을 세워야 할 것이다. 만일 왜인처럼 생각하고 도망해 피하고자 하다가는 철기鐵騎가 비바람처럼 들이닥쳐 빠져나가는 백성이 하나도 없을 것이니, 귀국에서는 스스로 잘 도모해야 할 것이다'라 했습니다."

명과 후금의 사이에서 줄타기 외교를 해야 하는 입장에 있었던 광해군은 명과의 외교도 적극적으로 하는 한편, 후금을 자극하지 않으려는 방향으로 나갔다. 여진의 역관들을 양성하여 후금의 정보를 수집하고, 화기도감을 설치해 무기 개발에도 힘을 기울였다.

이러한 상황에서 후금後金의 강성은 더욱 두드러졌고, 1616년 누르하치는 '칸'으로 즉위한 후 국호를 '후금'이라 칭하면서 동북아의 실질적인 강자임을 선언했다. 12세기 초 아골타가 세운 금나라 이래로 다시 동북아의 강국으로 자리를 잡은 후금과 중원의 강국 명과의 대결은 이제 시간 문제로 남았다.

1618년광해군 10년 윤4월 누르하치는 조부와 부친의 죽음 등 명나라에 대한 '일곱 가지 한恨'을 내세우면서 무순撫順 지역을 공격했다. 무순의 점령은 중원으로 진출할 수 있는 교두보를 확보한 것이었고, 명의 위기의식은 커졌다. 다급해진 명은 임진왜란 때 조선을 구원해준 명분을 들어 광해군에게 파병을 요청했다. 사대의 외교가 외교의 기본 방향이었고, 특히나 불과 20여 년 전 위기에 몰린 조선을 명나라가 도와준 '재조지은再造之恩. 다시 나라를 일으켜 세워준 은혜'의 빚이 컸기 때문이다.

신료들의 의견은 출병해 오만한 오랑캐 후금을 응징하자는 여론으로 한결같이 통일되었다. 이 때문인지 이때는 북인, 서인, 남인의 당쟁도 없었다.

그러나 광해군의 생각은 달랐다. 임진왜란 때 분조나라를 둘로 나누어 피난 간 선조를 세자가 대신 다스림를 이끌며 직접 참전한 경험이 있었던 그는 당시의 정세를 냉정하게 인식했다. 여전히 전후 복구가 시급한 상황에서 군사를 파견하는 것도 부적절했거니와, 후금을 자극해 조선이 공격받는 최악의 상황까지 고려했기 때문이었다. 광해군은 조선의 방어를 핑계로 명의 출병을 가능한 막아보려고 했다.

"훈련되지 않은 군졸을 적의 소굴로 몰아넣는 것은 비유컨대 양 떼를 가지고 호랑이를 공격하는 것과 같으니, 정벌에는 아무런 도움을 주지 못한 채 우리나라 입장으로 보면 도리어 수비하지 못하게 되는 근심만 있게 될 것이다."

이에 대신들은 명나라에 대한 은혜를 모른다고 광해군을 비난했고 이 일로 광해군은 정치적으로 큰 부담이 되었다. 어쩔 수 없이 광해군은 고뇌에 찬 결단 속에 조선군의 출병을 지시했다.

1618년 4월 무순이 함락되자, 명나라는 병부 상서 양호를 요동 경략에 임명하고, 산해관 총병 두송 등을 파견해 누르하치를 토벌하도록 했다. 그리고 이 과정에서 조선의 도움을 얻고자 파병을 요청한 것이다. 처음 왕가수汪可受가 약 4만 명을 청하니 경략 양호가 "조선에 병마가 적은 것은 내가 일찍부터 잘 안다."라고 하여 그 수를 감하여 총수銃手 1만 명 선에서 파병 규모가 정해졌다. 7월, 조정에서는 참판 강홍립을 5도 도원수都元帥로, 평안병사 김경서를 부원수로 삼고 최종적으로 5도의 군사 1만 명을 징발해 출정에 나섰다.[67]

강홍립은 국왕 직속의 통영관인 어전통사御前通事 출신으로 중국어에 능통했고, 광해군의 의중을 정확히 파악하는 측근이었다. 장수적인 능력보다 외교적인 역량을 총사령관 선임의 주요 요건으로 한 것이다.

사실 강홍립은 출정에 앞서 광해군으로부터 비밀 지침을 받았다.

---

67) 조선의 군사: 1389년 조준의 상소문 내용에 고려왕조의 1년 예산이 100만 석 규모로 나온다. 덕분에 고려왕조는 10만 명의 상비군을 유지할 수 있었고, 호족 연합 10만 명, 도합 20만 명의 군사를 가지고 있었다. 이에 반해 조선은 총 곡물량이 1,200~2,000만 석이나 되는 부자나라이자 인구가 1,000만 명의 강대국이었음에도 정부의 세입이 20만 석에 불과했다는 것은 양인(양민)들에게만 세금을 거두고 양반(사대부)들은 세금이 면제되거나 오히려 양민들이 낸 세금을 착취했음을 의미한다. 이런 적은 세금으로 군사를 운영하다 보니 군사 수는 고려에 비해 1/5밖에 되지 않았다. 양반들만 잘 먹고, 잘 사는 나라 이것이 세종을 비롯해 성군들이라 칭하는 임금들의 정책이었다.

"명나라 장수의 명령을 그대로 따르지 말고 신중하게 처신해 패하지 않는 전투가 되도록 하라."는 것이었다. 소극적으로 전투에 임하다가 항복해도 좋다는 메시지까지 전했다.

마침내 1619년 3월 2일 조선군은 심하深河에서 후금군과 응전했다. 이후에도 조선과 명나라 연합군은 후금군에 대항해 치열하게 전투를 전개했으나, 철기鐵騎를 앞세운 후금군의 위력 앞에 전세는 점차 불리해져 갔다. 김응하, 이계종, 이유길 등 지휘군을 비롯한 수천의 병사들이 심하 전투에서 희생되었다.

심하 전투에서 김응하와 대비되어 인식되었던 인물이 강홍립이었다. 전세가 불리해지자 강홍립은 더 이상의 희생을 막아야겠다고 판단하고 후금 진영과의 적극적인 강화 협상을 도모했다. 광해군의 밀지가 강홍립의 선택에 큰 역할을 했던 것이다. 강홍립은 통사 황연해를 시켜 후금 진영에 자신의 의견을 전달했다.

"우리나라가 너희들과 본래 원수진 일이 없는데, 무엇 때문에 서로 싸우겠느냐. 지금 여기 들어온 것은 부득이한 것임을 너희 나라에서는 모르느냐."

그러면서 조선이 전쟁에 뜻이 없음을 알리고 항복 의사를 밝혔다.

3월 5일, 도원수 강홍립과 부원수 김경서가 후금군에 투항하고 누르하치를 만난 사실은 광해군을 제외한 대부분의 신료들을 분노하게 했다. 변변한 전투 없이 오랑캐에게 바로 항복한 강홍립을 처벌해야 한다고 목소리를 높였다. 그러나 광해군은 강홍립의 선택이 자신의 뜻을 충실히 수행한 것으로 판단했고, 모든 비난을 받은 강홍립과 그의 가족을 끝까지 보호했다.

조선이 자신들과 친교의 뜻이 있음을 확인한 후금은 조선 침공은 유보한 채 명나라 공격에 주력군을 파견했고, 광해군 시대에는 국제적으로 안정을 찾을 수 있었다. 후금과 일촉즉발의 전쟁 위기 속에도 평화를 유지할 수 있었던 것은 냉철하게 힘의 현실을 인식하고 후금을 자극하지 않은 광해군의 외교 전략이 큰 몫을 했던 것이다.

이런 시기 임금을 위시하여 당파를 떠나 모든 대신들이 한 몸으로 똘똘 뭉쳐 나라의 미래를 걱정해야 할 시기에 불행한 일이 발생하고 말았다.

후금의 공격이 대대적으로 진행되어 명나라가 쇠퇴하고 있을 즈음, 1623년 조선의 역사가 뒤바뀌는 일대 비극의 사건이 발생한다. 바로 인조반정이다. 우리 역사에서는 조선시대에만 두 차례의 반정反正이 있었다. 1519년의 중종반정과 1623년의 인조반정이 그것이다. 그런데 두 번의 반정에는 큰 차이점이 있다. 중종반정에서 중종은 반정 세력에 의해 추대되기만 했지만, 인조仁祖, 1595~1649는 직접 반정 세력을 규합하는가 하면, 반정 당일에는 직접 연서역에서 친병親兵을 거느리고 반정에 참여했다. 반정이 아니라 역모였다.

인조의 아버지는 선조의 후궁이었던 인빈 김씨의 셋째 아들이었다. 선조는 인빈 김씨를 사랑했는지 인빈 김씨는 4명의 왕자와 5명의 공주를 낳았는데 인조의 아버지 정원군은 그 중 셋째 아들이었다.

인조의 성품은 아버지 정원군을 닮은 구석이 있다. 인조의 아버지는 선조의 후궁 인빈 김씨의 아들 정원군 이부다. 결국 인조는 후궁의 아들도 아니고 손자이며 반정으로 즉위한 그는 애초 왕권과는 거리가 멀었다. 인조의 아버지 정원군은 공빈 김씨의 아들로 선조의 첫 번째 서자였던 임해군 이진과 더불어 성품이 포악하고 행동이 방탕해 악동으로 소문이 났던 사람이다.

실록은 선조 시절에 여러 왕자들 중 임해군과 정원군이 일으키는 폐단이 한이 없을 정도로 많았다고 기록하고 있다. 그들이 남의 농토와 노비를 빼앗은 정황과 고발 사실이 상세하게 적혀 있다. 정원군은 자신의 궁노들이 백모큰어머니가 되는 하원군의 부인을 가두고 문을 열어주지 않는 횡포를 부렸는데도 이것을 방조해 종친들의 분노를 사기도 했다. 백수건달이 따로 없었던 셈이다. 광해군도 설마 그 정원군의 아들이 반정의 주역이 될지는 상상하지도 못했을 것이다.

어쨌든 반정으로 정권을 잡은 인조와 서인 정책의 핵심 방향은 광해군 정권의 모든 것에 대한 부정이었다. 그중의 중요한 것이 외교정책의 변화였다. 광해군의 명·청 중립 외교에 대한 반정 정권의 인식은 인조의 즉위를 허락하는 인목대비의 즉위 교서에 잘 드러나 있다.

"우리나라가 중국 조정명을 섬겨 온 것이 200년으로, 의리로는 곧 군신이며 은혜로는 부자와 같다. 임진년에 재조再造, 재건을 뜻함해 준 은혜는 만세토록 잊을 수 없어 선왕께서는 40년 동안 재위하면서 지성으로 섬기어 평생 서쪽을 등지고 앉지도 않았다. 광해는 배은망덕하여 천명을 두려워하지 않고 속으로 다른 뜻을 품고 오랑캐청나라에게 성의를 베풀었으며, 황제가 자주 칙서를 내려도 구원병을 파견할 생각을 하지 않아 예의의 나라인 삼한으로 하여금 오랑캐와 금수禽獸(짐승), 무례하고 추잡한 행실을 하는 사람을 비유가 됨을 면치 못하게 하였으니 그 분통함을 어찌 다 말할 수 있겠는가?"

말 한마디 한마디가 분통이 터지는 말이었다. 다 망해가는 명나라에 충성하겠다는 인목대비의 칙서는 나라를 걱정하는 게 아니라 자식을 죽인 광해군에 대한 복수였다. 이런 반정 정권이 급격하게 반청 정책으로 전환한 것은 어쩌면 당연한 귀결이었다.

반정 당시 중국 대륙은 후금, 즉 청나라와 명나라가 일촉즉발의 긴장감 속에 대치하고 있었다. 이런 긴장 상태에서 명나라 장수 모문룡毛文龍이 평북 철산의 가도에서 주둔하면서 요동 정벌을 계획한 것이 청의 심기를 건드렸다. 후금은 조선 문제를 해결하지 않고서는 중원을 정복할 수 없다고 판단하였고, 그 결과 정묘호란과 병자호란을 일으키게 된다.

정묘호란은 양국이 형제 관계를 맺는 정묘조약으로 종결되었으나 이는 미봉책에 불과했다. 당시 청은 명과 조선 모두를 상대로 전면전을 벌일 형편이 아니었기 때문에 일시적인 수습책으로 조약을 체결했던 것이다. 정묘조약 9년 후인 인조 14년1636에 청이 형제 관계를 군신 관계로 바꾸자고 나선 것은 조선과의 전면전도 불사하겠다는 자신감의 발로였다.

명·청에 중립적인 외교정책으로 이러한 난을 피하고자 했던 광해군을 몰아내고 왕권을 잡은 인조와 서인 정권이 청의 요구를 거부하고 대적하려고 했다면 정묘조약 이후 9년 동안 그만한 힘을 길렀어야 했다. 하지만 서인 정권은 국방력 대신 명분만 쌓았고, 그 명분에 의하면 청을 천자국으로 모실 수 없다는 것이었다. 청을 천자국으로 받드는 것은 반정 명분 자체를 부인하는 자기모순이었다.

인조는 아무런 준비도 없이 8도에 선전 교지를 내렸다. '명나라를 향한 큰 의리'를 더 큰 목소리로 주창한 이 선전 교서는 명나라와 의리를 지키기 위해 후금과 화해를 끊는다는 내용이었다. 이런 목청뿐인 허세에 대한 청의 대답은 군사 공격이었고, 그 결과 삼전도의 치욕을 당하고 말았다.

이때 조선이 그토록 신봉하던 명나라는 청에 의해 망하고 있었다. 한 치 앞도 내다보지 못한 인조와 서인 정권의 한심하고 무능한 조치였다. 만약 광해군이 정권을 그대로 잡고 있었다면 후금과의 평화 관계를 지속한 채 명나라의 멸망을 지켜볼 수 있었을 것이다.

역사의 교훈을 삼고자 삼전도[68] 당시 무능했던 인조의 비참했던 상황을 잠시 살펴볼 필요가 있다. 인조 15년1637 1월 30일 50여 명의 사람이 통곡을 하면서 남한산성을 나왔다. 의장도 없는 신하의 행렬 속에, 신하를 뜻하는 푸른 남염의藍染衣[69] 차림으로 백마에 올라타 하늘을 우러러 탄식하는 인물이 있었으니 그가 바로 인조였다. 그 초라하

---

68) 삼전도(三田渡)란 한강진(漢江津, 한강나루), 양화도(揚花渡, 노들나루)와 함께 조선조 한강의 3대 나루 중 하나였다. 한양의 서쪽인 김포, 강화에 가려면 양화도를 이용했고 삼남 지방은 한강진을 통해 연결되었으며, 삼전도는 남한산성과 도성을 연결하는 간산 루트였다.

69) 남염이란 봄에 파종하여 여름철 7월에 거두어들인 남초의 잎을 건조하여, 밀폐된 방에 깔고 물을 주어 발효시킨 후 이것을 말려서 절구에 찧어 염남(染藍) 또는 옥남(玉藍)으로 보관하여 만든 염액이다. 염액을 만드는 방법은 염남 혹은 옥남을 솥에 넣고 알칼리(나무 재 또는 석회), 물 그리고 발효촉진제로 밀기울, 설탕 등을 가하여 40도 정도로 가열하면 발효 작용으로 액 중에 환원 요소가 생기는데, 이 작용으로 남잎에 포함되었던 청남이 백남으로 된다. 여기에 천이나 실을 담갔다가 꺼내어 공기 중에서 말리면 백남이 산화되어 청색으로 착염된다.

고 굴욕적인 행렬 속에는 인조의 장남 소현세자도 있었다.

산성을 내려온 인조는 죄인임을 나타내기 위해 가시 박힌 자리를 펴고 앉아 대죄했다. 인조와 소현세자는 청나라 장수 용골대龍骨大와 마부대馬夫大의 인도에 따라 삼전도지금의 송파구로 나아갔다. 그곳에는 청태종이 황제를 나타내는 황옥黃屋, 누런 빛깔의 양산을 펼치고 앉아 있었고 주위에는 활과 칼로 무장한 갑옷 차림의 장수들이 진을 치고 좌우에 옹립한 가운데 장엄한 음악이 흐르고 있었다.

인조가 손수 걸어서 진 앞에 이르자 용골대가 나와 청태종의 말을 전했다.

"지난날의 일을 말하려면 길다. 이제 용단을 내려왔으니 매우 다행스럽고 기쁘다."

인조가 대답했다.

"천은이 망극합니다."

■ 삼전도 치욕의 모습(ⓒ송파구 삼전도비 기념탑)

용골대가 단 아래 북면하는 쪽에 자리를 마련했다. 북쪽을 바라보는 곳은 신하의 자리고 남쪽을 바라보는 곳은 임금의 자리다. 인조는 그 자리에서 3번 절하고 9번 머리를 조아리는 이른바 '삼배구고두례三拜九敲頭禮'를 행했다. 삼배구고두례가 끝나자 인조를 단 위에 오르게 하였는데, 청 태종은 남면南面하고 인조는 동북 모퉁이에서 서쪽을 향해 앉았다. 또 청나라 왕자 3인이 차례로 서쪽을 향해 나란히 앉고 소현세자는 그 아래 앉았으며, 청나라 왕자 4인이 서북 모퉁이에서 동쪽을 향해 앉고 조선의 두 대군, 봉림대군과 인평대군은 그 아래에 앉았다.

청태종이 입을 열었다.

> "이제는 두 나라가 한 집안이 되었다. 활 쏘는 솜씨를 보고 싶으니 각기 재주를 다하도록 하라."

무력으로 기선을 제압하려는 의도였다. 그러나 조선에는 이에 맞서 청의 콧대를 꺾을 무사가 한 명도 없었기에 사양할 수밖에 없었다. 반란에 가담이나 할 줄 알았지 제대로 무술도 못하는 그런 나약한 장수들로 구성된 것이 조선군이었다.

> "이곳에 온 자들은 모두 문관이기 때문에 잘 쏘지 못합니다."

그러나 용골대가 억지로 쏘게 하자 위솔衛率 정이중鄭以重이 나서서 5번을 쏘았는데, 활과 화살이 조선과 다르므로 모두 맞지 않았다. 다시 한번 망신을 당하고 나니 완전히 기가 꺾이고 말았다. 이에 만족한 청에서는 떠들썩한 술판을 벌였다. 잠시 후 인조가 완전한 항복의 표시로 도승지를 통해 국보를 받들어 올렸다. 당사자인 인조는 물론 소현세자·봉림대군 모두 속으로 피눈물을 흘렸으니, 이것이 바로 우리 역사상 가장 치욕스러운 삼전도의 치욕이다.

그러나 인조의 어리석은 행동은 이것으로 끝나지 않았다. 청나라에게 나라를 몽땅 갖다 바친 후에도 인조는 정신 나간 일들을 벌였다.

소현세자가 볼모로 잡혀간 지 3년째 되던 해인 인조 18년1640, 부사 이경헌李景憲과 서장관書狀官 신익전申翊全이 인조의 병환이 심각하니 세자를 일시 귀국시켜 달라고 요청한 일이 있었다. 이때 조선에서는 인조의 3남 인평대군과 세자를 바꾸자고 요청했는데, 청은 이 제의에 대해 세자의 장남인 원손 석철石鐵도 인평대군과 함께 보내라고 요청했다. 원손 석철을 심양으로 부른 후에야 소현세자를 일시 귀국시킬 수 있었을 정도로 청은 소현세자의 귀국을 두려워했다. 청은 구체적으로 인평대군과 원손을 만주의 봉황성에서 세자와 맞바꾸자고 제안했는데, 조선은 이를 거부할 처지가 아니었다.

청의 구왕 다이곤과 질가왕質可王은 소현세자를 위로하기 위한 송별연을 열어주었고, 인조 18년1640 2월에는 청 황제 태종도 직접 송별연을 열어주었다. 소현세자가 청에 가 있는 동안 중립적인 외교로 청과 조선의 관계를 개선시켰기 때문이었다. 이 자리에는 봉림대군도 함께 하였다. 그런데 청 황제 태종을 만나기 전 뜰 안에서 용골대가 세자에게 안장을 한 말과 대홍망룡의大紅蟒龍衣, 붉은 색의 용이 수놓인 옷를 주면서 입으라고 했다. 그러자 세자는 깜짝 놀라하며 사양했다.

"이것은 국왕이 입는 장복입니다."

용골대가 세자의 사양하는 뜻을 전하자 청 황제 태종이 이를 받아들여 대홍망룡의大紅蟒龍衣를 입지 않게 되었다. 그러나 이 사건의 파문은 여기서 끝나지 않고 조선으로 연결되었다. 세자빈객 신득연申得淵이 이 상황을 자세히 적어 인조에게 보고했던 것이다. 이 말을 들은 인조는 임진왜란 때 선조가 명나라가 자신을 폐하고 광해군을 세우지 않을까 의심했던 것처럼, 청이 자신을 폐하고 소현세자를 세우지 않을까 의심하게 되었다.

세자는 청 태종의 송별연 다음 날 심양을 떠나 드디어 꿈에 그리던 고국으로 돌아오게 되었다. 세자는 부왕 인조를 만날 생각에 가슴이 뛰었으나, 인조의 마음은 싸늘히 식어 있었다. 어리석고 무능한 인조의 본성이 그대로 드러나는 모습이었다.

인조 23년1645 우여곡절 끝에 2월에 한양에 돌아온 소현세자는 귀국 두 달만인 4월 23일 '학질'로 병석에 누웠다. 어의 이형익이 치료를 위해 침을 놓았고 3일 만에 세자는 세상을 떠났다. 《실록》의 기록을 보아도 그렇고 당시 역학관계를 보아도 소현세자는 '독살毒殺'에 희생된 것이 분명했다. 학계에서도 인조의 묵인 내지, 방조하에 당시 권세가 김자점[70]과 인조의 후궁인 귀인 조씨가 합작해 세자를 독살했다는 것

---

70) 김자점(金自點)은 강원도 관찰사를 지낸 김억령의 손자로 음보로 등용되어 병조좌랑에 까지 올랐으나 인목대비의 폐비논의에 반대하는 등의 행보를 보이다 광해군 말년 대북파에 의해 쫓겨났다. 그때부터 이귀, 김류, 신경진, 최명길, 이괄 등과 함께 모의하여 광해군과 대북파를 내몰고 능양군(인조)을 추대하여 인조반정에 성공하였다.

이 정설이다.

이후 인조는 당연히 장자 소현세자의 아들 석철을 세자로 책봉해야함에도 자신과 뜻을 같이하는 간신들의 청을 받아들여 자신의 둘째아들 봉림대군에게 세자 자리를 물려 주었다. 인조의 처사는 인륜을 벗어나고 있었다. 이제 인조의 칼날은 남편 잃은 며느리 강빈을 향하였다. 이듬해인 인조 24년1646 1월 자신에게 올라온 전복구이에 독이묻은 사건이 발생하자 인조는 곧바로 강빈에게 혐의를 두고서 강빈을 압박하기 시작했다. 수많은 신하의 반대에도 불구하고 인조는 한 달후 강빈을 폐출하고 사약을 내릴 것을 명했다. 인조는 제정신이 아니었다. 자신의 권력을 유지하기 위해, 그리고 자신에 의해 죽어간 소현세자의 잔당을 뿌리뽑기 위해 아들과 며느리까지 죽인 것이다.

정통성 콤플렉스의 악순환에 빠져들고 있었다. 강빈의 형제에게도인조는 억지로 죄를 덮어씌워 장살杖殺[71]해 버렸다. 강빈의 친정어머니도 처형당했다. 그야말로 미친 짓이었다. 그러나 인조는 여기서 끝나지않았다. 그는 석철을 비롯한 소현세자의 세 아들을 인조 25년1674 7월제주도로 유배 보냈다. 자신의 친손자들이었다.
오죽했으면 실록의 사관은 이례적으로 인조를 강도 높게 비판하는논평을 실었다.

---

71) 장살이란 장을 맞다가 죽는 형을 말한다.

"지금 석철 등이 국법으로 따지자면 연좌되어야 하나 조그만 어린아이가 아는 것이 있겠는가? 그를 독한 안개와 풍토병이 있는 큰 바다 외로운 섬 가운데 버려두었다가 하루아침에 병에 걸려 죽기라도 하면 소현세자의 영혼이 깜깜한 지하에서 원통함을 품지 않겠는가?"

실제로 소현세자 장자 석철은 다음 해 9월 풍토병에 걸려 사망하고 만다. 이때 석철의 나이 13세였다.

인조의 성품은 마치 광기를 타고난 아버지 정원군의 못된 성품을 이어받았다. 권력에 눈이 멀어 짐승만도 못한 인성을 타고 태어나지 않았다면 이런 극악한 일들을 저지르지 않았을 것이다. 이런 인조의 성품은 남을 의심하다 못해 자신까지 의심하는 선천성, 혹은 후천적 인격장애에 가까운 사람이었다.

인조반정의 주요 명분은 '폐모살제'와 명나라에 대한 재조지은再造之恩을 망각해 버린 광해군의 중립외교에 대한 비판이었다. 아무런 준비도 되지 않은 상태에서 다 망해가는 명나라에 보은을 하겠다던 어리석은 인조가 청에 항복하면서 조선은 또다시 명나라를 정복할 수 있는 기회를 놓치고야 말았다.

이후 조선은 청에 의해 온 나라가 짓밟히고 백성들은 청나라로 끌려갔다. 특히 여자들의 신세는 말로 표현할 수 없을 정도로 비참했으며, 짐승 같은 그들에 의해 강간은 물론 성을 팔면서 생계를 유지하는 개만도 못한 종 신세로 살아야 했다.

지금까지 조선은 세 번에 걸쳐 명나라를 정복할 수 있는 기회가 있었다. 물론 이런 이야기는 저자의 일방적 주장이라고 말하는 학자들도 있을 것이다. 그리고 저자는 명나라를 정복할 수 있는 기회를 놓친 조선의 일부 왕들에 대해 비난을 서슴지 않았다. 물론 찾아보면 그들에게도 훌륭한 업적이 있을 것이다. 그러나 훌륭한 업적은 이미 많은 학자들에 의해 책으로 만들어져 서점에 가면 어렵지 않게 찾을 수 있고, 유튜브에서도 많이 소개되고 있다. 만약 대부분의 학자들이 주장하는 대로 훌륭한 업적만 있었다면 명나라와 청나라에 그와 같은 수모를 겪지도 않았을 것이고 치욕스러운 역사도 없었을 것이다. 하지만 저자가 이 책을 통해서 교훈으로 삼고자 하는 것은 그들의 뛰어난 업적이 아니다. 세상에는 평생을 훌륭하게 살다가 단 한 번의 실수로 사회에서 매장되는 훌륭한 사람들도 많다. 하지만 군왕의 단 한 번의 실수는 나라와 백성을 망하게 하는 지름길이다.

훌륭한 일도 많이 했으니 그럴 수도 있다는 논리는 그들로 인해 생을 포기하거나 짐승만도 못한 명나라의 노예로 살다가 생을 마감한 조선 백성에게는 너무나 배부른 말이다. 명나라로 끌려간 조선 공녀들의 비참한 역사와 명나라 정복을 눈앞에 두고 포기했던 어두운 역사는 반드시 반면교사로 삼아야 한다.

나라를 통치하는 권력을 가진 자들은 예나 지금이나 비빈의 숫자나 늘리고 부를 축적하고 세월을 낭비한다. 이런 행동은 나라의 발전은 물론 백성이 편히 살 수 없다. 하루하루를 마지막이라 생각하고 최선을 다하는 자만이 새로운 기회를 잡을 수 있는 것이다.

하지만 이미 망해버린 조선의 아픈 역사를 만든 국왕들에 대해 비판하며 청나라를 원망한들 지나간 아픈 역사는 되돌릴 수 없다. 그들이 아픈 역사를 통해 우리에게 상처를 줬듯이 지금부터는 그들에게 분통 터지는 역사를 되돌려 주는 것이 우리의 사명이다.

　제4부에서는 지금까지 우리가 잘 몰랐던 역사적 사실을 전개하려고 한다. 그 이야기는 어떤 사람에게는 황당하게 들릴 수도 있고 또 어떤 사람에게는 '그럴 수도 있겠구나.'하고 생각할 것이다. 하지만 이는 적어도 기록을 근거로 한 틀림없는 사실이다.

제4부

명나라는 고려와 조선 여인의
혈족에 의해 계승되었다

주원장은 한족이 아니다

중국인들이 자신들의 역사에서 '한족漢族왕조'라며 한漢·당唐과 함께 특히 자부심을 갖는 왕조가 있다. 그 왕조란 주원장이 세운 명明나라를 말한다. 그런 명나라가 고려와 조선의 핏줄을 받아 나라가 계승되었다면 그들은 어떻게 생각할까? 고려와 조선인 혈맥에 의해 나라가 유지되었다는 뜻은 고려나 조선 여인에 의해 태어난 명나라 황제들에 의해 나라가 계승되었다는 말이 된다.

이런 주장에 한족 출신 중국인들뿐만 아니라 모든 중국인들은 분명 심한 욕설을 퍼붓거나, 가당치도 않은, 그래서 역사를 왜곡하는 발언이라고 비난을 할 것이다. 하지만 이는 유감스럽게도 사실이다. 그 사실에 대해 지금부터 조목조목 관련 증거를 가지고 밝혀 나가겠지만, 그 전에 그들에게 몇 가지 묻고 싶다.

수나라를 멸망시킨 고구려는 중국의 변방국가였는가, 아니면 독립된 국가였는가? 고구려 후손들이 만든 발해에 의해 당나라가 처참하게 짓밟힌 사실을 알고 있는가? 그렇다면 발해는 중국의 변방국가인가, 아니면 고구려의 후손들이 만든 독립된 나라인가? 이런 질문에 중국인 어느 누구도 선뜻 대답을 못할 것이다.

그렇다면 한 가지만 더 물어보자 동북 삼성_{지린성, 랴오닝성, 헤이룽장성}이 수나라와 당나라 때 중국의 영토였는가, 아니면 고구려의 영토였는가?

고구려의 역사와 발해의 역사를 지우고 중국이 다스리는 변방 국가로 전락시키며 역사를 왜곡시키는 나라가 잘못된 것인지, 역사의 진실을 밝혀 중국인들이 가장 자랑으로 여기는 명나라가 고려와 조선인의 혈맥에 의해 나라가 유지되었다는 주장이 잘못된 일인지의 판단은 독자의 몫이다. 명나라가 고려와 조선인의 혈맥으로 이어졌다는 사실을 지금부터 관련 자료를 근거로 낱낱이 밝혀 보기로 한다.

'중국인'이라고 부르는 지나인_{支那人}들이 자신들의 역사에서 특히 자랑하는 3대 왕조가 있다. 한漢·당唐·명明이다. 중국 역사에 등장하는 수많은 왕조 중에서 이들 세 왕조만큼은 자기네 선조인 이른바 '한족漢族'이 만든 왕조라고 생각하기 때문이다. 그도 그럴 것이 오늘날 중국은 인구의 약 95%를 차지하는 한족과 55개 소수민족으로 구성되어 있으니, 한족이 만든 왕조가 명나라라고 주장하는 것은 당연한 일이다.

알다시피 명나라 이전 국가인 원나라는 국가원수가 대칸으로, 몽골족이 세운 나라였다. 언어 역시 몽골어였으며, 문자 역시 몽골문자를 사용했다. 그리고 명나라 이후 청나라는 만주족이 세운 나라이다. 역사가 이렇다 보니 명나라를 세운 민족이 한족이라고 주장하며 그 나라의 후손들임을 자부하는 것이다.

그리고 명나라 황조는 오늘날의 중국이 되는 길을 열었고 주변국을 속국으로 거느리며 세계사적으로도 지대한 영향을 미쳤다고 자랑한다. 무엇보다도 명나라는 중국 역사상 가장 강력한 황권을 중심으로 번성했으며, 특히 명나라의 군대는 막강한 위용을 자랑하며 동아시아 최강이었다. 영락제명나라 3대 황제는 50만 대군을 다섯 번이나 북방으로 보내고 7번에 걸쳐 중국 남부에서 인도와 중동, 아프리카까지 해군을 보낸 나라였다.

명태조 주원장주원장, 1368~98은 《토원격문討元檄文》에서 '오랑캐를 몰아내고 중화를 되찾을 것임'을 천명했다. 이를 근거로 지난 세기 초에 아시아 최초의 공화국인 '중화민국'을 세운 손문孫文, 쑨원은 1906년 《민보》 창간주년 경축대회에서 "명태조는 몽골을 쫓아내고 중국을 회복해 민족혁명을 이루었다. (…생략…) 이는 민족의 국가이고, (…생략…) 우리 한족 4만 인의 최대의 행복"이라며 명나라는 오늘날 중화민국의 대표적 천조였음을 주장했다.

청 타도를 외친 손문이 선례로 든 주원장은 중국인들로부터 '이민족을 몰아내고 한족 왕조를 세운 황제'로 존경받는다. 자신들과 같은 '한족' 출신의 주원장이 막북의 '오랑캐가 중국으로 들어와 주인 노릇을 하는 것'을 몰아내고 '한족' 영락제永樂帝가 중원中原을 회복했기 때문이라는 것이다.

역사적으로 오늘날의 한족은 사실 오랜 세월 선비鮮卑 오호五胡·거란契丹·여진女眞·몽골·만주滿洲족 등 오랑캐의 지배를 받은 민족이었다. 그들의 표현을 빌리자면 '소수민족'의 지배였다. 때문에 '한족'은 늘

이들 소수민족의 지배로부터 벗어나길 기원했다. 이런 사실로 인해 한족들은 역사적 열등감이 강하다. 이런 민족적 열등감의 발로가 바로 동북공정東北工程인 것이다.

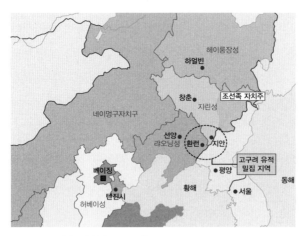

■ 동북공정이 진행된 동북3성

　중국인들이 자신들과 같은 한족이라고 여기는 주원장은 사실 한족이 아니었다. 결론적으로 말하면 주원장은 오히려 손문 등이 몰아내려 했던 청나라 황가와 같은 뿌리를 가진 여진족女眞族이다. 게다가 주원장의 아들이라고 알려진 명나라 3대 황제이자 정복군주로 중국인들이 가장 존경하는 영락제 주체는 주원장의 아들이 아니다.

　영락제는 원나라 순제順帝의 아들이자 고려高麗 적비의 아들로 한족과는 거리가 멀다. 특히 영락제 당시 명나라는 조선의 뿌리를 가진 황제와 황제의 총애를 받던 조선인 권비 및 조선인 환관들이 궁정을 가득 메운 제2의 조선이나 다름없었다.

오늘날 중국인들은 주원장, 특히 영락제 이후 정례화된 '조선 공녀'와 '조선 환관'은 조선이 보낸 공물이라고 주장한다. 그러나 역사적 진실은 정반대다. 명 황제들이 황가의 혈통을 잇고, 정권을 공고히 하기 위해 조선에서 데려온 사람들이었기 때문이다.

당시 《조선왕조실록》이나 《명사》를 통해 알 수 있는 것은 명나라에 여자가 없어서 조선에서 여자를 데려와 후비나 환관을 시킨 것은 아니었다는 사실이다. 만약 명나라에서 궁녀나 공녀로 조선 여자를 데려 왔다면, 왜 수백 명이나 되는 조선 공녀가 명나라 황궁을 가득 채웠을까? 그리고 왜 영락제는 명나라에도 널리고 널린 여자들을 멀리하고 수천 리 멀리 떨어진 조선에서 여인을 데려다가 황후·비빈으로 삼은 것일까?

이유는 하나다. 자신이 고려인의 아들이었고 고려가 조선이 되었기 때문이었다. 그래서 영락제는 수천 리 멀리 떨어진 조선에서 여인을 데려다가 황후·비빈으로 삼은 것이었다. 이런 주장에 중국인들은 반기를 들 수 있겠지만, 파오차이_{중국김치}를 한국 김치의 원조라고 주장하고, 발해를 중국의 변방국이라고 역사를 왜곡하는 것과는 달리 이런 주장에는 명백한 근거가 있다.

영락제가 고려인, 즉 나중에 조선이 된 나라 출신 여자의 아들이 아니라면 그는 황후·비빈은 물론 측근인 환관들까지 조선인들을 옆에 두지 않았을 것이다. 결국 명나라는 조선 민족이 다스리는 나라였던 셈이다.

우선 명나라를 세운 태조 주원장이 중국인들이 주장하는 것처럼 한족이었을까 하는 문제부터 살펴보자.

오늘날의 '한족'과 원·명대의 '한인'의 차이부터 살펴보면 주원장은 분명 원·명대의 '한인' 출신이 맞다. 문제는 이 '한인'이 오늘날 중국인들이 말하는 '한족'이 아니라는 점이다. '한족'이라는 말은 반청 혁명인사인 양계초梁啓超[72]가 청나라를 몰아내기 위해 '만주족'에 대비되는 개념으로 만들어낸 말일 뿐이다.

■ 도종의, 《철경록(輟耕錄)》, 권1, 〈氏族〉의 한인 8종 서술

반면 원나라 말기 주원장이 살던 시대의 '한인'은 원말 도종의陶宗儀[73]가 《남촌철경록南村輟耕錄》에서 말한 '한인 8종漢人八種'의 한인을 이르는 말이다. 도종의는 "한인은 여덟 가지인데, 거란契丹·고려高麗·조선女直·주인타이竹因·솔고타이조선씨·조콘竹溫·주이타이대대로씨·발해渤海" 등으로, 이들을 한데 모아 '한인 8종'이라고 지칭한 것이다.

72) 양계초(梁啓超, 1873~1929), 강력한 서구식 근대화를 주장하여 1899년 그의 '애국론'이 실린 것을 시작으로 비슷한 시기에 우리나라 독립협회와 독립신문 등의 애국계몽운동가들에게 크게 영향을 미쳤다. 특히 그는 조선에 관심이 많아 경술국치 이후 《조선망국사략》을 쓰기도 했고, "남아의 죽음을 어찌 말하리오? 나라의 치욕을 씻지 못하면 어찌 이름을 이룰 수 있는가?"라면서 안중근의 죽음을 애도하기도 했다. 학식이 거의 '주자' 수준이었다고 할 만큼 박식하였으나, 조선은 중국의 번국(변방국가)이라는 중화주의에서 벗어나지 못한, 그리 우리가 좋아하는 인물은 아니다.

73) 도종의(陶宗儀, ?~1369), 중국 원나라 말 명나라 초의 학자로서 그의 저서 《철경록》에는 원나라 시대의 병란에 관한 일들이 자세히 기록되어 있다. 서화·문예에 능했으며, 그 밖의 저서에는 《서사회요書史會要》, 《남촌시집南村詩集》 등이 있다.

주원장은 바로 '한인 8종'의 한 부류인 여진족 출신이다. 한편 이 시대 가장 미천한 4등급 종족이었던 양자강 이남의 '지나인支那人'은 '거란의 남쪽 백성'이라는 뜻의 '남기아드' 한자로는 '남인南人'이라고 불렀다. 이와 같은 호칭에 따르면 고려, 여진인들이야말로 진정한 한인이고, 정작 오늘날 중국인支那人들이 말하는 '한족'은 '남인'들로 월남, 라오스, 타이계와 같은 종족인 '다수민족'을 지칭하는 말이다.

조금 더 주원장의 종족적 역사를 따져보자.《명사明史》에 따르면 주원장의 선조 가문先世家은 패沛에 있었으나, 구용句容을 거쳐 사주泗州로 옮겼다. 주원장의 아버지 세진世珍은 다시 호주濠州의 종리鍾離로 이사했고, 이곳에서 주원장이 태어났다. 오늘날의 안휘安徽성 종리鍾離다. 다만 그가 어느 종족인지에 관해서는 적지 않았다.

그런데 흥미롭게도 조선 후기의 학자 이덕무李德懋[74]는《청장관전서青莊館全書》에서 주원장의 출신에 관해 "그의 선조가 조선반도朝鮮半島의 삼척三陟에서 태어났다.明太祖之先 出於三陟"라고 기록하고 있다. 그러나 이 기록은 이덕무가 장연長淵부사 신경준申景濬이 쓴《동문고同文考》에 자기의 말을 덧붙이면서 다소 해학적으로 한 말이므로 그 신빙성에 문제가 있다.

또 전라도 해남지방에는 주원장의 선조 묘가 있다는 전설이 있고, 소설《장백전長白傳》에는 주원장이 장백저저長白姐姐의 오빠라고 하거나

---

74) 이덕무(李德懋, 1741~1793): 조선 제2대 임금 정종의 막내아들인 무림군 이선생의 10대손이며, 경사를 비롯하여 기문이서(奇文異書)에 걸쳐 여러 방면에서 박식을 자랑하였으나 서얼인 관계로 관직에 크게 등용되지 못했다. 일찍이 유득공, 박제가, 이서구와 함께《사가시집(四家詩集)》,《건연집(巾衍集)》을 내어 명성을 떨쳤다.

《춘향전春香傳》도 주원장이 경상도 웅천熊川 주천의朱天儀의 아들이라는 이야기를 싣고 있다. 이들 역시 지어낸 이야기인 만큼 신빙성은 부족하다. 그러나 이러한 이야기를 통해 주원장이 당시 조선인과 연관이 있음을 반증하는 말들이기도 하다.

■ 《황금보강》(구쉬 롭산단잔 著), 몽골 원전으로는 《(Luu) Altan Towch》((용) 황금 단추)라고 한다. 몽골제국 왕들의 정치와 문화의 초록과 같은 성격을 지니며 '황금 단추(몽골에서 단추는 모든 것을 여미고 다듬는다는 상징성으로 활용되는 단어로 많이 인용됨)'라고 부른다. 2011년 〈유네스코 문화재〉로 등재되었다.(© https://www.dglproject.com)

좀 더 신빙성이 있는 기록으로는 17세기 중엽 몽골의 석학 국사國師로 칭기즈칸의 선조에서 후손에 이르기까지 방대한 역사서를 쓴 롭산단잔은 1651~1676년에 쓴 《황금보강黃金寶綱》은 놀랍게도 주원장이 '여진인女眞人'이라고 전해준다.

《황금보강黃金寶綱》은 우선 원나라의 붕괴 과정을 짤막하게 소개한다.

"(……) 그 후 원숭이해로 토곤 테무르 우하안투 카안원순제, 1320~1370[75] 이 대도大都, 지금의 북경에서 대위에 올랐다. (…중략…) 칭키즈칸으로부터 토곤

---

75) 원순제(혜종, 토곤 테무르), 원나라 마지막 황제로 순제(順帝)라는 명칭은 토곤 테무르 칸이 천명에 순응해 대도에서 도망친 것을 황제로서의 천명이 다한 것으로 인식하여 주원장이 지어준 호다.

테무르까지 카안들은 사까*Sakiya*파의 라마를 믿었다. 우하안투 카안은 티지입슈드 루*Tidshi Ibshud Lu* 라마의 말을 듣지 않았고, 또 팍스바*Pgva* 라마의 서약을 깨뜨렸다. 그가 쿠빌라이 세첸 카안*원 세조*이 지은 대도를 잃은 것은 바로 이러한 연유다."

《황금보강*黃金寶綱*》은 이렇게 우하안투 칸, 곧 원순제가 나라를 잃게 되는 이야기를 상세하게 전한 뒤 이 무렵 태어난 주원장의 비밀스러운 출신배경에 대해 기록했다.

"우하안투 카안 때, 한 여진인 늙은이가 조주*Joju*라는 아들을 낳았을 때, 그 집에서 무지개가 솟아올랐다."

바로 이 '한 여진인' 늙은이의 아들로 태어난 '조주*Joju*'가 만주어 본에는 '주거*Juge*'라고 되어 있다. '주*朱Jou*'라는 말의 몽골어 형태인데, 바로 대명국 태조 주원장이다. 결국 주원장은 '여진인'이다.

이유원*李裕元*의《임하필기》등에는 여진족은 고려말부터 조선초기까지 함경도 일대에 살았다고 주장한다. 고려는 태조 이래 국경 지역의 여진에게 무역을 허락하고 귀화인에게는 가옥과 토지를 주어 살게 하는 등 여진에 대한 회유와 포섭에 힘쓰는 한편 배후에서 거란을 견제하는 역할을 담당하게 했다. 결국 여진과 고려는 국경을 넘나들면서 물적 교류는 물론이고 인적교류가 활발해지면서 민족 간의 통족혼혈도 늘어갔다. 그 대표적 사례로 조선 태조 이성계의 출신을 보면 알 수 있다.

지금도 학계에서 여러 논란을 낳고 있지만, 그 학설 중 하나가 이성계의 아버지가 여진족 출신이라는 것이다. 이 학설은 여러 학설 중 한가지일 뿐이지만, 확실한 팩트는 그의 어머니가 원나라 사람이었고 그를 따르던 세력이 대부분 여진족 출신이란 것이다. 예를 들어 그의 오른팔이나 다름없는 이지란李之蘭의 경우, 1610년대 후금後金제국 황제인 천명제 누르하치의 조상이기도 한 건주 여진족의 천호千戶인 아라부카阿羅不花의 아들이다. 그는 아버지의 벼슬을 이어받아 천호가 되었지만, 1371년 고려 공민왕대에 부하들을 이끌고 고려에 귀화했다. 그리고 북청에 있다가 이성계의 휘하로 들어가 이씨 성을 받게 되었다.[76] 이 이지란이 이끌던 여진족의 가구 수가 무려 500호 이상이 된다. 여진족의 가장 가까운 문명 집단은 고려나 당나라 등이었다. 여진의 전신이 말갈이고 후신은 만주라고 주장하는 학자들이 많지만 말갈, 만주와 여진이 완전히 같다고는 할 수 없다. 순수한 여진족은 물고기를 잡아먹고 원시적인 생활을 하였지만, 거란과 명나라, 그리고 고려나 조선과 대적했던 여진족들은 대부분 고려나 조선인의 2세나 3세들이었다.

결국 주원장은 오늘날 중국인이 말하는 한족은 아니며 여진인이라는 사실이다. 다만 여진인이지만 고려의 피를 받았느냐, 아니냐의 문제인 것이다. 주원장의 출신에 대한 결말은 나중에 말하겠지만 그전에 그가 어떤 인물인지, 그리고 고려와 조선과는 어떤 관계에 있었는지

76) 이지란은 공민왕 20년(1371) 고려에 귀화해 공민왕(恭愍王)에게 이씨 성과 청해(靑海)라는 본관을 하사받았다.

살펴볼 필요가 있다.

주원장은 가난한 농민 출신으로 떠돌며 중노릇을 하며 이르는 곳마다 밥 달라고 구걸한 적도 있었다. 그는 어린 시절에 먹을 것을 못 먹고 입을 것을 못 입는 빈궁한 나날을 보냈고, 중년은 아우성과 불길 속에서 칼부림하는 싸움터에서 군인으로 지냈다. 그리고 40세 뒤로부터는 모든 정력을 쏟아 국사를 처리하여 지나치게 긴장하고 살았다. 그러다가 50세 뒤로부터는 체력이 버티지를 못하고 고열이 나며 환상을 보거나 괴이한 꿈을 꾸기도 했다.

주원장은 현실의 투쟁 속에서 성장한 견실한 사람이었다. 그는 불천佛天의 경지가 바로 현실의 달콤한 생활이고, 능히 현실생활을 지킬 수 있다면 곧 불천의 땅에 이른 것으로 여겼다. 현실과 동떨어진 망상으로 날아가 망상의 마음으로 공허한 경지에 들어가는 것은 천하를 잃고 몸을 죽이는 것이라 생각했다. 이 점에서 그는 과거 수많은 제왕보다, 그가 언급하지 않았던 당 태종까지 포함하여 한 단계 더 높고 현명했다.

그는 일찍이 송렴에게 이렇게 말했다.

"진시황과 한 무제는 신선을 좋아하였고 방사方士를 총애하였으며, 헛되이 장생을 꿈꾸었으나 한바탕의 공염불로 끝이 났다.

가령 그들이 이와 같은 마음가짐으로 나라를 다스렸다면, 어찌 나라가 잘 다스려지지 않았겠는가? 내가 보기에는 군주가 마음을 맑게 하고 탐욕을 적게 부린다면 백성들에게 논밭에서 편안히 생업에 종사하게 하고, 먹을 밥이 있으며 입을 옷이 있어 즐거운 나날을 보낼 수 있게 할 수 있을 것이니, 이것이 바로 신선인 것이다."

—《心經書》〈聖政記〉

주원장은 언행이 일치하지는 않았지만, 말은 청산유수처럼 잘했던 것으로 보인다.

주원장은 얼굴이 아주 못생겼는데, 수많은 화공을 불러서 초상화를 그리게 하여 아주 실물과 똑같이 그려 놓았더니, 실물과 흡사하면 할수록 그는 더 불만스러워했다고 한다. 나중에 어느 영리한 화가가 얼굴 윤곽은 조금 비슷한데 얼굴빛에 화기가 돌고 매우 인자하게 보이도록 그려 내니, 비로소 사본을 베끼게 하여 여러 왕들에게 나누어 주었다. 이 두 종류의 다른 초상화는 오늘날까지 전해지고 있다.

— 육용,《숙원잡기菽園雜記》〈황명조훈皇明祖訓〉

■ 주원장의 용모

역사에서 모든 봉건 제왕과 비교하면, 주원장은 실로 탁월한 인물이라고 할 수 있다. 그의 공적은 전국을 통일하여 원 말 20년 전란 국면을 마무리 짓고, 사람들에게 평화롭고 안정된 생활을 누릴 수 있도록 만들어 준 데에 있다고《명사明史》는 전하고 있다. 하지만 근대 중국의 저명한 역사학자 푸쓰녠傅斯年 선생은 주원장에 대해 이렇게 평가한다.

"태조는 본래 호량濠梁의 일개 무뢰배로서 황각사皇覺寺의 땡중이었다. 난

세를 틈타 일어났으니 본래 천하를 얻으려는 마음도 없었던 데다가, 허랑방
탕하여 멋대로 미색을 즐기던 타고난 본성은 보통 사람과 전혀 다름이 없
었다."

또 《용흥자기》의 작가 왕문록은 가문에 전해지는 역사 고사를 기록
했는데, 명나라 초기 사람이었던 그의 외할아버지의 말에 의하면 태
조 황제 주원장은 자주 "사복을 입고 궁 밖으로 나가 여자를 범했다."
라고 한다. 그는 항상 잊지 않고 일자를 기록해 훗날 서로 알아보기
불편이 없도록 했다고 한다. 이렇게 자기 자식으로 인정한 아이 중에
는 왕으로 봉해진 아이도, 양자로 인정되어 귀족에 봉해진 아이도 있
었다. '사복을 입고 여자를 범하는 일'은 제왕의 체면이 크게 깎이는
일이긴 했지만, 어차피 피차간에 원해서 맺은 관계라고 할 수 있다.

반면 타인의 아내를 강제로 범하는 일은 이와는 다른 성질이었지만
주원장은 이런 일도 저질렀으며, 게다가 경험도 한두 번이 아니었다.
한 건은 신하 양희성이 정혼한 여인을 빼앗은 일이었고, 또 하나는 적
국의 군주인 진우량의 애첩을 빼앗은 일이었다. 훗날 이 일은 주원장
이 《대고》에서 자신의 경험담으로 적은 바가 있다.

이렇듯 주원장에 대해서는 그 평가가 엇갈리고 있지만 강력하고 잔인
한 통치와 여색을 밝혀 의롭지 않은 황제로 평가받는 것은 사실이다.

하지만 공자 말씀에 "삼인행필유아사언 택기선자이종지 기불선자이
개지 三人行必有我師焉 擇其善者而從之 其不善者而改之[77]"라는 말이 있다. 세

---

77) 《논어(論語)》 제7편 〈술이(述而)〉 21번에서 공자(孔子)가 한 말

사람이 길을 가면 반드시 내 스승이 있다는 말이다. 비록 주원장이 푸쓰녠傅斯年 선생 말처럼 무뢰배에 미색을 즐기는 땡중 출신이라고 하지만, 자신의 아들들에게는 바른 교육을 시키고자 노력하였다.

주원장은 자기가 어렸을 적에 서당에 다닐 기회가 없었음을 한탄하여 여러 아들 교육을 특히 중시하였다. 그는 궁중에 대본당大本堂을 지어 고금의 서적을 갖추어 놓고 사방에 명유名儒, 이름난 유학자를 초빙해다가 태자와 왕나라가 커서 지역이나 성별로 별도 왕들을 둠들을 담당시켰는데, 반을 나누어 돌아가며 강의토록 하였고, 뛰어난 청년들을 뽑아서 함께 공부하도록 하였다.

사부 가운데 가장 저명한 인물은 송렴宋濂, 1310~1381으로, 주원장 전후 10여 년 동안 황태자를 교육하는 책임을 전적으로 맡았다. 주원장은 유신들에게 교육방침에 대해 이렇게 얘기했다.

"금덩어리가 있어도 높은 기술을 지닌 장인을 찾아 두드려 만들어야 하고, 한 덩어리의 옥이 있어도 좋은 장인이 있어야 옥그릇을 만들 수 있다. 사람들에게 좋은 자제가 있다고 하더라도 현명한 스승을 구하지 않는다면 자제를 사랑함이 금옥을 사랑하는 것보다 오히려 못하지 않겠는가? 훌륭한 스승이 좋은 모범을 보이고 제목에 따라 가르침을 베풀어 인재를 키워야 한다. 나의 아이들은 장래에 나라를 다스리는 일을 해야 하고, 여러 공신들의 자제들도 관리가 되어 업무를 처리해야 한다. 가르치는 방법으로 긴요한 것은 정심正心인데 마음이 바르면 만사를 모두 처리할 수 있고, 마음이 부정하면 온갖 욕망이 함께 몰려오게 되니, 그래서는 절대로 아니된다. 너희들은 실학實學을 가르쳐야 한다. 보통의 글쟁이들을 따라 배워서는 안

되고, 그저 사장辭章, 서적에 나와 있는 내용만을 외워대는 것은 좋은 점이 하나도 없다."

—《명태조실록》卷40

그는 또 태자에게 정사政事에 대한 실습을 시키기 위해 홍무 10년 모든 정사는 태자에게 보고하여 처분을 받은 다음에 아뢰도록 하였다. 그리고 태자에게 이러한 유시를 내렸다. 모든 정치인과 교수, 그리고 선생들이 본받아야 할 내용 같아 소개한다.

"옛날부터 창업하는 군주는 온갖 어려움을 겪으면서 안정에 통달하고 세상 물정을 알아 일 처리도 자연히 알맞게 한다. 수성하는 군주는 부귀 속에 비단옷을 입고 고기 먹으며 자랐으니, 평소에 배우고 훈련하지 않으면 일 처리할 때에 어찌 실수하지 않을 수 있겠느냐? 내가 너에게 날마다 여러 신하들과 만나서 각 아문의 보고를 듣고 판단하며 공문을 읽고, 지시하도록 시킨 것은 일처리를 배우게 하려는 것이다. 따라서 몇 가지 원칙을 반드시 기억해야 한다. 첫째는 인仁이니 어질어야 비로소 난폭함에 빠지지 않을 수 있다. 둘째는 명明이니, 밝아야 간신들에게 미혹되지 않을 수 있다. 셋째는 근勤이니, 부지런하고 성실해야 안일에 빠지지 않을 수 있다. 넷째는 단斷이니 과단성이 있어야 문서로 된 법령에 끌려다니지 않게 된다. 이네 글자의 운용은 마음에서 결말이 난다. 나는 황제가 된 뒤로 게으름을 부린 적이 없으며 모든 사무를 터럭만큼이라도 부적절하게 처리하여 하늘이 맡겨 준 사명에 어긋날까 두려워하였다. 날이 밝기 전에 일어나야 하고 밤이 깊어서야 쉴 수 있었으니, 이는 너도 날마다 보는 것이다. 네가 나를 배우고 본받아서 일을 해야만 천하를 지킬 수 있게 될 것이다."

—《명사明史》卷15

　이러한 주원장의 말만 들어서는 그가 훌륭한 사람처럼 보이지만 정사를 그대로 믿을 사람은 아무도 없다. 알다시피 《명사》는 황제가 재위 시절에 쓴 기록이라 더더욱 신뢰하기가 쉽지 않다. 그러나 그의 말만은 본받을만하다.

　강력하고 잔인한 통치 때문인지 주원장은 비교적 안정된 정권을 유지하였는데, 그 때문인지 일생 수많은 비와 빈을 두었기에, 자식 농사에도 풍년을 거두었다. 그도 그럴 것이 여자들이 많고 주원장의 원기도 충만했으니 자식도 많아 한평생 황자 26명과 공주 16명 총 42명의 자녀를 낳았다. 물론 이 숫자도 정사에 나오는 숫자다. 가장 어린 공주가 출생하던 때에 그는 나이 칠순을 바라보는 노익장이었다.

　당시 70세, 현재 나이로 계산하면 90세 정도의 나이에 막내딸을 낳았으니 정력이 좋아도 너무 좋았던 것이다. 만약 40여 명의 아이가 커서 결혼을 하면 가족은 두 배로 늘어나 80여 명이 된다. 실로 어마어마한 숫자다.

　주원장에게 황자를 낳아주었던 비로는 마황후, 호충비, 달정비, 곽령비, 곽혜비, 호순비, 한비韓妃, 여비余妃, 주비, 조귀비趙貴妃, 이현비, 유혜비劉惠妃, 갈려비, 고씨郜氏가 있으며, 그 외에 일찍이 요절한 조왕趙王, 안왕安王, 황태자 남楠 등 세 황자의 어머니 이름은 등재하지 않았다. 거기에 더해 고증이 가능한 이숙비, 적비磧妃, 성조 주체를 낳았다고 함, 호귀비胡貴妃 혹은 호순비, 임씨林氏. 남강공주南康公主를 낳음. 공주 묘비명에 근거, 장張미인보경공주를 낳음. 공주의 묘비명에 근거 등과 《명태조실록》에 기재되어 있는 영귀비, 왕귀비 등을 합치면 28인이 된다.

물론 이 숫자는 《명사》에 기록된 여인들이고 당시 고려에서 끌려와 주원장의 성적 노리개가 되어 기록도 남기지 않고 죽어갔던 여인들을 합치면 그 수는 헤아릴 수 없다.

당시 고려는 명나라를 향해 신하의 나라로 자처하며 정권 장악에 실패한 원나라 대신 주원장이 세운 명나라에 막 의지하기 시작한 터라, 주원장이 요구하는 공녀는 무조건 보내야 하는 시기이기도 하였다. 그 대표적인 제도가 '처녀진상제도'였다.

조선왕조에서 편찬한 《고려사》의 기록을 보면 고려 대신 주영찬周英贊에게 딸이 하나 있었는데 "원나라에 갔다가 대명제국의 병사에게 붙잡혀 궁궐에 들어갔고 황제의 총애를 받게 되었다."라고 기록하고 있다.

고려에서는 본래 원나라에 '처녀'를 진상하는 제도가 있었다. 원나라의 후궁은 위로는 황후에서부터 아래로는 궁녀까지, 수많은 미녀가 모두 고려 출신이었고, 그들은 원나라 궁전의 대권을 장악하고 있었다. 그중 가장 유명한 예는 원나라 순제의 두 번째 황후인 기씨奇氏라고 할 수 있다. 그녀가 바로 우리가 잘 알고 있는 기황후다. 그녀는 고려 여인이면서 자신의 본국인 고려를 원수의 나라로 여겨 철저히 복수했다.

◈ 원순제의 두 번째 황후 기씨

기황후는 고려 출신으로 몽골명은 올제이 후투그_{完者忽都, Öljei Khutugh,} 시호_{諡號}는 보현숙성황후_{普顯淑聖皇后}이다. 본관은 행주_{幸州}이며, 기자오_{奇子敖}의 딸이다. 공녀_{貢女}로 원나라 조정으로 보내져, 1333년 고려 출신의 환관_{宦官} 고용보_{高龍普}의 추천으로 궁녀_{宮女}가 되었다. 혜종_{惠宗, 順帝라고도 함}의 총애를 받아, 1338년 황태자 애유식리달렵_{愛猷識里達獵, 북원의 昭宗, 재위 1370~1378}을 낳았다.

혜종_{惠宗}은 기씨_{奇氏}를 총애하여 1335년 킵차크_{Kypchaks} 출신의 다나슈리_{答納失里} 황후를 일족의 반란 사건을 이유로 폐위시키고 기씨를 황후로 삼으려 하였다. 하지만 조정의 실권자인 바얀_{Bayan, 伯顔}이 이를 반대하자 1337년 옹기라트_{Onggirat} 부족 출신의 바얀 후투그_{伯顔忽都}를 황후로 삼았다. 그러나 1338년 기씨가 애유식리달렵_{愛猷識里達獵}을 낳자, 그 이듬해에 그녀를 제2황후로 책봉했다.

기황후는 혜종의 총애를 배경으로 조정의 실권을 장악하였다. 그녀는 재정과 번위_{番衛}를 맡아보는 황후 직속 기관인 휘정원_{徽政院}을 자정원_{資政院}으로 개편하여 고용보를 초대 자정원사_{資政院使}로 삼았다. 그리고 1353년 자신의 아들인 애유식달렵_{愛猷識里達獵}을 황태자의 자리에 오르게 하였으며, 동향_{同鄕} 출신의 환관 박불화_{朴不花}를 군사 책임자인 추밀원 동지추밀원사_{同知樞密院事}로 삼아 군사권도 장악하였다.

한편, 고려에서는 기황후의 오빠인 기철_{奇轍}을 필두로 한 기씨_{奇氏} 일족이 기황후의 배경을 믿고 권세를 휘두르다 1356년 공민왕의 반원 개혁정책으로 주살되었다. 그러자 기황후는 공민왕을 폐하고 원나라에 있던 충숙왕의 아우 덕흥군德興君을 왕으로 삼기 위해 1364년 고려 출신인 최유崔濡로 하여금 군사 1만 명을 거느리고 고려를 공격하게 하였다. 그러나 최유는 고려의 명장인 최영崔瑩에게 대패하였다.

이 무렵 원나라 조정에서는 기황후의 아들 황태자 지지파와 반대파 사이에 정쟁政爭이 격화되었다. 기황후는 혜종의 양위를 받아 황태자를 황위에 앉히려 하였는데, 1364년 반反 황태자파 장군인 볼라드 테무르孛羅帖木児는 도성인 대도大都, 지금의 베이징를 점령해 기황후를 사로잡았다. 황태자는 타이위안太原에 주둔하고 있던 코케 테무르擴廓帖木爾에게 피신하였으나, 이듬해인 1365년 대도를 공격하여 볼라드 테무르孛羅帖木児를 죽였다.

이렇게 황태자의 황위 계승을 둘러싼 정쟁으로 원의 국력은 급격히 쇠퇴하였고, 각지의 반란 세력이 크게 성장하였다. 결국 1368년 주원장朱元璋은 반란 세력을 통일하여 명明 나라를 세우고 북벌北伐을 단행하여 대도大都를 점령했고, 이로써 원元은 멸망하였다.

혜종과 황태자 애유식리달렵愛猷識里達獵 등은 상도上都, 지금의 内蒙古自治區 多倫縣로 피신하였다가, 이듬해 다시 응창부應昌府, 지금의 内蒙古 커스커텅기(克什克騰旗)로 퇴각하였다. 1370년 혜종이 죽자 황태자 애유식리달렵이 북원北元 소종昭宗으로 즉위하였다. 몽골 지역으로 패퇴한 뒤 기황후의 행적은 기록이 전해지지 않는다.

비록 기황후는 비참한 최후를 맞이했지만, 그녀가 고려 여인이면서 고려에 반기를 든 것은 자신을 원나라에 바친 고려를 원망했기 때문

■기황후
(國立故宮博物院)

이었다.

　고려 공녀 출신으로 원나라로 끌려간 기황후가 그 명성을 날렸다는 이야기는 당시 고려에서는 누구나 다 알고 있었다. 그래서 그런지 고려 대신 주영찬은 원나라와 명나라의 세대교체가 이뤄졌다는 이야기를 듣고는 자기의 딸을 새로운 왕조주원장의 후궁으로 보냈으며, 게다가 딸을 핑계로 중국에 친척 방문을 하기까지 했다. 《고려사》에서는 주원장이 직접 한 이야기를 적고 있다.

　"원나라 왕조에서 데리고 온 주씨 성의 여자아이가 있었다. 아이의 성씨를 물어보니 주周氏라고 해서 그 여자아이를 받아들일 수 없었다. 그런데 아버지의 성을 물어보니 주씨라고 해서 지금 이 여자아이를 남겨두는 바이다."

　이것은 분명 주씨가 원나라 궁궐 여인을 자기 여인으로 받아들이는 과정에서 한 문답이다. 주원장이 말한 "열세 살 된 여자아이는 아직 엄마 젖내가 풍기는 어린 나이인데, 이렇게 일찍 데리고 와서 과인에게 바쳤구나."라는 말로 판단해 볼 때, 주씨 집안의 소녀의 나이는 13~14세였던 듯하다. 이런 나이라면 지금으로 쳐도 '어린아이'라고 할 수 있다. 주영찬의 딸 외에 주周씨 성을 가진 또 다른 고려 여자아이가 명나라 궁궐에 들어왔다. 주원장은 요동도지휘사서遼東都指揮使司에 내리는 칙서에서 이렇게 말했다.

"전에 원나라 경신군원순제이 고려에서 여자를 찾으려 했다. 지금 고려국 사
신 주의周誼의 딸이 원나라 궁에 있었는데 경신군이 도망을 쳤기에 짐의 내
신이 이 여인을 찾아서 데리고 왔노라."[78]

　주원장의 말 중에 "짐의 내신이 이 여인을 찾아서 데리고 왔다."라
는 내용으로 보아 분명히 내시가 원나라 궁에서 미인을 선별하여 이
고려 소녀를 찾아 남경으로 데리고 와 주원장에게 바쳤다는 이야기이
다. 주원장은 거리낌 없이 그녀를 취하고 칙서에서 이를 공개적으로
선언하는 데 전혀 부끄러움을 느끼지 않았다.
　그러나 주원장은 경계심이 아주 많았다. 그는 여성의 아버지 주의가
수차례 사신의 명목으로 명나라를 찾아오자 의구심에 휩싸였다. "어
찌 특별한 저의가 없을까?"라고 생각하며, 요동 변경을 지키는 장수에
게 경고했다.

"경들은 만일의 경우를 대비해야 하오. 그들이 중국에 들어와 정탐하지 못
하게 하시오."

　아마도 고려는 주의의 딸이 주원장의 총애를 받게 되었다는 첩보를 입
수하고 특별히 그 장인을 파견해 사신의 직을 수행하도록 한 것 같다.
　이 일은 명나라 사람 엄종간嚴從簡이 쓴 《수역주자록殊域周咨錄》에도
기록되어 있다. 원나라 황제가 고려에서 여인을 찾았고 주의의 딸을

---

78) 홍무 13년(1379) 4월 요동도지휘사서(遼東都指揮使司)에 내리는 칙서

궁궐로 들여보냈는데, "훗날 조선을 오가는 사신이 조선으로 데리고 갔다."라고 한다. 또 엄종간은 《수역주자록》을 통해 다음과 같이 언급하였다.

> "함산공주含山公主, 주원장의 14녀는 어머니가 고려비 한씨이다."
>
> —《명사》권 121

> "당시 궁중 미인 중에는 고려라는 호를 가진 비빈이 있었는데, 동일 인물이 아닌가 추측된다."
>
> —《수역주자록殊域周咨錄》1〈조선朝鮮〉

이런 기록을 볼 때 고려시대는 물론이고 명나라를 개창한 주원장 역시 고려 여인을 첩으로 두었다는 사실을 알 수 있다. 실제 주원장의 비·빈 가운데는 고려인도 있고 몽골인도 있었다. 진우량의 비였던 사람도 있고, 원나라 궁궐에서 접수한 사람도 있으며, 민간에서 뽑아 온 사람도 있었다. 여러 비·빈들 가운데 몽골비와 고려비도 자녀를 낳았는데, 특히 고려 여인을 좋아했던 주원장의 자손 가운데 고려의 혈통이 많았다는 것은 의문의 여지가 없다.

영락제는 고려인의 아들

진시황제가 중국을 처음 통일하고 최후의 왕조인 청나라가 멸망하기까지 중국의 각 왕조는 흥망을 거듭하면서 조선을 지배해왔다.

그러나 중국 역시 수차에 걸쳐 고구려나 고려, 그리고 조선에 의해 그 존재가 없어질 위기도 있었다. 만약 고구려가 삼국을 통일하고 거란, 말갈족과 연합하여 당나라를 공격했더라면, 아마 당나라는 고구려에 편입되었을 것이다. 하지만 같은 집안싸움으로 당나라와 손을 잡은 신라에 의해 삼국이 통일되면서 그 꿈을 접어야 했다.

그 뒤에도 원나라와 명나라의 혼란한 전쟁을 틈타 고려 공민왕과 최영이 명나라를 공격했다면 명나라는 탄생도 하지 못했을 것이다. 이 또한 위화도 회군을 통해 반역을 꾀한 고려장수 이성계에 의해 좌절되었다. 그 뒤 또 한 번의 기회가 왔지만, 이성계의 아들 이방원이 일으킨 1차 왕자의 난으로 좌절되었다. 참으로 안타까운 일이 아닐 수 없다. 어쨌든 명나라는 살아남았고, 그로 인해 조선은 명나라의 지배하에 온갖 수모를 겪었으며, 그리고 다시 청나라로 이어지면서 그들의 속국으로 500년을 살아가야 했다.

하지만 그나마 위안으로 삼을 수 있는 것은 명나라 자체가 고려와 조선의 혈맥으로 이어졌다는 것이다. 특히 영락제는 중국인들이 가장 존경하는 황제로 그가 고려 여인의 아들이라는 사실이다. 하지만 그런 사실을 알면서도 영락제명나라 3대 황제 태종는 조선을 깔보고 그 수많은 궁녀와 환관을 밥 먹듯 요구했다.

서기 1402년, 중국의 연호로는 건문 4년 한여름, 대몽골전의 전진기지인 북경당시에는 북평北平을 분봉 받은 한 왕이 수만 명의 병사를 이끌고 남경을 함락하고 황위를 힘으로 빼앗았다. 그는 젊은 조카 건문제建文帝, 주원장의 손자이자 2대 황제에게 과감히 반기를 든 지 4년 만에 전투에서 승리하고 제3대 황제에 즉위했다.

■ 명나라 3대 황제 연왕 주체 영락제

그가 바로 성조 영락제 주체朱棣, 1360~1424다. 즉 초대 황제 태조 주원장朱元璋의 넷째 아들이다. 훗날 주체처럼 외번外藩 출신으로 황제가 된 세종 가정제명나라 11대 황제, 주후총가 그를 존경해 묘호를 성조成祖로 바꾸면서 흔히 성조로 통하게 되지만, 영락제永樂帝라는 칭호로 널리 알려졌다.

명나라 이후 '한 황제 한 연호'라는 관례가 일반화되면서 연호가 황제의 이름처럼 불리게 된다. 예를 들어 주원장의 경우 홍무제라 홍무,

명나라 2대 황제 건문제는 건문, 3대 성조 영락제는 영락이라고 쓰는 것이다. 따라서 책을 읽다 보면 홍무, 건문, 영락 몇 년이라고 표시되어 있는데, 이는 황제별로 연호를 달리하여 표현하고 자신이 황제가 된 해로부터 연도를 표기한 것으로 이해하면 된다. 조선 역시 명나라의 속국으로 명나라의 황제 연호를 사용하다 인조 이후에는 청나라의 연호를 사용했다.

영락제는 황제에 오른 후 수도를 남경에서 북경으로 옮기고, 1406년 오늘날 중국이 자랑하는 세계 최대의 궁전이자 유네스코 세계문화재 등록물인 북경 고궁 자금성紫禁城을 건립하였다. 자금성은 영락제 이후 명·청의 24황제가 천하를 호령했던 곳이기도 하다. 또 영락제는 환관 정화鄭和를 서쪽으로 보내 아프리카 대륙까지 원정하게 했다. 심지어 중국 사람들은 콜럼버스보다 앞서 아메리카 대륙을 발견하게 한 위대한 황제라고 칭송한다.

그러나 영락제는 궁정 혁명 과정에서 조카에 이어 수천 명의 신하를 숙청했다. 이 때문에 오늘날 영락제는 위대한 황제라고 칭송받으면서도 가혹한 황제라는 부정적 이미지를 동시에 가지고 있다.

영락제 주체는 영락 22년1424 7월, 일부의 측근이 지켜보는 가운데 유목천의 막영幕營에서 65년의 파란만장한 생을 마쳤다. 황제 재위 22년 1개월, 아버지 태조 주원장의 재위 기간에 비하면 3분의 2에 불과한 치세 기간이었지만, 태조 주원장에 필적하는, 그 이상의 치적을 남기며 세상을 떠났다.[79]

---

79) 영락 22년(1424) 7월 18일

줄곧 내달렸던 그의 인생을 보면 22년간의 치세도 충분하지 않았을지 모른다. 한결같이 꿈꾸어온 '영락의 성세'도 그의 죽음과 함께 종말을 고하게 되었다. 그에게는 '체천홍도고명광운성무신공순인지효문황제體天弘道高明廣運成武神功純仁至孝文皇帝'라는 시호가 붙고, 묘호는 '태종'으로 결정되었다.

12월 19일 차분한 의식을 치른 후 영락제의 유체는 거의 완성 직전인 '장릉長陵'에 매장되었다. 북경의 북쪽 천수산天壽山에 있는 장릉에는 먼저 세상을 떠난 황후 서씨가 묻혀있었다. 부부는 오랜만에 지하세계에서 재회하게 되었다. '명13릉明十三陵' 중에서 최대의 능묘인 장릉의 주인은 이렇게 역사의 무대에서 모습을 감추고 말았지만, 그의 살아생전은 조선에는 암흑 그 자체였다.

영락제의 사망원인에 대해 사서에서는 그의 병을 '풍비風痺', '풍질風疾'이라고 했다. 오늘날 '중풍'과 '류머티즘류마티스'로 해석되기도 하지만, 이것도 영락제가 발병할 때의 증상과 반드시 일치하지 않는다. 대만의 주홍朱鴻 씨는 영락제의 증상이 발작적인 것으로 보아 '뇌전증전간증(癲癇症), 간질'[80]이라고 결론 내리기도 했다.

영락제는 영락 5년에 먼저 세상을 떠난 황후 서씨와 비 16명 외에 그때그때 조달되는 궁녀들을 합쳐 수많은 여인들이 있었지만, 요절한 한 명을 제외하고 아들 셋과 딸 다섯 등 8명의 자식을 두었다. 모두

---

80) 경련을 일으키고 의식 장애를 일으키는 발작 증상이 되풀이하여 나타나는 병. 유전적인 경우도 있으나 외상, 뇌종양 따위가 원인이 되어 나타나기도 한다. 간질, 사고장애라고도 한다.

그가 즉위하기 전에 태어난 자식들이다. 그가 황제가 된 이후에는 자식이 없었다. 총애하는 왕비들이 많았지만, 누구도 자식을 낳지 못했다. 지병을 치료하기 위해 복용한 약 때문인지, 뇌전증_{간질}의 영향 때문인지는 알 수 없다.

그는 아버지 주원장처럼 많은 여성들을 후궁으로 끌어모으는 데 열과 성을 다했다. 특히 조선에 대해서는 영락 6년 이후 여러 차례 어린 미녀들을 바치라고 명했는데, 그때 끌려간 공녀들이 수천 명이 넘는다. 어려도 너무 어린 13~15세의 어린 여자아이들이라 임신도 불가능했겠지만, 그사이에 태어난 아이들은 공식적으로 자신의 자식으로 등재하지 않았을 확률이 높다.

그뿐만이 아니었다. 영락제 주체는 조선 태종 3년1403, 화자火者, 불알을 불로 지져 남자의 기능을 상실시킨 고자 60명을 보내라고 요구했다. 무리한 요구였지만, 태종은 35명의 화자를 선발해 보낼 수밖에 없었다. 스스로 명나라에 충성하기로 했으니 따를 수밖에 없었다.

《태종실록》은 "임금이 서교에서 전송하니 환자宦者들이 모두 눈물을 흘리며 울었다."라고 전한다. 태종 7년에도 영락제는 안남에서 화자 3,000명을 데려왔으나, 모두 우매하여 쓸데가 없다면서 오직 조선의 화자가 똑똑하여 일을 맡겨 부릴 만하다며 다시 조선에 300~400명의 환관을 요구했다. 한두 명도 아니고 수백 명을 고자로 만들어 자신의 나라로 보내라는 이러한 지시는 미치지 않고는 할 수 없는 것이었다.[81] 그리고 이에 동조하여 어린아이들의 불알을 제거하고 내시로

---

81) 《태종실록》 3년(1403) 11월

만들어 명나라로 보낸 조선의 태종과 그의 아들 세종 역시 정상적인 사람들은 아니었다.

환관의 정치 개입을 증오해 철저하게 억압책을 쓴 태조 주원장에 비해 영락제 주체는 다방면에서 적극적으로 환관을 이용했다. 《명사》의 《환관전》에는 환관들이 출사出使, 원정遠征, 감군監軍, 분진分鎭, 간첩 같은 분야에서 큰 권한을 쥐게 된 것은 모두 영락 시대부터였다고 기술했다. 영락제는 환관을 외국에 사절로 임명하기도 하고 때로는 군대의 감시역이나 진수관鎭守官, 감시관으로 전국에 파견했다. 그중에서도 환관에 대한 영락제의 신임을 보여주는 단적인 예가 악명 높은 특무기관 '동창東廠'이었다.

아버지 태조 주원장이 '금위의'의 첩보활동에 의지했다는 점은 잘 알려져 있다. 금위의는 황제 직속인 금군禁軍 중 하나로 스파이를 활용해 권력을 남용하는 자와 자신에게 반감을 갖는 시민들을 감시하는 역할이었다. 금위의는 정규적인 청사 외에도 별도로 독자적인 재판소를 두고 체포, 심문, 처형까지 일련의 작업을 내부에서 완결할 수 있었다. 심문과 처형 방법이 너무 잔혹해서 태조 주원장 조차도 만년에 폐지했지만, 금위의가 황제권 확립에 기여한 역할은 헤아릴 수가 없다.

영락제는 금위의를 부활시키는 한편, 새롭게 동창을 설치해 환관을 첩보원으로 충당함으로써 이전보다 한층 백성에 대한 감시를 강화했다. 영락제는 즉위한 사정부터 태조 이상으로 여론의 동향에 과민할 수밖에 없었다. 아마도 그는 신뢰하는 일부 신하를 제외하고는 관료와 민중의 반발을 온몸으로 강하게 느끼고 있었음이 틀림없다. 아무리 정당화를 꾀하기 위해 손을 썼다고 해도 찬탈의 오명은 단박에 씻겨 없어지는 것이 아니었다.

'간신'의 숙청과는 별개로 그에게는 반발을 제압하기 위해 거친 치료법이 필요했다. 그는 이것을 금위의와 더불어 동창의 스파이 활동에서 찾아냈다. 후에 사람들은 황제의 충실한 도구인 두 기관을 '창위廠衛'라고 부르며 무서워하고 기피하고 혐오했다. 이 때문인지 영락제는 환관에 대한 신뢰가 대단했던 것 같다. 그런데 환관의 대부분이 조선에서 충당된 사람이었고 특히 조선의 환관은 똑똑하기로 유명했다.

흔히 영락제가 환관을 편중하게 된 이유가 '정난의 변' 말기에 환관의 내통內通으로 단번에 남경을 쳐서 내란에 마침표를 찍었기 때문이라는 견해가 있다. 이는 분명코 한 원인이 될 만하다. 건문제에게 반발한 환관이 연왕주체 측에 정보를 흘려준 것은 왠지 사실일 듯싶지만, 그러나 사실이 그렇게 단순하지만은 않다.

그러나 영락제의 특이한 즉위 상황이 환관으로 하여금 발호하도록 가속도를 붙인 것은 틀림없다. 영락제는 스스럼없는 부하가 필요했는데 그것을 환관들한테 찾는 것도 납득이 된다. 그러나 이후 환관의 발호를 보면 반드시 영락제 개인의 기호에만 원인을 돌릴 수 없다. 이것도 또한 내각과 같이 독재체제의 강화로 인해 나타난 필연적인 현상일 터였다.

명나라 초기에 전제주의가 고조되고 황제 주도의 통제 체제가 태어나는 과정에서 황제와 관료의 격차가 전례 없이 벌어졌다. 황제는 권위를 유지하기 위해 관료와 접촉을 끊었고, 내정內廷, 황제의 사생활 공간과

외정外廷, 황제의 정치 공간의 경계에는 실제 이상으로 높은 벽이 가로놓이게 되었다. 이 사이를 연결할 자는 내정에서 생활하는 황제의 사인私人인 환관밖에는 없었다. 환관은 거세를 한 자들이라 궁녀나 황제의 비·빈과의 통정을 걱정할 필요가 없었다. 게다가 남자의 구실을 못하니 일에 전념할 수밖에 없었다. 남자가 가장 많은 시간을 낭비하는 건 여자 문제라는 것은 누구나 잘 알고 있는 사실이다.

즉 관료와 원활하게 의사를 소통하기 위해, 또 관료의 행동을 감시하기 위해서도 환관은 없어서는 안 될 존재였다. 훗날 내각의 지위가 높아져 수보대학사82)가 재상과 동급이 될 때도 환관은 황제의 측근이라는 이점을 이용해 절대 권력을 휘둘렀다.

◈ 명나라 환관

환관내시83)에 대한 기록은 한나라 때의 사마천司馬遷에서 찾아볼 수 있다. 사마천은 중국 최고의 역사서인 《사기史記》를 저술했다. 태사령太史令이란 벼

---

82) 수보대학사: 명나라는 내각의 규모와 위상은 점점 커졌고 정1품의 전각대학사들이 내각을 구성하게 되었고 이들의 수장을 바로 내각 수보대학사로 불렸다. 일종의 재상의 역할을 했던 것으로 보인다.
83) 중국의 '환관'은 음경을 완전 거세한 남자를 말하고, 조선의 내시는 고환만을 제거한 남자를 말한다. 특히 조선의 내시는 왕의 곁에서 잡무를 보는 관직으로 왕의 시종과 경호를 담당하는 비서와 같은 역할을 수행했다.

슬이 있던 중 무제의 노여움을 사서 궁형宮刑[84]을 당해 환관이 되어버린 것인데, 48세 때였다. 당시에는 궁형을 당하면 자결하는 것이 통례였기에 사마천도 자결하려고 했다. 그러나 역사서를 집필하다가 죽으면서 완성을 부탁한 부친 사마담司馬談의 유언을 생각하고는 치욕감과 수치를 참고 혼신의 힘을 기울여 집필을 완성했다.

그런가 하면 후한 때의 채륜蔡倫은 환관 중에 우두머리인 '중상시中常侍'가 되었는데, 저楮, 마麻, 포布, 어망漁網 등의 재료를 이용하여 종이를 발명하였다. 이전까지 대나무를 쪼개어 글을 써서 줄로 묶었던 '죽간竹簡'을 사용하다가 채륜에 의해 종이를 대량으로 만드는 제지술이 개발됨으로서 학문이 널리 유통되게 하는 계기가 되었다.

명나라 때의 정화鄭和는 가난하면서 형제가 많은 집안 형편 때문에 11세 때 환관이 되었는데, 영락제의 신임을 받아 우두머리인 태감太監이 된 후 함대를 이끌고 7차에 걸친 대원정으로 대양을 누비고 다녔다. 그래서 중국의 콜럼버스Chinese Columbus로 불리기도 하는데, 정화의 함대는 군함 60여 척에 군사 2만 5천 명이나 되었고, 배의 크기도 150미터 길이에 8천 톤이나 되는 엄청난 규모였다.

환관 24아문衙門의 맨 꼭대기에 있는 '사례감司禮監'은 행정권과 인사권, 동

---

84) 중국 고전의 기록에 의하면, 사형(死刑), 궁형(宮刑), 월형(刖刑: 발뒤꿈치를 자르는 형), 의형(劓刑: 코를 베는 형벌), 경형(黥刑: 얼굴, 팔뚝 등의 살을 따고 홈을 내어 죄명을 찍어 넣는 형벌)을 5형이라 하는데, 이 중에서 궁형은 남녀의 생식기에 가하는 형벌로 남자는 생식기를 제거하고, 여자는 질을 폐쇄(유폐)하여 자손생산을 불가능하게 하는 형벌이다. 중국의 왕궁에서는 예로부터 이 궁형에 처한 남자를 후궁에서 사용하였다. 이를 환관(환관)이라 하였는데, 후대에는 먹고살기 위해 혹은 출세를 하기 위해 스스로 거세하여 환관이 되는 자도 있었다.

창이라는 경찰권을 휘두르며 '그림자 내각'으로서 실력도 발휘했다. 철완재상으로 칭송받는 장거정조차도 환관의 협력을 받아 수보대학사에 오를 수 있었다. 관료의 일거수일투족은 환관의 콧김에 좌우되고 어느 사이에 환관에게 아첨하는 풍조가 관계에 만연해 있었다.

그러나 이렇게까지 권력을 농단했던 그들도 일단 황제의 총애를 잃고 나면 바로 도마 위의 생선 같이 저항하지 못하고 황제의 처분을 기다리는 신세가 된다. 때로는 상당한 실력자였음에도 손쉽게 목을 쳤다. 이런 점에서 황제를 조종하고 즉위조차 재량裁量한 한나라, 당나라 때의 환관과는 본질적으로 달랐다. 명나라의 환관은 황제권에 기생하는 정도가 한층 더 심해서 전제 황제의 그림자와 같은 존재일 수밖에 없었다.

내각과 환관, 명나라 정치의 겉과 속의 주역들은 영락제를 위대하거나 훌륭한 황제라는 명성을 얻게 한 그 시대의 산물이었다. 명 초기라는 시대에서 영락제가 보여주려 한 성세의 추구는 저 밑에서부터 그것을 지탱해주는 환관이 있어야 비로소 가능해질 수 있었다. 성왕의 시대와는 너무나도 거리가 먼 이후의 현실은 영락제가 태조 주원장를 계승한 그 시점에서 이미 약속되어 있었던 것인지도 모른다. 천자의 이름을 담보로 한 황제권의 강화와 숨 막힐듯한 전제적 지배, 이것이 영락제가 새 정권을 출범할 때 내건 덕치의 실체이기도 했다.

영락제 주체는 주원장의 넷째 아들로 원 지정 15년1355 9월 5일에 태어났으며, 《명사》에서는 "효자孝慈, 마황후 황후가 낳았다."고 적고 있다.

청나라 사람 모기령毛奇齡의 《승조동사습유기勝朝彤史拾遺記》에서는 에피소드를 설명하면서, 장자 주표가 태평부太平府의 부잣집인 진적陣迪의 집에서 태어났다고 말한다.

지정 15년 6월에 주원장이 소속된 곽자홍의 군대가 강북의 대기근을 해결하기 위해 강남에서 군량미와 마초를 탈취해 오는 작전을 벌였다. 그래서 군대는 가족과 군수물자를 정부 화주에 남겨놓은 채, 가벼운 무장 차림으로 쏜살같이 강을 건너갔다.

당시 효자황후주원장의 부인는 이미 임신하고 있었기에 원나라군이 언제라도 물길을 막아버릴 것을 염려해 일부 부녀자와 어린아이만이 인솔한 부대를 따라 매우 과감하게 도강을 선택했고, 번창현繁昌顯의 부자인 진적의 집에서 장자 주표주원장의 첫아들을 낳았다.

번창은 태평로太平路, 태평부의 속현으로, 진적은 이 현에서 가장 갑부였다. 《명사》에서는 진적을 두고 딱 한 가지 사건만 기록하고 있다. 즉 주원장이 태평을 점령한 후 금과 비단을 바친 이야기다. 효자황후가 그의 집에서 아들을 낳았으니, 금과 비단을 바쳤다는 기록은 이해가 가는 대목이다.

효자황후는 군사적인 위기의 때에 장자 주표를 낳았고, 그 후 6년 동안 무려 4명의 아들과 영국, 안경 두 공주를 연이어 출산했다. 어떤 책에서는 효자황후가 불임이었다고 아주 당연하게 말하는데 이는 그녀에게 두 딸영국공주, 숭녕공주이 있었는지 모르기 때문에 쓴 것으로 보인다.

어쨌든 명대의 국가 서적과 사람들은 효자황후가 제일 연장인 다섯 황자를 낳았다고 주장한다. 이 다섯 황자는 장자 주표, 차자 진왕 주

■ 인효문황후

상, 3자 진왕 주강, 4자 연왕 주체와 5자 주왕 주숙이다. 그들은 모두 주원장의 적자이며, 기타 황자는 모두 첩_{비번}이 낳은 아들로 모두 서자였다.

명나라 사람은 효자황후가 태자 외에 네 왕을 낳았다는 점에 본래 별다른 이견이 없었다. 그러나 명나라 중·후기에 이르러 민간에서 '효자황후 다섯 아들 출생설'이 전혀 믿을 수 없는 거짓이라는 설이 나돌았다. 각 왕 출생의 미스터리에 관한 각종 설이 나돌았지만, 대부분의 논점은 모두 제4황자인 연왕 주체에 집중되었다. 그는 바로 훗날 대권을 찬탈해 황제가 된 영락제_{永樂帝}이다.

영락제는 명나라 황제 중 가장 위대한 정복 군주로 칭송받는 황제이자 오늘날의 중국이 중화라는 칭호를 얻게 한 장본인이다. 그만큼 중국 사람들에게 특히, 한인에게는 영웅이자 신과 같은 존재였다.

만일 주체가 자기 분수를 지키며 역사의 뒤안길로 조용히 사라져간 어진 왕이었다면 그가 적자인지 아닌지가 초미의 관심사가 되지 않았을 것이다. 그러나 주체는 건문제_{建文帝, 주원장의 장자의 아들 명나라 2대 황제}가 자신의 봉지를 취소시키자 반란을 일으켰고, 기적처럼 정권을 뒤엎은 후 당당히 황제의 자리에 등극했다. 정당하지 못한 방법으로 얻은 황제 자리였기 때문에 즉위 후 대대적인 학살을 감행하며 종묘를 피로 물들였다. 살육에 맛을 들인 아버지 태조 주원장에 이어 또 한 명의 폭군이 탄생한 것이었다. 이는 사람들이 수군거리지 않을 수 없는 이야기였다.

주체는 반역을 일으켜 황제의 자리에 오른 후 자신의 반역 행위에는 정난靖難이라는 주석을 달기도 했다. '정靖'이란 '평정한다'는 뜻으로, '정난'은 조정의 내란을 평정했다는 말이다. 그가 조정과 수년간 전쟁을 벌인 이유는 정권을 쟁취하고 권리를 빼앗으려는 탐욕에서 비롯된 것이다. 하지만 공식적인 역사서는 이를 두고 영락제가 '정난의 노고를 행했다'고 칭찬한다. 양두구육羊頭狗肉, 양고기를 걸어놓고 개고기를 판다이라는 말은 바로 이런 경우를 두고 한 말이다.

◈ 내용 깊이 보기

┃주원장의 부인과 황자(26명의 황자, 생모 순)┃

생 모	황자
마황후	장자: 의문태자(懿文太子) 주표(朱標, 1355~1392)
	차자: 진왕(秦王) 주상(朱樉, 1356~1398)
	제3자: 진왕(晉王) 주강(朱棡, 1358~1398)
	제4자: 연왕(燕王) 주체(朱棣, 1360~1424)
	제5자: 주왕(周王) 주숙(朱橚, 1361~1425)
마황후가 아들 다섯을 낳았다는 것은 명사의 공식적인 주장이며, 야사의 주장은 다르다	
호충비	제6자: 초왕(楚王) 주정(朱楨, 1364~1424)
달정비	제7자: 제왕(齊王) 주부(朱榑, 1364~1428)
	제8자: 담왕(潭王) 주재(朱梓, 1369~1390)
곽녕비	제10자: 노왕(魯王) 주단(朱檀, 1370~1390)
곽혜비	제11자: 촉왕(蜀王) 주춘(朱椿, 1371~1423)
	제13자: 대왕(代王) 주계(朱桂, 1374~1446)
	제19자: 곡왕(谷王) 주혜(朱橞, 1379~1417)
호순비	제12자: 상왕(湘王) 주백(朱柏, 1371~1399)
고씨(高氏)	제14자: 숙왕(肅王) 주영(朱楧, 1376~1419)
한비	제15자: 요왕(遼王) 주식(朱植, 1377~1424)

여비(余妃)	제16자: 경왕(慶王) 주전(朱㮵, 1378~1438)
양비(楊妃)	제17자: 영왕(寧王) 주권(朱權, 1378~1488)
주비(周妃)	제18자: 민왕(岷王) 주편(朱楩, 1379~1450)
	제20자: 한왕(韓王) 주송(朱松, 1380~1407)
조귀비(조귀비)	제21자: 심왕(沈王) 주모(朱模, 1380~1431)
이현비	제23자: 당왕(唐王) 주경(朱桱, 1386~1415)
유혜비	제24자: 영왕(郢王) 주동(朱棟, 1388~1414)
갈려비	제25자: 이왕(伊王) 주이(朱㰘, 1388~1444)
미상	제9자: 조왕(趙王) 주기(朱杞, 1369~1370)
미상	제22자: 안왕(安王) 주영(朱楹, 1383~1417)
미상	제26자: 황자 주남(朱楠, 1393)

I 공주들의 봉호(공주는 16명이며, 제10·13공주는 어려서 요절한 관계로 봉호를 받지 못함) I

순서	황녀의 봉호	실록에 기재된 생모
제1녀	임안공주 (臨安公主, 1360~1421)	손귀비
제2녀	영국공주 (英國公主, 1364~1434)	마황후
제3녀	숭녕공주(崇寧公主)	
제4녀	안경공주(安慶公主)	마황후
제5녀	여령공주(汝寧公主)	
제6녀	회경공주(懷慶公主)	손귀비 (실록에는 귀비가 딸 세 명을 낳았는데 둘째 딸은 어려서 죽었다고 기재되어 있음
제7녀	대명공주(大名公主)	
제8녀	복청공주(福淸公主)	정안비
제9녀	수춘공주(壽春公主)	
제11녀	남강공주(南康公主)	임씨(묘비명에 기재)
제12녀	영가공주(永嘉公主)	곽혜비
제14녀	함산공주(含山公主)	고려비 한씨
제15녀	여양공주(汝陽公主)	곽혜비
제16녀	보경공주(寶慶公主)	생모 장씨(묘비명에 기재)

군사를 일으켰을 때부터 연왕 주체가 입만 벙긋하면 이야기하고, 또 기회가 있을 때마다 한 말이 있다. 즉 "짐은 우리 태조 고황제주원장와 효자고황후주원장의 비의 적자, 이 나라의 적통 중의 적통"이라고 떠들었다. 스스로를 돌아보면 "별 능력이 없는 사람이지만, 짐은 확실히 부황 태조 고황제의 친자, 모후 효자고황후의 친아들, 황태자의 친동생, 외람되지만 모든 왕의 연장자이다." 등의 말이었다. 그가 자신이 적자 신분임을 매우 중요시했고, 그것을 알리지 못해 안달복달했음이 잘 드러난 것이라고 할 수 있다.

주체가 세상을 떠난 후 편찬했던 《명태종실록明太宗實錄》[85] 역시 그의 마음을 아주 잘 헤아려, 툭하면 '태종 문황제文皇帝'가 '조정'과 얼마나 특별하고 친밀한 관계를 유지했는지 보여주는 자료를 제공한다. 예를 들어, 건문제명 2대 황제, 혜종 주윤문 원년 7년, 주체는 상서에서 이렇게 말한다.

> "소신은 의문 황태자와 한 부모님을 둔 가장 가까운 혈육임을 사무치게 생각하는 바입니다. 그러므로 지금 폐하건문제를 모시는 것은 하늘을 모시는 것과 같습니다."

11월, 연왕 주체는 또다시 상서에게 말한다.

---

85) 주체의 묘호(墓號)는 처음에는 '태종 문황제'였으나, 가정 연간에 이르러서는 '성조 문황제'로 개칭하게 된다. '조(祖)'는 '종(宗)'에 비해 한 단계가 높아진 것이다. 《명태종실록》은 선덕(선덕) 초년에 편찬한, 영락조대의 관방 편찬 국사이다.

"폐하와 신은 모두 태조 고황제와 효자고 황후에게서 태어난 가장 가까운 핏줄입니다."

이는 스스로 자신을 적자라고 증명하는 신분 증명이었다.

건문 3년1341 윤 3월, 연왕 주체는 상서황제에게 올리는 글를 올려 말했다.

"신과 폐하께서는 저와 가장 존귀하며 친근한 사이임을 믿습니다."

이번에는 건문제도 반응을 보였다.

"글을 읽고 감동과 깨달음이 많았다."

건문제는 자신을 황제라고 칭하고 같은 어머니 고황후로부터 한배에서 난 형제로서 형제지간에 서로 죽이면 되겠냐고 아부하는 반역도당의 이따위 말에 감동을 받아 유명한 산문가인 방효유方孝孺에게 이렇게 말했다.

"연왕 주체는 효강제孝康帝[86]와 같은 배에서 태어난 동생분으로, 짐의 숙

---

86) 효강제란 건문제의 아버지 의문태자 주표를 말한다. 건문제 주윤문(朱允炆)은 즉위 후, 고태자의 시호로 효강황제를, 묘호로는 흥종(興宗)을 하사했다. 황제라는 존호는 주체가 즉위한 후 곧 폐지되었다.

부이시네. 오늘 무고한 그에게 죄를 묻는다면, 종묘사직의 조상을 볼 낯이
없지 않겠나?"

이는 건문제의 입을 통해 주체의 적자 신분을 증명한 셈이다. 건문제는 여기에서 진지하게 자신의 잘못을 뉘우치며 자신이 "무고한 연왕에게 죄를 물었다."고 인정했다. 또한 "내가 앞으로 죽게 되면 태조 황제를 무슨 낯으로 뵌단 말인가?"라고 하소연하였다. 이런 거짓말은 너무 과도하게 날조되어 누가 보더라도 실록이 위조되었다는 향기가 물씬 풍긴다.

나약하고 무능했던 건문제는 연왕 주체의 달콤함 말에 속아 결국 황제의 자리를 놓고 도망치고 말았다. 건문 4년1342 6월, 연왕 주체는 전쟁 승리의 여세를 몰아 황제의 보좌에 우뚝 섰다. 이때 모든 왕 및 군신은 표表를 올려 이렇게 간언했다.

"전하께서는 태조주원장의 후사요 적자로서 모든 성인의 덕으로 관을 쓰시고 사직에 공과 덕을 돌리시니 천자의 자리에 오르시기에 합당하십니다."[87]

모든 장군도 간하며 말했다.

---

87) 중국은 나라가 너무 커서 나라 전체를 다스리는 중앙에 황제를 두고 그 밑에 각 지역
(오늘날 성 정도에 해당)을 다스리는 왕을 다스렸는데 대부분 황제의 아들이나 형제들
이 왕이 되었다.

"전하는 문무에 뛰어나시며 자애롭고 인의와 효가 넘치신 태조의 적손이십니다."

군신은 다시 그에게 간했다.

"전하는 덕으로는 성인이시며, 위치는 적장자로서 흥업을 계승하시기에 적당하십니다."

이미 독자들도 눈치챘겠지만, 종실, 군신의 입을 빌려 주체의 적자 신분을 증명한 기록들이 넘쳐난다. 만약 진실로 적자라면 굳이 신하들이 적자라는 말을 거론할 필요가 없었을 것이다.

연왕 주체는 조그만 일에도 분노를 참지 못했는데, 즉위 후에도 그 성질을 버리지 못했다. 자신을 배알하러 온 사진왕嗣晉王, 주체의 셋째 형 진공왕(晉恭王) 주강(朱棡)의 아들을 접견하며 그는 또다시 이렇게 떠벌렸다.

"나와 네 아버지는 모두 돌아가신 부모님 황제의 소생으로 어릴 때부터 우애가 아주 돈독했다."

사실 말이 났으니 말이지, 진·연 두 왕은 비록 형제지간임에도 항상 사이가 좋지 않아 '우애가 돈독한' 적이 한 번도 없었던 사이다.

그런데 《명태조실록》에서는 다음과 같이 거짓말로 일관하고 있다.

"(경자년庚子年) 4월 계유癸酉일에, 제4황자영락제 주체, 즉 현재 재위 중인 황제

께서 탄생하셨으며, 효자황후마황후가 낳았다."

　오늘날의 《명태조실록》은 연왕 주체 즉위 후 새로 편찬된 것이기 때문에 주체를 현재 재위 중인 황제라고 표현하고 있다. 조선의 실록은 왕이 죽고 나서 후대왕 시대에 편찬하는 것이 원칙인데, 명나라는 재위 시절에 실록을 작성했으니, 이 모든 기록이 거짓일 수밖에 없다. 누가 자기 목을 내걸고 주체를 적자가 아니라고 할 수 있겠는가?

　《명태조실록》에서는 주표 이하의 다섯 형제[88)]를 모두 '효자황후마황후, 주원장의 비의 소생'이라고 말하고 있다. 주체 본인의 자술과 문무 군사의 공론, 건문제가 친히 말한 증언, 거기에다 국가기록의 권위까지 더해졌기에, 주체가 태조 주원장과 효자황후의 적자라는 사실은 더 이상 재론의 여지가 없는 확고부동한 사실로 받아들여진다. 하지만 진실도 너무 자주 쓰다 보면 의심이 생기고, 친자라는 강요는 지나치면 반발심만 생긴다는 것쯤은 누구나 알고 있을 것이다. 그래서일까? 왕자 중에서 가장 먼저 출생 관련 미스터리가 떠돈 사람은 다름 아닌 연왕 주체였다.

　명조 가정, 만력 시기에 저명한 학자 왕세정王世貞은 전고典故, 오래된 역사책에 박식했는데, 그는 명나라 제왕표를 편찬하면서 효자황후가 다섯 명의 적자를 낳았다는 설을 채택했다. 그 책에서는 이를 '정설정설이 정확한 설이라는 뜻은 아니다'로 말하고 있다. 하지만 왕세정은 사료를 수집

---

88) 마황후의 다섯 아들은 장자 의문태자, 차자 진민왕 주상, 제3자 진공왕 주강, 연왕 주체, 주왕 주숙을 말한다.

하는 과정에서 이미 이설진실이 아니라는 설을 발견한 바 있었다. 그는 《황명세계皇明世系》라는 책에서 연왕주체과 주왕주숙은 마황후의 소생이지만 의문태자진왕의 장자 주표는 다른 비의 소생으로 기록되어 있다고 밝혔다.

또한 왕세정과 동시기의 인물로 낭영郞瑛이라는 사람이 있는데, 그는 《노부옥첩魯府玉牒》이라는 책에도 마황후가 연왕주체과 주왕주숙 두 왕만을 낳았다는 설이 실려 있다고 말한다.《칠수류고七修類稿》

《노부옥첩》은 분명히 노왕의 가문에서 소장하고 있던 황실의 족보첩이었을 것이다. 《황명세계》라는 책은 작자미상이며 이미 소실되었지만 '족보'라는 뜻의 세계世系를 책의 제목으로 삼은 것으로 보아, 이 역시 분명히 황실의 계보를 적은 책일 것이다.

황제의 족보는 특별히 '옥첩'이라고 부르며, 중국 명·청 시기에는 황가 종실의 사무를 관리하던 종인부宗人府에서 역대 문서를 근거로 수년에 한 번씩 지속적인 편찬을 했다. 명대의 옥첩은 지금 세상에는 존재하지 않지만, 민간에서는 《천왕옥첩》이라는 책이 전승되며 명조 옥첩 중 남아있는 일부분으로 간주되었다.

《천왕옥첩》은 오늘날 다섯 개의 판본이 남아있는데, 재미있는 것은 다섯 판본에 실려 있는 주원장의 다섯 아들의 출생의 미스터리는 서로 일치하지 않으며, 두 갈래의 계통을 형성하고 있다는 점이다. 그중 하나는 이렇게 기록하고 있다.

"왕자 24인요절한 두 자녀는 계산하지 않음 중 제4자, 즉 현재의 주상연왕 주체과 제5자 주왕은 마황후의 소생이다. 장자 의문태자, 제2자 진민왕秦愍王, 제3

자 진공왕秦恭王은 각각 다른 어머니의 소생이다."[89]

이 《천왕옥첩》에서는 마황후가 낳은 아들은 넷째 아들 연왕, 다섯째 아들 주왕뿐이라고 주장한다. 즉 이 두 형제만이 적자일 뿐 큰아들 의문태자, 둘째 아들 진秦왕, 셋째 아들 진晉왕은 모두 '각각의 어머니가 출생한' 서자라고 기록하고 있다. 이는 《황명세계》와 《노부옥첩》의 기록과 동일하다.

이 말대로 한다면 마황후가 낳은 아들은 넷째와 다섯째 아들뿐이라는 것이다. 이 적자 외에 다른 왕은 모두 서자인 셈이다. 이 설이 놀라운 까닭은 언제나 순혈을 자랑하던 주원장의 제1황자 의문태자 주표가 여기서는 마황후의 소생이 아닌 아들로 적자에서 제외되었다는 점이다. 잘 알다시피, 주원장은 '황실 제도'에서 적장자 계승제를 수차례 강조하고, 역설했다. 그는 주표를 황제의 장자로 삼아 우선 오왕吳王 왕세자로 세웠다가 명이 개국하는 해에 황태자로 만들었으니 25년 동안 장자의 지위는 한 번도 변함이 없었다.

그가 홍무 25년1392 세상을 떠난 후에도 주원장은 다른 수많은 아들 가운데서 계승자를 선택하지 않고 주표후에 명 2대 황제 건문제를 적자로 인정하여 왕세자로 책봉하는 방식을 선택했다. 즉 적장손인 주표 주윤문을 황태손으로 세운 것이다. 따라서 주표 주윤문의 적자 신분은 아주 분명했다. 만일 넷째와 다섯째만 적자라면, 주원장이 어떻게 자신의 말과 위배되는 서자를 공공연히 황태자로 세웠겠는가? 다른

---

89) 명나라 사람 등사용(鄧士龍)이 편집한 《국조전고(國朝典故)》 본

말로 표현하자면 주표 주윤문이 만일 적자가 아니라면 왜 '황실제도'에서 그의 적장자 계승권을 그렇게 주장했단 말인가?

더욱 웃기는 것은 《천황옥첩》의 또 다른 판본은 《명태조실록》도 내용을 기록하고 있는 점이다. 즉 마황후가 다섯 아들을 낳았다는 '정설'을 고수한다. 한 책에서 어떻게 정설과 이설의 서로 다른 버전이 동시에 출현할 수 있을까?

《사고전서총목제요四庫全書總目提要》에서는 '이설본 《천황옥첩》이 의문태자주원장의 장자를 각 비빈의 소생이라고 기록했다'는 점을 지적하며, 마황후가 연왕과 주왕 두 왕자만 낳았다는 것은 정사에는 부합하지 않는다고 말한다.

"이는 아마도 당시의 경솔하고 망령된 말이니, 실록의 내용으로 삼기에 부족하다."

명나라가 멸망하고 청나라 시대의 학자들은 감히 모두 이 설을 지지하지 못했다. 이설을 지지하는 것은 옥첩을 만든 이가 주체 영락제에게 아첨하기 위해 역사를 날조하고 허무맹랑한 이야기를 적었다고 믿었기 때문이다. 그래서 《명사明史》는 여전히 '정설'을 고수하고 있다. 해진이 《명태조실록》 2차 수정본[90]의 총재관[91]을 맡았기 때문에, 사

---

90) 《명태조실록》은 건문 연간에 완성되었다. 주체가 즉위하자마자 재편찬을 명한 것이 바로 2차 수정본이다. 영락 9년에 다시 재수정을 명령했으니, 이것이 3차 수정본이며 오늘날에 전해지는 판본이다. 하지만 과거 2차 수정본은 현재 실전되었다.
91) 청대 중앙 편찬기관의 주관 관원이자 회시(會試)를 관장하는 관원

람들은 이 설이 《명태조실록》에도 실려 있을 것이라고 의심한다.

《명태조실록》 1차본은 건문제_{명나라 2대 황제 주윤문} 시대에 편찬되었다. 책 속에서 연왕 주체를 반역도당이라 질책했기 때문에 주체가 당연히 불만을 가질 수밖에 없었다. 그는 정권을 찬탈하자마자 《명태조실록》 재편찬 명령을 내렸다. 아이러니한 것은 검수관이 군사를 이끌고 '연왕 정복'에 나섰다가 실패한 대장군 이경융_{李景隆}이었다는 점이다. 하지만 검수는 일반적으로 명목상의 직책일 뿐 직접적인 편찬 책임은 총재 편수 등의 관리가 맡게 된다. 책을 재수정해 바쳤을 당시 주체 영락제는 전혀 불만을 표시하지 않았다. 그런데 9년이 지난 후 갑자기 재편찬하라고 불호령이 떨어졌다. 재편찬 이유는 검수를 맡았던 이경융과 여상_{如瑞}이 "마음이 똑바르지 않아 세심하고 정확하게 편찬하지 않았다."라는 것이었다.

여기서 '마음'을 들먹일만한 사건이라고는 '정난'밖에 없는데, 정난은 이미 끝난 상태였고, 그렇다면 이 시기에 가장 커다란 사건은 우리가 알고 있는 '어여의 사건'이다. 이 사건은 위에서 살펴보았듯이 어여씨 두 사람이 연왕에게 사랑받고자 독약을 사용하여 한쪽은 죽고 다른 한쪽 역시 유명을 달리한 사건이었다. 그렇다면 영락제 주체가 마음을 들먹일만한 사건이란 아마도 실록 중 주체에게 불리한 문서나 내용이 이때 밝혀진 것이 아닌가 추측한다.

또 다른 주장에 의하면 어떤 이가 주체 영락제에게 참언을 올려 말하길, 해진이 자기 마음대로 족보를 고쳐 의문태자_{주원장의 장자}를 서자로 전락시킨 것은 너무나 끔찍한 일이라고 한다. 해진이 고의로 주체_{영락제}의 출생 스캔들을 날조한 바람에 이 스캔들이 본인에게 최고의 약

점이 되었다는 참언은 주체를 격노케 했다. 그 후 해진은 군주에게 미움을 받아 죽임을 당했다. 그는 역사서 편찬 시 머리를 굴려 똑똑한 척 폼을 잡았지만, 오히려 '너무 똑똑해서 자기 꾀에 넘어가고 만 것'이다.

해진이 주원장의 적자는 주체 영락제밖에 없다고 올린 당시에는 영락제도 좋다고 그냥 넘어갔는데 시간이 흐르다 보니 자기 형도, 그리고 엄마인 효자황후도 부정하는 꼴밖에 안 되었으니 그때야 '아차 실수했구나' 싶어 놀랐다는 것이다.

사람들의 참언을 들은 주체는 그제야 일이 크게 잘못되었음을 깨닫고 실록을 재편찬하라는 명령을 내렸다. 이번에는 의문태자_{주표}와 두 진왕이 다시금 마황후의 친아들 체계로 들어왔다. 이것이 바로 오늘날 볼 수 있는 《명태조실록》의 '정설'이며, 《천황옥첩》 역시 재편찬을 거쳐 '정설'을 따르게 되었다. 하지만 그 몇 년 동안 옥첩은 이미 황궁에 의해 전수되거나 민간에 두루 전파되었지만_{예를 들어 노왕 가문이 소장한 판본,} 전파과정에서 완벽하게 필사가 되지 않았던 관계로 두 가지 다른 판본을 남기게 되었으며, 결국엔 주체가 출생의 미스터리를 비밀리에 고쳐 썼다는 이야기까지 나오게 된 것이다.

만일 해진이 고의성을 가지고 누구나 다 아는 적통 황세자 의문세자를 서출로 격하시키고 연왕 주체를 적자로 격상시켰다고 가정한다면, 그는 왜 꼭 주왕 주숙_{주원장의 5번째 아들}까지 묶어서 그도 적자라고 주장한 것이었을까?

첫 번째 설은 연왕 주체넷째, 주왕 주숙다섯째 두 왕자만이 적출이고 나머지는 모두 서출이라는 주장이었다. 그런데 아주 이상한 점은, 이 5황자 주왕은 절대 적자가 아닐 뿐 아니라 서자라는 증거도 확실해 세상 사람들은 다 알고 있었다는 것이다. 그렇다면 세상 사람들도 알고 황실에서도 서자라는 사실을 다 알고 있는 다섯째를 갑자가 마황후가 낳은 적자로 둔갑시킨 이유가 무엇일까? 물론 범인은 영락제 주체라는 사실을 모르는 사람은 없는데 말이다. 이 이야기는 사실 주원장이 총애했던 손귀비와 관련이 있다.

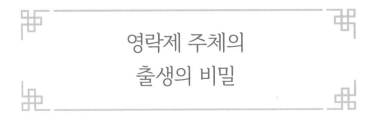

영락제 주체의
출생의 비밀

홍무 초년, 손귀비는 궁중에서 효자황후_{마황후}에 버금가는 지위를 누렸다. 그녀는 홍무 3년에 귀비로 봉해졌으며 지위는 모든 비빈보다 높다. 하지만 천수를 다하지 못하고 홍무 7년 9월 운명했으니 꽃다운 32세의 나이였다. 사랑하는 비의 죽음 앞에 주원장은 매우 괴로워하며 그를 '성목귀비'로 추증했다. 귀비에게는 아들이 없었기 때문에_{하지만 딸은 셋} 어머니가 없는 다섯째 아들인 주왕 주숙에게 '자모_{어머니}의 상을 3년간 모셔' 효성을 다하도록 했으며, 동궁황태자, 의문태자와 각 왕은 모두 1년 상을 모시도록 명했다.

옛날 사람들은 처첩이 많아서 아무리 같은 아버지의 자녀들이라 해도 각자 생모는 적모, 서모라는 차등이 있었다. 적모는 주인의 정식 부인으로서 아버지가 매파를 통해 공식적으로 받아들인 큰마누라였으며, 황제에게는 황후를 말한다. 서모는 아버지의 첩, 혹은 작은마누라로, 듣기 좋은 말로는 측실_{側室}, 차부인_{次夫人}이라고 했다. 황가에는 수많은 비와 빈이 있었다. 게다가 생모란 아이를 낳은 어머니로 첩이거나 첩마저 아닌 경우도 있었다.

조정은 만민의 모범이요, 궁정에서 지키는 예법은 천하 백성에게 본보기로 작용했다. 주원장은 적자들과 황태자 주표주원장의 장남를 포함한 모든 황자를 동원해 서모 손귀비의 상을 모시도록 했으니, 이는 천고 이래에 없었고, 예법에도 근거가 없는 신례新例. 즉 주원장이 사랑하는 손귀비를 위해 특별히 만든 '애례哀禮'였던 셈이다.

다섯 번째 아들인 주숙주왕은 손귀비를 위해 '자모慈母의 상'을 모셨고, 삼 년간 효성을 다했다.

전통적인 사회에서 적자와 서자 간의 경계는 매우 엄격했다. 엄연한 적자를 서모에게 양자로 주어 서자로 만들어 버린다는 것은 있을 수 없는 일이다. 게다가 삼년상은 매우 고된 중노동이었다. 힘들 뿐만 아니라 의생활과 식생활 및 결혼 등 모든 일에 지장이 있었다. 예를 들어, 성생활 불가, 화려한 옷 착용 금지, 기름지고 맛 좋은 음식 섭취 금지 등 절제된 생활을 해야 했다. 또 저승에서 돈으로 쓰실 수 있도록 부모님 영전에서 그릇을 깨뜨려 드리고, 부모님을 생각하며 가슴 아프게 통곡하며, 땅에 머리를 부딪쳐 절을 하고 무릎을 꿇어 하늘을 향해 곡을 해야 했다.

그런데 아직 생존하신 생모가 이 모습을 보게 된다면 이는 정말 당혹스러운 광경이고, 재수 없는 오두방정이 아닐 수 없다. 게다가 다섯째 주왕 주숙은 보통 남다른 아이가 아니었다. 그는 홍무 3년에 왕으로 봉해졌고 홍무 7년에는 이미 16세였다. 비록 아버지의 명령이 위엄 있고 아무리 강력하더라도 아무런 이유 없이 귀중한 작은 황자에게 이런 말도 안 되는 일을 명했다면 주숙은 분명 불평불만이 가득했을 테고, 그렇다면 이 역시 아버지가 원하는 바가 아니었을 것이다. 친어머니 효자황후마황후의 자식과 첩 손귀비의 자식 간 차이는 그야말로 하늘과 땅 차이인데 그런 명령을 따를 자식이 어디 있겠는가?

따라서 주숙주왕이 손귀비를 위해 3년간 상을 치른 이 사건을 통해서 우리는 다음과 같은 판단을 할 수 있다.

첫째, 주왕은 아주 어릴 때에 어머님을 여의었거나, 어머니의 신분이 지배국의 여자였기 때문이다. 생모는 그가 아주 어릴 때에 세상을 떠났거나 다른 이유가 있는 것이 분명하다. 그래서 주왕은 생모에게 효를 행한 적이 한 번도 없었지만, 자모양모가 길러주신 은혜가 있어 효자의 예를 행하도록 명을 받은 것이다. 생모의 사랑을 되새기며, 양모의 은혜에 보답하라는 뜻이었다.

둘째, 만일 주왕과 연왕 두 왕의 어머니가 같다면 연왕 역시 아주 어릴 때부터 생모를 잃었을 것이고 또한 반드시 어떤 궁궐에서 길러졌을 것이다. '주왕이 여러 비번의 위'에 있는 손귀비에게서 길러졌다면, 나이가 조금 많은 연왕 주체는 효자황후에게서 길러졌다는 가설이 가능하다.

명나라 말의 산문작가 장대長岱는 연왕 주체가 서비의 아들인데 어떻게 효자황후의 적자가 되었는지는 이렇게 단언했다.

"성조영락제 주체가 태어났다. 효자왕후가 임신하여 자신의 아들로 삼았으니, 일의 경과가 비밀에 싸여 있다(成祖朱棣生, 孝慈皇后妊爲己子)."

여기서 '임신했다^妊'는 말에 따르면 주씨 집 넷째가 태어나야 하는데, 효자황후는 우선 뱃속에 큰 물건을 집어넣고 아이가 아래로 나올 때까지 기다렸다. 즉 아이가 자신의 몸에서 떨어져 나온 핏덩이로 생각했다는 뜻이다. 이는 태자를 친자로 바꿔치기한 이야기나 마찬가지 아닌가? 하지만 "일의 경과가 비밀에 싸여 있다."라고 했는데, 장대는 이를 어떻게 알게 되었을까? 그 역시 추측했을 뿐이다. 그의 추측에 의하면 주왕_{朱橚}은 일개 궁녀의 아들이지만 효자황후가 입양해서 키운 아들이라는 것이다.

주왕이 서모를 위해 삼년상을 치른 이 일은 당시에는 큰 파급력을 발휘했다. 게다가 궁중에서 족보 책까지 나온 상태였기 때문에 내외적으로 주왕은 서자라는 사실이 다 알려져 있다. 하지만 《천황옥첩》 등의 책이 주왕을 '지금의 황상'과 함께 엮어놓았다면, 이는 어떤 이익이 있을까? 만일 주체_{연왕}가 적자가 아니라면, 그가 서출인 주왕을 친황제로 인정할 경우 상황은 연왕에게 불리하게 돌아갈 것이다.

만일 해진이 아부를 하기 위해 의문태자_{주원장의 장자}의 신분을 고의로 비천하게 만들었다면 이것은 이해가 된다. 하지만 그는 왜 이미 서거한 황상의 둘째 형과 셋째 형인 두 진왕까지 같이 비하해 전부 서출이라고 해야 했을까? 또 왜 주왕만 그렇게 좋아해서 그를 '지금의 황상'과 함께 적자로 만들고 싶어 했던 것일까?

중국 학자들의 해석에 따르면, 연왕과 주왕은 둘 다 같은 어머니의 소생인데 연왕은 자신은 죽었다 깨어나도 적출이라고 우기니, 주왕도 억지로 가문을 바꿔 효자황후의 적자라고 할 수밖에 없었다는 것이다. 중국의 우한_{吳晗} 선생이 쓴 《명성조생모기의_{明成祖生母記疑}》라는 글은 이 설을 지지하고 있다.

셋째, 주왕이 상주로서 효자 노릇을 했던 일은 《효자록》, 《명태조실록》 등에 실려 있으며, 궁중 예의를 관장하는 관원뿐만 아니라 내외 조신도 모두 알고 있었다. 황자들도 전부 주왕의 자모를 위해 1년 동안 상을 치렀으며, 상을 치르는 기간 동안 주왕은 모든 황자의 모범이 되었다. 이런 대단한 다섯째 주왕의 효도에 연왕 주체가 자신과 한편인 '적통'으로 삼으려 했다.

그래서 연왕은 손귀비의 효자 주왕을 하루아침에 효자황후의 적자로 둔갑시키려 했다. 그래서 연왕이 황제가 된 후 《명태조실록》의 내용을 바꿔 자신과 주왕은 주원장의 적자라며 효자황후의 아들임을 명시하게 되었다.

> "《명사明史》의 바탕이 된 만사동의 《명사고明史稿》는 붉은 글씨로 정치적 목적으로 인해 편찬 과정에서 고쳐 쓴 부분이다."

중국 푸쓰녠傅斯年 선생은 명나라 때의 수기手記 중 필사본 한 권을 읽은 적이 있는데, 그중 한 대목에 이런 이야기가 있었다고 주장한다. 주왕의 가문에는 내려오는 전설이 하나 있는데, 연왕은 주왕과 한 배에서 태어났기 때문에 둘 다 효자황후의 소생이 아니며, 그래서 건문제명 2대 황제 주윤문가 영지각 지역의 왕이 다스리는 나라를 취소하던 당시 주왕이 제일 크게 책망을 받으며, 연왕도 큰 불안을 느꼈다고 한다. 그 후 연왕 주체가 반란에서 승리하고 수도로 돌아오자마자 주왕과 서로 부둥켜안고 서러운 눈물을 흘렸다는데, 이는 두 사람이 적자가 아니고 같은 배에서 낳은 서자였기 때문이었다.

성조 영락제가 주원장의 적자가 아니라는 것은 효자황후의 자식이 아니라는 말과 같다. 그렇다면 영락제는 누구의 아들이란 말인가? 중국의 많은 학자들은 사실 영락제는 고려 적비의 아들이라고 주장한다. 적비의 '적磧'자는 아주 드물게 보는 희귀자이다. 《강희자전康熙字典》에서 이 글자를 찾아보면, 아래쪽 주에 다음과 같은 설명이 적혀 있다.

'명 태조 조비 적씨'

자전에 이 글자가 수록된 것을 보면 글자는 명성조 영락제의 생모인 적비의 전설에 근거하여 생겼음을 알 수 있다. 그 외에는 이 글자를 다른 곳에서 사용한 예는 전혀 찾아볼 수 없다. 가정시대 사람 정효鄭曉는 《금언今言》이라는 책에서 이렇게 말했다.

"태조주원장의 효릉 안에 몇 명의 비빈을 부장했는지는 모른다. 효릉에서 제사 지내는 것을 본 적이 있는데, 옆에 46개의 책상이 놓여 있고 혹은 앉아 있거나 혹은 그렇지 않았는데, 대략은 모두 태조 주원장의 비빈이었다."

그 비와 빈안에 적비의 자리가 있었다고 한다. 적비는 본래 고증이 불가능한 인물이지만 성조 영락제의 생모를 논한 글에서는 대개 아무런 이견 없이 적비를 '달비'와 동일시했다. 그리고 '적'은 한족의 성씨가 아닌 음역자인 듯한데, 적비라고 하면 자연적으로 외국 국적의 여인을 연상할 수 있다. 그러나 원말 명초의 정세로 볼 때, 그녀는 몽골인'韃靼(타타르)'은 '達達(달달)'과 통한다이었을 수도 있고, 어쩌면 색목인이나 고려인이었을 수도 있다. 하지만 유럽인 혹은 인디언은 절대 아니었을 것이다. 왜냐하면 그 당시 중국에는 그런 인종을 찾을 수 없었기 때문이다. 그녀가 타타르인, 색목인, 혹은 고려인일 거라고 추측하는 데는 그만한 이유가 있었다.

몽골인은 더 말할 필요도 없이 막 세대교체가 된 통치 민족이었고, 지금은 비록 북방의 사막으로 도망쳤다고 하나 만리장성 안쪽 한족의 영토 안에는 몽골 상인이 대량으로 남아있었기 때문에 통칭 타타르인으로 불렸다. 이 타타르인은 명나라에서 관직에 오르며 한족과 통혼을 한 탓에 중국 전역에 광범위하게 분포했다.

또한 당시 고려는 원나라의 속국으로 고려 국왕은 원나라의 정동행성征東行省 승상丞相직을 겸직하고 있었다. 중국에는 고려인 남성이 많지 않았지만 고려 여인과 '반쪽 남자 환관'은 적지 않아, 그들은 주로 대도大都, 지금의 북경의 후궁에서 살며 황제의 비나 빈이 되거나 후궁과 환관을 모셨다. 고려는 홍무 25년1392에야 이성계가 새 왕조를 건국함으로 왕권이 교체되었고 주원장이 조선이라는 국호를 하사했다.

그렇다면 적비는 몽골인이거나 고려인일 확률이 높다. 중국의 푸쓰녠 선생은 몽골인은 얼굴이 둥글고 넓적하며 몸매가 우람해 우직하고 촌스러워 보이기 때문에 여성스런 아름다움이 모자라 고려인과 비교하자면 수준 차이가 많이 난다고 했다. 그래서 적비는 고려인이라고 단언했으며, 설령 그렇지 않더라도 고려인일 가능성이 가장 크다고 여졌다.

성조 영락제의 어머니 적비가 고려인이라는 증거는 또 있다. 당시 주원장은 고려 여인을 좋아했다. 주원장 사후에 효릉에 순장한 비빈만도 46명에 달했는데, 대부분 고려에서 공녀로 데려온 고려 여인이었다. 그리고 주원장에게 황자를 낳아주었던 비로는 딸만 둘 낳은 마황후, 호충비제6초왕의 어머니, 달정비제7자 제왕, 제8자 담왕의 어머니, 곽령비제10자 노왕의 어머니, 곽혜비제11자 촉왕, 제13자 대왕, 제19자 곡왕의 어머니, 호순비제12자 상왕, 제14자 숙왕의 어머니, 한비제15자 요왕의 어머니, 여비제16자 경왕의 어머니, 양비제17자 영왕의 어머니, 주비제18자 민왕, 제20자 한왕의 어머니, 조귀비제21자 심왕의 어머니, 이현비제23자 당왕의 어머니, 유혜비제24자 영왕의 어머니, 갈려비제25자 이왕의 어머니, 무명비제9자 조왕, 제22자 안왕, 제26자 황자의 어머니가 있었는데, 한씨는 고려인이었다.

당시 기록에는 고려가 명나라의 속국이었기 때문에 속국에서 바쳐진 공녀가 황제의 비가 되어 자식을 낳으면 고려인이라고 표기를 꺼렸다. 게다가 명나라 전체를 통틀어 가장 위대한 왕으로 칭송받는 성조 영락제의 어머니가 고려인이라고 한다면 어떻게 될까? 명나라로서는 생각만 해도 끔찍한 일이었다. 그래서 대부분의 중국 학자들은 영락제의 어머니가 고려인이라고 하지 않았다. 그렇다면 가장 확실한 증거는 영락제에게 직접 듣는 것인데, 잘 알다시피 영락제는 자신이 주원장의 적자이자 효자황후의 자식이라고 《명실록》까지 거짓으로 만든 장본인인데, 어머니가 고려인이라고 주장한다면 당장 무덤에서 뛰쳐나올 것이다.

성조 영락제의 어머니가 고려인이라는 기록은 또 있다. 《명사록》에 따르면 주원장의 정부인 효자황후마황후가 낳은 황자가 5명이라고 나온다. 장남 주표朱標, 차남 주상朱樉, 3남 주강朱棡, 4남 주체朱棣, 5남 주숙朱橚이다. 정사인 《명사明史》에는 이 설을 답습해 효자황후의 아들은 5명이라고 했다. 이러한 기록을 바탕으로 공식적으로 4남 주체가 효자황후의 적자라고 전해지게 되었다.

그러나 이 설이 날조되었다는 것은 위에서 살펴보았고 중국 내 많은 학자들의 고증을 거쳐서도 입증이 되어 현재는 영락제가 적자가 아니라는 것이 정설이 되었다. 결론부터 말하면 주체는 효자황후의 친자가 아니고 후궁들 중 하나가 낳은 서자였다. 효자황후는 친자가 없었다. 반란에 몸을 던진 주원장과 고락을 같이 한 효자황후는 끝내 자식 복이 없었던 것이다. 대신 그녀는 주원장의 후비들이 낳은 서자들을 진짜 자식처럼 애정을 기울여 키웠다. 앞서 언급한 5명의 황자가 그 경우다. 장남 주표와 차남 주상, 3남 주강이 숙비淑妃 소생이고 4남 주체와 5남 동생 주숙이 적비[92]의 몸에서 태어났다. 다시 말해 넷째 주체와 다섯째 주숙은 적비의 자식이었다.

숙비와 적비는 그래서 《명사》나 《명태조실록》 등 그 어떤 사적에도 이름이 나오지 않는다. 만약 그녀들의 이름이 나오려면 그녀들의 자식도 공개해야 하기 때문에 본인들은 단지 자식만 낳고 그 자식들은 효자왕후의 자식들이라고 올려 놓았던 것이다.

사실 영락제 주체가 적자인가 아닌가에 대해 그가 죽고 나서 얼마 안 된 때부터 세간에 소문이 났다. 많은 사적들에는 그의 실모實母, 진

---

92) 공비 이씨는 고려인이라는 설이 유력하다.

^짜 어머니를 둘러싼 당시의 유언비어들이 적혀 있다. 물론 역모로 황제가 된 그의 정통성을 파고들려는 의도가 깔려 있다.

어떤 설은 영락제 주체가 어머니 순제의 후비였다는 내용이 있는데, 명나라 군대가 대도를 함락시켰을 때 이미 임신 중이던 옹구트 씨가 주원장의 후궁으로 왔고, 곧 태어난 아이가 주체라는 기록이다. 주체의 아버지가 원나라의 마지막 황제 순제라는 말인데, 이는 황당무계하게 들릴지 모르지만, 그 정도로 주체의 실모 문제가 항간의 화제였음을 알 수 있다.

이 문제를 해결한 최대의 단서는 《남경태상시지南京太常寺志》라는 책이다. 태상시太常寺는 황실의 의례를 맡는 부서인데, 여기에서 제작된 《남경태상시지》에는 주체가 적비의 아들이라고 되어 있었다. 그러나 불행하게도 《남경태상시지》는 현존하지 않는다. 하지만 청나라 초기까지는 존재했고 그 일부분이 여러 책에 인용되어 지금까지 전해오고 있다. 이미 청나라 초기에 적비 생모설이 근거가 있다고 여겼고, 이를 분석하고 검토한 결과 영락제 주체의 실모는 적비라는 것이 현재의 결론이다.[93]

그럼에도 주체가 실모를 숨기고 효자황후의 적자로 이름을 올린 이유는 말할 것도 없이 황위를 찬탈한 자신의 지위를 정당화하기 위해서였다. 그는 조카인 어린 황제에게 반기를 들고 힘으로 황위를 빼앗아 즉위했다. 이 엄연한 사실이 일시적인 호도책으로 사라질 리는 없

---

93) 단죠 히로시(壇上 寬)(2017), 《영락제: 화이질서의 완성》, 도서출판 아이필드, pp.75~77.

었다. 정통론의 입장에서 언급해도 자신이 적자여야 했다. 그래서 그는 기회가 있을 때마다 효자황후의 적자라고 표명함으로써 정통 후계자임을 연출하려고 했다.

공식기록인 《명실록》이 주체를 효자황후의 적자로 기록한 것은 황제의 자리가 주체로 넘어간 이상 당연했다. 주체가 스스로 적자라고 했지만, 진실을 알고 있는 사관이 적자라는 사실을 그대로 기록할 리가 없었다. 그러나 영락제의 출생 비밀은 기록에서 소멸되는 바람에 영락제가 바라는 대로 효자황후의 적자라는 하나의 사실이 만들어져 오늘날 전해지는 것이다.

중국 역사에서 결코 진귀한 일은 아니지만, 영락 시대의 공식기록은 워낙 사실과 반대되는 경우가 많다. 때로는 아예 없는 일이 마치 사실인 것처럼 기록된 것도 있다. 황제가 재위 기간에 실록을 작성했으니, 어느 누구도 황제의 명을 거역할 수 없었을 것이다.

저자의 생각에는 성조 영락제는 고려 여인 적비의 아들이 틀림없다고 확신한다. 대부분의 남자들은 어머니를 닮은 여인을 좋아한다. 그 때문인지 영락제는 시도 때도 없이 조선에 어린 처녀를 요구했는데, 이때는 고려가 조선으로 바뀐 지 얼마 되지 않을 때였다. 게다가 영락제는 북경 천도 직후인 영락 19년 초 조선에서 공녀로 보낸 권씨를 총애하였는데, 그녀가 다른 궁녀들의 모함으로 죽자 그녀를 모함한 환관과 궁녀를 포함해 2,800명을 한꺼번에 처형하였다. 영락제는 이 모든 일에 직접 참관하여 최후를 목도했다고 한다.

■ 영락제는 황제 등극 이후부터 말년에 이르기까지 조선의 음식과 술, 식재료에 푹 빠져 있었다. 당시 진상 품목에는 밴댕이와 새우젓, 된장, 영덕대게 등 조선의 여염집에서 먹던 온갖 음식까지 포함돼 있었다. 영락제가 구체적으로 지목하여 진상하라고 명한 음식 중 소어(蘇魚), 즉 밴댕이회

　이런 영락제의 행동에 대해 중국의 저명한 학자들은 영락제의 병세가 악화되어 갑자기 분노를 표출했다고 주장한다. 과연 순간의 분노에 2,800명이나 죽였을까, 저자는 그렇게 생각하지 않는다. 이런 행동 뒤에는 어머니를 어머니라고 부르지 못한 불효에 대한 일종의 보상심리가 작용했기 때문으로 보인다.

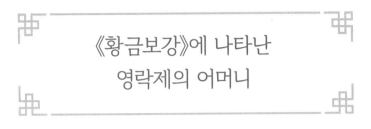

《황금보강》에 나타난
영락제의 어머니

　《명사》는 영락제 주체를 주원장의 넷째 아들로 기록했다. 하지만 《명사》가 '정사'라고 해서 반드시 모든 것을 올바르게 기록한 것은 아니라는 점을 염두에 두어야 한다. 이른바 사史로 불리는 정사들은 전 왕조를 무너뜨린 다음 왕조에서 자신의 혁명을 정당화하기 위해 때로는 상당한 역사 왜곡을 통해 자신을 영웅화하기 때문이다. 하물며 살아있는 재위 시절에 만든 《명사》가 사실의 기록이라고 믿는 사람은 아무도 없을 것이다.

　《명사》의 개편 이력을 밝힌 '수사조의修史條議' 61조는 만사동萬斯同이 완성한 《명사고明史稿》 416권을 웅사리熊賜履가 바치자 "강희제가 읽어보고는 기뻐하지 않아 내각에 넘겨 자세히 보게 했다."라고 기록했다.

　《명사고》는 《명사》 편찬의 바탕이 된 책이다. 실제로 현존하는 《명사고》에는 붉은 글씨로 고쳐 쓴 흔적이 여러 군데에서 나타난다. 《명사》는 이후로도 90여 년에 걸쳐 4단계의 편수 과정을 거쳐야 했다.

때로는 정서가 밝히지 못하는 진실을
야사나 개인의 문집 등이 밝히는 경우
가 허다하다. 영락제의 탄생 비화도《명
사》가 아니라《황금보강》이라는 책에
더욱 신빙성 있는 모습으로 나타난다.

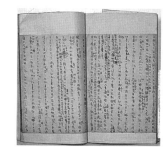
■ 빨간색으로 수정된《명사》

《황금보강》은 영락제가 주원장의 아
들이 아니라, 놀랍게도 원의 마지막 황제 순제_{우하안 투 칸}와 그의 한 황
후_{카탄}의 아들이라는 이야기를 전한다. 황제 순제의 황후는 바로 고려
인 적비였다. 그러면서 원 황제의 아들인 영락제의 자손들이 대명국_大
_{明國} 황제로 국통_{國統}을 이어나갔다고 기록했다. 다시 말해《황금보강》
은 분명하게 영락제의 생모가 주원장의 한 황후인 '고려인 적비'의 아
들이라고도 전하고 있다. 주원장의 '적비'가 고려 여인이라는 말이다.
이 기록은 우리나라 학자인 이덕무_{李德懋}의《청장관전서》60권,〈앙엽
기_{盎葉記}〉'적비'편에도 나온다.

> "원말 명초 조선_{여진족}의 여인들을 뽑아다 궁인_{宮人}으로 삼았다. 원 순제의
> 셋째 비_{기씨(奇氏)} 비가 된 뒤 성_姓을 솔랑가_{肅良哈: 몽골어로 고려를 뜻함}로, 이름
> 을 완자홀도_{完者忽都}로 고쳤는데, 고려 사람 총부산랑_{摠部散郞} 자오_{子敖}의
> 딸이었다. (…중략…) 명 초기에도 이런 풍조가 고쳐지지 않고 인습되어 효릉_孝
> _陵, 주원장의 능에도 적비가 있었고, 장릉_{張陵}, 영락제의 능에도 적비가 있
> 었던 것이다."

이덕무는 이어 "이는 다 우리나라의 여자들이 중국으로 들어간 사적의 기록인데, 적씨의 사적이 더욱 기이하여 다른 나라에서 아는 자가 적기 때문에 지금 표명하려 한다."라고 서술하고는 청나라의 학자 주이준朱彝尊이 지은 《명시종明詩綜》의 기록을 인용해 적비가 영락제의 생모임을 밝혔다.

"심현화沈玄華, 가여 출신가 〈삼가 남경 봉선전에서 제사를 올리다〉라는 시가 있는데, (···중략···) 고황후는 고황제를 짝하여 황제의 장막의 신神이 깃드는 남향으로 모시고 여러 비빈은 동쪽 줄에 모셨는데, 적비만은 서쪽에 모셨으니 성조成祖, 영락제가 그 생모生母를 중히 여겨 적비의 덕 높이 드러냈네. 한 번 보는 것이 천 번 듣는 것보다 다르니 실록인들 어찌 믿을 수 있겠는가, 이 시로 그 전고를 서술해 둠은 후세사람들의 의혹을 없애려 함이라.'하였다."

이덕무는 특히 《명시종》의 기록에 대해 "주이준도 사관史官으로 있었으니, 그가 근거를 살펴본 것 역시 정확하여 믿을 수 있으므로, 고황후효자황후, 마황후가 끝내 임신하지 못했다는 말은 반드시 그만한 소견이 있을 것이다. 게다가 태상시太常寺의 기록이 있고 또 심현화의 시까지 명백하여 의심이 없음에랴."라 하여 적비가 영락제의 생모라는 사실이 옳다고 주장했다.

이덕무는 '적비'를 조선 여인으로 추정하면서도 왜 적이라는 성씨가 조선에 없는지 의문을 제기했다. "《만성통보》와 우리나라의 씨족에 관한 책들을 널리 상고해보면, 본래 '적'자 성이 없다."라며 곧 고려 적비라는 여인이 과연 고려 여인인지 의문을 제기했다. 그러면서도 "적비의 이름이 《태상지》에 원나라의 '원비元妃'라고 적혀 있다."라는 몽골인 박명이라는 사람의 말을 빌려 "경신군庚申君이 기씨奇氏와 함께 원나라로 들어갔으니, 원나라가 망한 뒤 태조주원장의 비妃가 되었다. 명 사신史臣이 이 사실을 밝히기를 삼가 피한 것인지, 아니면 본래 '적'자 성을 '석石'자 옆에 붙인 것인지 모를 일"이라며 결국 그녀를 '고려 여인'이라고 추정했다.

이덕무보다 25년쯤 후의 인물인 한치윤韓致奫도 자신의 《해동역사》에서 '영락황제永樂皇帝의 생모인 고려인 적비'에 관해 같은 내용을 기록했다.

"장릉영락제의 능 매번 스스로 칭하기를, '짐은 고황후高皇后의 넷째 아들'이라 하였다. 《남경태상시지》에 이르기를 '효릉주원장의 능의 비는 다음과 같다. 태조 고황제太祖高皇帝 고황후 마씨馬氏, 왼쪽 1위 이숙비李淑妃, (⋯중략⋯) 오른쪽 1위 적비, 적비는 성조영락제 문황제成祖文皇帝를 낳았다.' 하였다."

"《명시종》에 들어있는 심현화의 시 〈경례남도봉선전기사敬禮南都奉先殿紀事〉에 이르기를 '고후죽은 황후께서 태조 황제와 짝해 있으니, (⋯중략⋯) 여러 후비들은 동쪽 행랑에 자리했는데, 한 비만이 홀로 서쪽 자리하였네, 성조영락제께서 자기 생모를 중히 여기사, 다른 비빈과 나란히 못 하게 했네, 한번 보매 듣던 것과 전혀 다르니, 실록인들 그 어찌 다 믿을 것인가, 시를 지어 옛말 사실 서술하여서, 뒷사람들 미혹되지 않게 하누나." 하였다. (⋯)

이러한 내용을 좀 더 명나라 학자 입장에서 살펴보자면 해당 기록은 명나라 말년에 나타난 《남경태상시지南京太常寺志》에서 시작한다. 태상시는 제사를 주관하는 아문으로서, 남북 구 경도에 모두 태상시라는 기구를 설치했다. 남경태상시는 남경 내부內府와 효릉, 의문태자릉 등의 예례를 책임졌다. '지志'란 해당 기구가 관장하는 정무 및 연혁을 기록한 책으로서, 《남경태상시지》는 단 한 부로 구성된 책이 아니다. 《사고전서》에 실린 '목록서명만 적혀 있을 뿐 책 내용은 포함되어 있지 않다'에 의하면 가정연간에 남경태상시경南京太常寺卿을 맡았던 왕종원汪宗元이 편집한 책 13권이 있다.

일부 작자는 이 책이 바로 적비를 언급한 책이라고 여기는데, 실은 그렇지 않다. 성조 영락제의 출생에 대한 놀라운 내막을 벗겨낸 책은 심약림沈若霖이 지은 40권짜리 《남경태상지》이다. 이 책은 천계天啓 3년1623년에 완성되었지만, 지금은 이미 실전되었다.

이 책이 명나라 말기에 사람의 주목을 끌었던 주된 이유는 명 성조 영락제의 생모로 과거 전혀 들어보지 못했던 적비를 기재하고 있기 때문이다. 또한 의문태자를 포함한 다섯 황자는 전부 마황후의 소생이 아니라는 경악할 설을 적고 있기 때문이었다. 그래서 이 책은 세상에 나오자마자 많은 사람의 주목을 한 몸에 받았다.

비록 과거 민간에서도 성조의 어머니가 달비라는 전설이 있기는 했지만, 대부분의 사람들은 성조가 마황후의 적출이라고 믿고 있었다. 그러나 《남경태상시지》 같이 제사 전적을 기록한 지서誌書에는 성조의 생모는 무명의 적비라는 설이 폭로되었다. 또 의문태자를 포함한 황자

전부 마황후의 소생이 아니라고 하니, 경악할 만한 사실이었다. 그래서 이 책은 세상에 나온 후, 당시 사람들의 불같은 관심을 불러일으켰다. 이 설은《옥첩족보》이나 정사와 모순되는 유일한 자료이다.

한편 이 책은 '남태상 직장상연南太常職掌相沿'을 기록한 매우 권위가 있는 책이기에 어느 것이 맞고 어느 것이 틀렸는지 분별하기는 더욱 어렵다. 명대의 사학자 하교원何喬遠은《명산장名山藏》에서 비록 이 설을 언급하고 있기는 하지만 결론을 낼 수 없다며, '후대인의 더 깊이 있는 연구를 위해 글을 기록해 둘 뿐'이라고 했다. 그 후 중국의 저명한 학자들이 오늘날까지 '깊이 있는 연구'를 해 봤지만 믿을만한 정론은 없다는 것이 중국 측의 결론이다.

없는 역사도 만들어 고구려나 발해의 역사를 뒤집는 중국의 입장에서 만약 자신들이 가장 위대한 황제로 섬기는 성조 영락제가 당시 고려 즉, 조선 여인의 아들이라고 한다면 어떻게 되겠는가? 생각만 해도 끔찍한 일이라 함부로 결론을 내지 못했을 것이다.

그러나 명말 청나라 초의 지식인 담천談遷은《국각國榷》에서 '성조의 어머니는 적비'라고 단도직입적인 주장을 하였다. 담천이 이렇게 말한 중요한 근거는《남경태상시지》에 실린 태조릉太祖陵(남경의 명효릉明孝陵) 향전享殿 안에 있는 각 비빈의 신주의 순서였다. 과거 종묘에서 제사를 드릴 때는 신주의 순서를 따질 때 '좌소우목左昭右穆'[94]이라는 기준이 있었다. 즉 중간에는 조상을 모시고, 그 좌측동쪽은 소昭, 우측서쪽은 목穆

---

94) 시조를 가운데에 모시고 2세, 4세, 6세는 시조의 왼쪽에 모시는데 이를 '소'라고 한다. 3세, 5세, 7세는 우측에 모시는데 이를 '목'이라 한다.

이라 하여 나이와 항렬, 존비의 순서대로 신주를 배열했다. 적비의 위치는 '목위 제1', 즉 태조 부부 이하 우서쪽 열의 첫 번째 자리였다. 담천은 《조림잡적》〈동관彤管〉 편에서 《남경태상시지》가 기록한 태조 명효릉 향전 내부 신주의 배열순서 및 제왕과의 관계를 옮겨 실었다. 상세도는 다음과 같다.

태조(주원장) 및 마황후	
서열(목, 穆)	동열(소, 昭)
적비 (연왕의 생모)	숙비 이씨 (의문태자, 진왕(秦王), 진왕(晉王)의 생모)
	황 O비 O씨 (초, 노, 대, 영, 제, 곡, 당, 이(伊), 담왕의 생모)
	황귀비 O씨(상, 숙, 한, 심왕의 생모)
	황귀비 O씨(요왕의 생모)
	황미인 O씨(영, 연왕의 생모)

■ 자료: 명나라 후궁비사(후단)

향전에서 주원장과 마황후는 중간에 놓여 남쪽을 보고 있고, 제왕의 어머니는 모두 동열에 놓여 있되 오직 이름도 모르는 적비만 혼자 서열에 위치해 있다. 태자 및 두 진왕, 연 주왕 등 각 왕이 모두 마황후의 적자라고 기억하는 사람이라면 이 모습을 보면 한눈에 놀라움을 금치 못할 것이다. 이 순서에 의하면 의문태자는 마황후의 소생이 아니고, 성조 영락제 역시 마황후의 소생이 아니다. 공식역사에서 적자 다섯 명을 낳았다고 기록한 마황후의 슬하가 이렇게 황량하다 못해 심지어 아들 하나 없다니, 중국인들 입장에서는 믿고 싶지 않을 일이었다.

담천은 《남경태상시지》의 기록을 함부로 믿지는 않았다. 외부인 명 효릉 향전은 심오한 미스터리를 알 수 없는 노릇이기에, 담천은 이 책을 들고 효릉을 지키는 환관에게 가서 사실관계를 물었다. 그 '방문조사' 결과, "효릉에 구름같이 많은 환관이 있어(모두 다 알고 있는 사실인데), 효자고황후는 아들이 없고, 구체적인 사실은 《남경태상시지》에 기록된 것과 같다."라는 대답을 들었다. 명효릉을 지키던 태감 역시 마황후는 아들이 없다며 《남경태상시지》의 기록을 입증해 주었다. 그렇다면 마황후가 자식이 없다는 것이 맞고 성조 영락제의 어머니가 고려의 여인 적비의 아들이 분명히 맞는 것이다.

당시 수많은 사람이 이 문제에 큰 관심을 가졌다. 예를 들어 《삼원필기三垣筆記》의 작자 이청李淸은 황광弘光 원년1645년 1월 1일 첫날에 예부상서 전겸익錢謙益과 함께 황제의 명을 받들어 명효릉을 배알했다. 전겸익은 명나라 말기 뛰어난 지식인으로 평소 박학다식하기로 유명했으며 《명태조실록변증明太組實錄辨證》이라는 글을 쓴 바 있는 홍무시대 역사 전문가였다. 또 예부상서로서 제사와 전례도 바로 그의 주관하에 이루어졌다. 그래서 이청이 전겸익에게 이 내용을 물어보았지만 전겸익 역시 확실한 사실은 모르고 있었다.

이청은 곧 "내가 직접 향전에 가서 《남경태상시지》의 기록이 맞는지 아닌지 확인해보겠다. 그러면 금세 알게 될 것이다."라고 건의하였다. 전겸익도 이 아이디어를 좋게 여겨 두 사람은 제사를 마치자마자 기회를 보아 함께 향전을 찾아 고증하기 시작했다. 무거운 휘장을 걷어내고 보니 과연 그곳에 있는 신주의 배열순서는 책의 기재 내용과 똑같았다.

태조의 여러 비빈의 신주 배열순서는 명효릉 향전만 그런 것이 아니라 남경대내大內[95] 봉선전奉先殿 역시 마찬가지로 배열되어 있었다. 만력萬曆 14년1586년 남경 태상시경太常侍卿 심현화沈玄華는 과거 《경례남도봉선전기사敬禮南都奉先殿記事》라는 시를 지어 봉선전 안에서 "고황제는 하늘에 계시고 궁중의 휘장에는 신명이 깃드셨네. 뭇 비빈은 동쪽에 위치해 있건만, 한 명의 비妃만 환자 서쪽에 있네. 성조는 생모를 귀하게 여겼으니, 비빈의 덕이 감히 미치지 못하네. 한 번 보는 것이 천 번 듣는 것과 다르니 실록이 어찌 고증할 수 있을까?"라고 말했다. 심현화는 적비 혼자 서쪽에 위치해 있는 것은 '성조가 귀하게 태어난' 연고라고 지적했다.

효릉의 신주 위치는 만력 연간에 이미 이런 식으로 배치되어 있었음을 알 수 있다. 적비의 일은 전적에 기재되어 있을 뿐 아니라 그 제사와 전례를 위한 위치는 수많은 사람이 두 눈으로 목도한 바이기에 증거가 확실했다. 그래서 1930년대 학계에서 명 성조 생모의 미스터리를 토론할 때 다수의 학자는 주체가 적자가 아니고 생모는 적비라고 인정했으며, 이것은 사학계에서 거의 정설로 굳어졌다. 그렇다면 실록명사, 명태조실록은 황제들이 시키는 대로 사신들에 의해 작성되었으니, 믿을 것도 따를 것도 못 된다.

이덕무와 한치윤은 영락제의 어머니는 '적비'이고 이 여인은 '조선녀

---

95) 명나라 사람은 자금성(자금성)을 습관적으로 '대내(大內)'라고 불렀다.

朝鮮女'라고 명기했다. 이는 고려가 이후 조선으로 바뀌면서 조선 여자라고 표현한 것 같다. 영락제의 어머니가 중국인이 아니라 '고려인 적비'라는 사실을 명나라 사람들이나 이덕무 등 조선시대 실학자들도 이미 다 알고 있었다는 말이다.

이처럼 많은 사료에 '고려인 적비'에 관한 기록이 남아있다. 이 때문에 십수 년 전 중국의 한 언론에서도 '고려 적비'에 대해 보도하자 명나라 황가의 기원이 조선인가 하는 문제로 중국인들의 뜨거운 토론이 벌어진 적이 있다. 결국 그들은 논쟁 끝에 '원나라 순제의 후비 중 고려 공녀 출신 후비가 주원장의 여러 아내 중 하나가 되었고, 그녀가 영락제의 어머니가 된 것'으로 보았다.

이처럼 중국의 몇몇 사서와 저술, 그리고 조선의 이덕무와 한치원, 오늘날의 중국학자들까지 모두 '고려 적비'를 고려의 공녀 출신, 즉 고려 여인으로 보았다. 그녀는 한자로는 '고려 적비'라고 쓰이지만, 사실은 몽골어로 '콩그라트 카탄'이라고 불리는 몽골 여인이었다고 한다. 그렇다면 '콩그라트 카탄'과 적비와는 어떤 관계가 있는 것일까?

그 답 또한 롭산단잔의 《황금보강》에 있다. 《황금보강》은 영락제에 대해 "콩그라트 카탄의 아들 영락제"라고 하여 그의 생모가 원 순제인 우하만 칸의 "콩그라트 황비카탄"라고 분명하게 적었다. 바로 이 콩그라트 카탄이 《남경태상시지》에서 "성조 문황제成祖文皇帝를 낳았다."라고 기록한 '적비'다.

콩그라트 씨는 칭기즈칸의 부인이었던 부르테를 비롯하여 대대로 원 황제의 제1황후를 배출한 가문이다. 한자로 된 《원사元史》에는 '홍길랄弘吉剌'로 나타난다. 이 씨족 출신의 황후라는 뜻의 '콩그라트 카탄'은 뜻밖에도 우리말에서 비롯했다. 즉 큰 고려씨高句麗氏 비妃라는 뜻인데, '큰高'을 비슷한 소리의 한자로 쓰면 '콩磩'이 된다. 그러므로 '콩그라트'는 '콩磩=고-그라高麗-트씨 카탄妃'이다. 이를 줄여 부르면 바로 '고려高麗 적비'가 된다.

결국 '고려 적비'는 '기황후'와 같은 시기에 원나라로 간 고려 공녀가 아니라 몽골의 콩그라트 씨족 출신 황비라는 말이 된다. 그럼에도 그녀는 스스로를 '고려 적비'라고 불렀다. 그녀의 씨족은 자신들이 조선 민족인 '발해고려인'이라고 믿고 있었기 때문이다.

그렇다면 고려 출신 기황후와 함께 원나라 마지막 황제인 순제우하만투 칸의 황비였던 '콩그라트 카탄'은 어찌하여 명 태조 주원장의 황비가 되었음에도 《실록》이나 《명사明史》에 오르지 못했을까?

이 역시 《황금보강》이 알려 준다. 군사를 일으킨 주원장이 원의 수도인 '대도'로 쳐들어오자 우하안투 칸과 기황후 등은 성의 북문으로 몸을 빼 북으로 도망갔다. 바로 이때의 일이다.

"정권을 빼앗길 때 우하안투 칸의 황후 콩그라드 카탄은 임신한 지 세 달째가 된 상태였다. 카탄은 주원장의 군사를 피해 큰 물통 안으로 들어가 숨었다. (…중략…) 카탄을 사로잡은 주원장은 칸의 자리에 올랐다. 콩크라트 카탄이 생각하기를 '일곱 달이 지나 아이를 보게 되면 적의 아들이라 하여 죽일 것이고, 열 달이 지나 태어나면 자기 아들이라고 나쁘게 하지는 않을 것'이라 여겨 '굽이 살피사 석 달을 더 보태어 열세 달이 되도록 해 주소서' 하고 하늘에 기도했다. 마침내 하늘이 굽어살펴 열세 달이 되어 새파란 아이가 태어났다."

'새파란 아이'란 표현이 양수를 뒤집어쓴 상태를 말하는 것인지, 아니면 당시 주체에게 파란 큰 점이 있었는지를 암시하는지는 확실하지 않다. 이처럼 영락제는 아버지의 나라를 빼앗은 여진인 주원장의 아들로 자라면서 평생 생모도 아닌 효자황후의 아들 행세를 해야 했다. 결국 그는 나중에 친손자인 족보상의 조카 공민제_{恭閔帝} 주윤문_{朱允炆,} _{명 2대 황제}을 내쫓고 스스로 황제가 되었다.

《명사》는 영락제의 궁정혁명의 이유에 대해 적지 않았다. 그러나 여기에는 분명한 이유가 있었다. 이 의문의 공백을 채워주는 것도 역시 《황금보강》이다. 영락제의 궁정혁명의 이면에는 그의 태생에 관한 문제가 얽혀 있다.

> "조주_{Joju}황화 칸_{홍무} 황제, 곧 주원장의 '키타드카탄_{한인 황후}'에게서 한 새파란 아이가 태어났다. 홍무제는 꿈에서 두 마리의 용이 다투는 것을 보았다. 왼쪽_{동쪽}의 용이 바른쪽_{서쪽}의 용을 물리쳤다. 홍무제_{주원장}는 점쟁이를 불러 꿈의 길흉을 물었다."

> "그 두 마리의 용은 폐하의 두 아들이요. 바른쪽 용은 카타드 카탄의 아들이고, 왼쪽 용은 몽골 부인의 아들이오. 폐하의 칸 자리를 이 아이가 이을 운명이오."

점쟁이의 말을 듣고 홍무제_{주원장}는 "다 같이 내 씨앗이기는 하나, 그 어머니가 적의 카탄이었다. 그에게서 태어난 아들이 내 칸 자리에 앉는다는 것은 인정할 수 없다."하고 황궁에서 내쫓아 장성 밖에 푸른

성을 짓고 살게 했다.

홍무제주원장는 대좌에 앉은 지 31년이 지나 죽었다. 그의 아들의 아들인 공민제 윤문이 황제 자리에 올라 4년이 지난 뒤 콩그라트 카탄의 아들 영락 황제가 자신의 친위병, 요람의 3,000명의 몽골 백성, 물의 3만 주르치드여진 백성, 카라코롬 백성으로 구성된 군대를 데리고 와서는 홍무제의 아들건문제을 잡아 목에 은도장을 눌러 찍고는 내던져버렸다.

영락제는 홍무3년 연왕燕王에 봉해져 홍무 13년 북평北平의 번藩으로 나갔다. "칸의 궁전에서 내쫓아 장성 밖에 푸른 성을 짓고 거기서 살게 했다."라는 기록은 영락제가 연왕에 책봉돼 북경지역으로 간 것을 가리킨다.

이처럼 비밀스런 태생을 지닌 영락제 이후 그의 아들, 손자와 후손들이 자그마치 257년간 중원을 통치했다. 이에 대해《황금보강》은 다음과 같이 기록했다.

"바로 그 우하안투 칸원순제의 아들 영락 칸주표이 통치하며 살았다. 키타드 울루스명나라 한인 백성는 지당한 우리 칸원순제의 씨앗이 칸 자리에 올랐다고 하여 '영락대명영원히 행복할 대명나라'이라는 칭호를 올렸다. 궁정혁명에 힘을 보탠 요람의 3,000 우지예드올길 몽골 백성에게 300대도, 주르치드여진 백성에게는 600대도大道, 행정구획에서 큰 도를 이르는 말의 상을 하사했다. 영락 칸은 22년이 지나 하늘로 돌아갔다. 영락 칸의 후손이 11대를 이어 나간 것은 홍시 칸洪熙帝 8명의 황제, 탄순타이순 칸이고, 다이민 토틴친치 칸은 한 해를 황제 자리에 앉았다. 홍화 칸에서 탄치 칸까지 257년 간 황제 자리에 앉았다.

즉, 고려 적비의 아들 영락제 주체에 의해 명나라가 계승되었다는 것이다. 그 결과 비밀스러운 출생의 비밀을 가진 위대한 황제 영락제 주체는 어머니의 나라 조선 공녀朝鮮貢女로 후궁을 채웠다. 수천 리 떨어진 조선에서 12명의 시녀와 12명의 요리사를 데리고 온 5명의 여인, 곧 조선 인우부 좌사윤仁宇府左司尹 임천년任添年의 딸 임씨任氏, 공안부 판관恭安府判官 이문명李文命의 딸 이씨李氏, 호군護軍 여귀진呂貴眞의 딸 여씨, 중군부사정中軍副司正 최득비崔得霏 딸 최씨와 명에서 광록경光祿卿 이라는 재상급 벼슬을 제수받은 공조전서工曹典書 권영균權永均의 딸로 공헌현비恭獻賢妃가 된 권씨權氏 등이 바로 그녀들이다.

동양 3국을 지배한
조선 민족의 혈통

나아가 영락제는 주원장과 주윤문 시대의 중국계 한인 환관 3,000명을 모두 쫓아내고 조선에서 데려온 환관을 자신의 수족으로 삼았다. 이렇게 하여 영락제의 궁궐은 대문지기부터 침실, 황후 비빈이 거처하는 후궁, 궁정 주방 등 곳곳이 시끌벅적한 조선말로 가득했다. 영락제는 왜 이런 조치를 취했을까? 바로 자신이 고려인의 아들이었기 때문이다.

비록 정통성 문제 때문에 자신이 적자임을 강조하기 위해 아버지 주원장의 비인 효자황후마황후의 아들이라고 주장하면서 역사를 왜곡했지만, 마음 한구석에는 어머니에 대한 그리움과 어머니의 고향 고려후에 조선에 대한 애정이 남아있었다.

명나라의 태조주원장가 한족이 아닌 고려와 퉁족혼혈된 여진족 출신에다 명나라에서 가장 존경받는 영락제까지 고려 여인의 자식이라는 사실은 명나라의 기원이 조선인을 통해 계승되었음을 알게 한다. 이는 현재의 중국인들에게 도저히 받아들이기 어려운 일일 것이다. 하지만 사실인 걸 어쩌란 말인가. 어디 그뿐인가. 태생이 그러니 주원장의 혈통을 이어받은 영락제, 그리고 영락제의 피를 이어받은 후손들은 고려나 조선 공녀에게 끌릴 수밖에 없었다. 원래 피는 서로 끌리는 법이다.

영락제의 아들 홍희제洪熙帝를 거쳐 손자인 선종宣宗은 조선인 공녀 출신인 오황후吳皇后로부터 명 7대 황제 대종경태제景帝를 낳았다. 비록 《명사》에서는 이 사실을 밝히지 않고 "오태후는 경제의 어머니인데 도단인吳太后"라고 적고 "오태후는 선종이 태자 때 뽑혀 궁에 들어갔다. 그리고 선덕 3년에 현비로 봉해졌다. 경제가 즉위하자 높여 황태후라 했다.(宣宗爲太子時, 選入宮, 宣德三年封賢妃, 景帝卽位, 尊爲皇太后)"고만 적었다.

이에 관해 이덕무는 《청장관전서》〈앙엽기〉 '적비' 편에서 "오씨는 처음 후궁이 되어 '경태景泰'를 낳았는데, 뒤에 경태가 태후太后로 높였다. 태후는 본국을 그리다 못해 자신의 화상을 그려 본국으로 보냈다. 그러나 조선에서는 어떻게 처리할 수 없어 절에 갖다 두었으므로 초동목수樵童牧豎들도 마음대로 구경했는데, 그 화상이 아직도 보존돼 있다."하였다.

《속통고續通考》에는 '그 모친은 단도丹徒 사람인데, 도독都督 오언명吳彦名의 딸이다.' 했으나, 화상을 조선으로 보낸 것이 사실이라면 이 어찌 속일 수 있는 일이겠는가? 이는 아마 명나라 사관이 조선을 외국이라 해서 휘諱, 꺼려서 숨긴다는 뜻해 버린 듯하다.

어떤 이는 "황후의 아버지는 벼슬이 참판參判에 이르렀다."라고 한다. 이덕무가 상고해보건대, 만약 이씨의 말과 같다면 경태가 선종 3

년세종10년, 1428에 태어났다는 말이 《명사》에 보이니, 오척의 딸이 선종 2년1477에 선종의 후궁으로 들어가 이듬해 '경태'를 낳은 것이다. 그렇다면 아버지 인종仁宗의 상喪이 아직 끝나지 않았으므로 선종은 아직 복중服中에 있었던 것이다."하고 진실을 밝혀 두었다.

그 후 명나라 황제 11명은 모두 조선의 피를 받은 경태제의 후손이었고, 그들 중 여러 황제 또한 조선 공녀를 후비로 삼았다. 조선 공녀의 피를 받은 경태제부터는 고구려-발해-말갈몽골의 부계와 조선 여인의 모계 혈통을 이어받은 황제들이 마지막까지 옥좌를 지킨 것이다.

한편 주원장에게 쫓겨난 원 순제와 기황후는 여전히 몽골을 통치했다. 참고로 원 순제는 고구려-발해 왕가 대야발의 19대손으로 발해의 피를 이은 칭기즈칸의 7대 후손이자, 쿠빌라이 칸의 5대손이다. 기황후는 고려 출신이었다.

그 뒤 이 두 사람은 장남인 원 소종昭宗 보르지긴 아유시리다르가 북원北元의 2대 칸이 되었다. 원의 12대 황제이자 몽골제국의 17대 대칸이다. 소종 역시 고려인 권겸權謙의 딸 권씨와 김윤장金允臧의 딸 김씨를 황후로 삼았다. 그 후 북원은 칭기즈칸 가문의 후손이 통치를 지속하다 여진족인 누르하치의 후금에 흡수되었다.

'말갈靺鞨, 발해의 후손' 여진족, 주원장은 칭기즈칸의 7대손인 원 순제와 고려 출신 기황후가 다스리던 중원의 원을 북으로 내쫓았다. '명明'이라는 국명은 그가 '말갈'밝을'의 투르크식 발음'족 출신임을 증명하는 나라 이름이다.

그런데 북으로 쫓겨난 원 순제와 북경에 남은 그의 '콩그라트 카탄' 곧 고려 적비의 아들 영락제가 다시 명나라 황제가 되고, 그 뒤 그의 후손이 257년간 중원을 통치했다.

명나라 황가의 실질적 창시자인 영락제는 결국 몽골과 고려의 혈통을 이어받았다. 영락제는 또 여러 황비 가운데 자신과 뿌리가 같은 조선 여인 현비賢妃 권씨를 가장 총애했다. 나아가 그의 아들과 후손들은 조선 공녀, 실질적으로는 '조선에서 뽑아 들인 뛰어난 여인'들을 황비로 삼았다.

영락제의 증손인 경태제 이래 황제들은 조선 여인의 피를 받아 황가를 이었다. 그러다 역시 고구려-발해-금으로 이어지는 조선 민족 왕가의 후손인 포고리옹순고구려 영웅의 6세손인 청태조 누르하치가 명의 '니칸만주어로 한인' 정권을 엎고 다시금 중원의 주인이 되어 그 권좌를 지켰다. 결국 당시의 조선·명·북원 등 동양 3국의 토지와 사람은 모두 조선 민족의 뿌리와 혈통을 가진 사람들이 통치한 셈이다. 이 같은 상황은 명 이후 청나라 때에도 계속된다.

명나라 황실 가계도

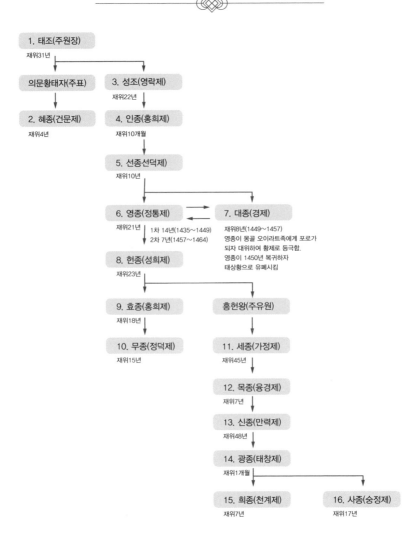

- 존속기간 : 1368년부터 1644년(277년)
- 특징 : 중국 역사상 최후의 한족 통일왕조

중국 황제와 조선왕들의
잘못된 성관념

명나라 사서에서도 기록하고 있듯 당시 수많은 어린 고려 여인들이 주원장에게 바쳐졌다. 물론 갖다 바친 사람은 위화도 회군이라는 반역으로 정권을 잡은 이성계였다. 그뿐만이 아니었다. 주원장의 사후에 효릉에 순장한 비빈만도 46명에 달했으니 주원장은 죽어서도 원이 없었겠지만 죄 없는 조선 궁녀들의 삶은 그것으로 끝장나고 말았다.

특히 후궁의 여인 중에는 관직과 품계가 있어 비빈이라고 불리는 사람이 있었는가 하면, 책봉된 호가 없어 그저 '모씨某氏'라고 불리는 사람도 있었다. 그런데 고려에서 온 주씨 소녀는 책봉된 호가 없어 행방이 묘연하다. 주원장은 자신의 후궁에서 아무 여인이나 골라잡아 임신시키고 아들을 낳게 하여 자신의 후사를 늘려 갔다.

사실 주원장의 비와 빈이 몇이나 되는지 정확히 알기는 어렵다. 마음에 드는 궁녀가 있으면 언제든 취할 수 있었고 버리거나 죽이면 그만이기 때문에 기록만을 가지고 비와 빈의 수를 헤아리는 것은 불가

능하다. 예를 들어, 주원장의 16째 황자인 경왕慶王의 어머니의 비에
는 '어머니 양씨母楊氏'라고 성씨만 적혀 있을 뿐 책봉된 호는 없었음을
알 수 있다.[96] 그리고 우리가 다 알고 있는 네 번째 아들 주체 영락제
와 다섯 번째 아들 주왕 주숙의 경우 어머니가 누군지 정확히 알 수
없다. 특히 네 번째 아들 주체 영락제의 경우 그 어머니가 고려 여인이
라는 사실도 《명사》는 기록하지 않고 있다.

  주원장이 이렇게 많은 비와 빈 그리고 궁녀들을 두고 쾌락을 추구
했던 이유는 무엇이었을까? 이 분야 전문가들은 주원장의 이런 행동
에 대해 권력을 통한 정복자의 야욕에서 발생하는 성적, 쾌락적 행위
이며 이러한 성 착취는 장기화할수록 습성화되어 섹스를 하지 않으면
참을 수 없는 성도착증 증세로 발전되어 반복적으로 지속할 수밖에
없다고 말한다. 이는 황제라는 권력에서 나오는 잘못된 인식으로 인한
파렴치한 행동 때문이라 할 수 있다. 하지만 정확한 이유에 대해서는
설명을 하지 못하고 있다.
  통상 열 여자 마다하지 않는 것이 남자들의 특징이다. "남자는 아무
리 기력이 없어도 문지방 턱 넘을 힘만 있으면 여자를 취할 수 있다."
는 말도 있다. 다시 말해 똥오줌을 바지에 쌀 정도로 기운이 쇠하고
망령이 들어도 자식을 가질 수 있다는 뜻이다.

---

96) 《명사》〈후비전〉에서는 주원장의 비와 빈에 대해서 단 4명만 이야기를 싣고 있다. 첫 번
째는 효자고황후(孝慈高皇后), 두 번째는 손귀비(孫貴妃), 세 번째는 곽령비, 네 번째는
이숙비(李淑妃)다.

주원장 같은 권력을 가진 자들이 여성을 마치 자신들의 노리개로 삼아 성을 착취했다. 인간이 동물보다 힘이 세다고 해서 동물에 대한 학대가 정당화되지 않듯, 이처럼 남성이 여성보다 힘이 세다고 여성을 지배하는 것이 정당화될 수는 없다.

진화심리학적으로 남성은 여성에게 수정시킬 수백만 개의 정자를 늘 가지고 우월한 존재로 살아간다. 그러다 마음에 드는 여자가 있으면 수단 방법을 가리지 않고 여성을 정복하고 만다. 어떤 사람은 달콤한 말로 또 어떤 사람은 강제로 자신의 욕심을 채우고 마는 것이다.

남자는 여성과 성관계하는 순간 여자가 아이를 가질 가능성이 있다는 것을 알고 있다. 그럼에도 그 순간만은 쾌락을 위해 뒷일을 생각하지 않는다. 남자의 이기적인 유전자가 발현하는 것이다. 더욱이 재산이 많거나 권력을 가지고 있는 사람들은 부도덕하게 자식을 낳는 것에도 거리낌이 없다. 그저 원하는 대로 섹스를 통해 쾌락만 취하면 그만이고 임신 여부는 관심조차도 없다. 그래서 그런지 명나라 황제뿐만 아니라 조선의 국왕들은 나라는 잘 돌보지도 못하면서 자식 농사에는 밤낮을 가리지 않았다.

고려나 조선에서 원이나 명나라에 보낸 공녀들의 미인에 대한 기준은 기록으로 찾아볼 수 없지만, 대부분 어린 여자아이들로 기록하고 있다. 원나라나 주원장이 고려 여자아이들을 좋아한 이유는 아마도 자신들의 나라 여인들보다는 어리고 그리 뚱뚱하지 않았기 때문으로 보인다. 권력을 가지고 있는 자들이 저지른 여성에 대한 성 착취는 사실상 강간범과 다를 게 없다. 설사 그 사람이 황제나 국왕이라고 할지라도 그렇다.

그런데 명나라 황제나 조선의 국왕들이 그렇게 많은 비와 빈을 두고도 다른 여자들에게 눈을 돌리는 이유는 무엇이었을까? 명나라 황제나 조선 국왕들의 자식 수가 많은 것에 대한 연구는 저자[97]를 비롯하여 많은 학자들에 의해 연구된 적이 있다.

조선시대 국왕들의 자식 수는 태종이 29명12남 17녀, 성종이 28명16남 12녀, 선조가 25명14남 11녀, 정종이 23명15남 8녀, 세종이 22명18남 4녀이나 된다. 물론 이는 실록에 기록된 숫자에 불과하다.

당시 피임기구나 세정제가 없었던 관계로 대부분의 국왕들은 성인성질환성병에 취약했다. 예를 들어, 성종의 경우 주색으로 인한 등창과 폐병이 있었다. 통상 과색에 의한 성행위 후 나타나는 현상으로 정액이 소모되어 체내에 허열이 생겨서 마치 폐병처럼 기침이 잦고, 잠자리에서 식은땀을 많이 흘리는 도한盜汗 증세[98]가 있는데, 성종의 폐병은 그러한 증상으로 보이며, 등창의 경우는 문란한 과색으로 인한 성인성질환성병으로 추측된다.

조선 국왕들의 《중추원일기》를 살펴보아도 피부병 혹은 등창과 같

---

97) 정승호·김수진(2021), 《조선의 왕은 어떻게 죽었을까》, 인물과 사상사. ※참조
98) 과도한 성관계 이후 나타나는 후유증을 한방에서는 방로상(房勞傷)이라고 한다. 정액이 소모되어 체내에서 허열이 생겨서 마치 폐병 환자처럼 기침이 잦고 잠자리에서 식은땀을 흘리는 도한 증세 외에 심장박동도 두근거리며, 빨라지고, 허리와 무릎이 아프거나 힘이 빠져 다리가 후들거리며, 머리가 어지럽고 아프기도 한다.(성 기능/비뇨기과: 섹스와 방로상 중에서)

은 증세는 대부분 오늘날 성인성질환[99]이나 과다한 영양 섭취로 인한 혈액염증질환의 증상과 유사한 것으로 보인다. 성인성질환성병의 종류와 증상은 매우 다양하나 대부분의 조선 왕들은 피부병, 등창, 종기 등으로 고생하여 온천욕과 정기적인 치료에도 불구하고 호전되지 않았다는 《왕조실록》을 살펴볼 때 성인성 질환 중 임질이나 매독, 그리고 질염으로 추측할 수 있다.

당시 이러한 증상을 보였던 왕으로 세종, 성종, 중종, 숙종, 정조, 순조가 있다. 당시 기록은 없지만 난잡한 국왕들의 성관계로 상당한 숫자의 기형아가 태어났을 것이다. 그러나 이 경우 궁궐의 북문으로 몰래 갖다 버렸거나, 궁 밖으로 빼돌려 특별히 관리되었을 것으로 보인다.

일부 제정신이 아닌, 아니 솔직하게 표현해 '자기도취'에 빠진 황제나 국왕들은 권력을 이용하여 여자들을 강제로 겁탈하는 강간범과 다르게 없었다. 흔히 강간범들은 여자들이 '실제로는 강간을 즐기며 성적 환상이 현실로 실현되는 일상의 경험으로 생각한다.'라는 왜곡된 신념을 지니고 있다.

이런 주장에 대한 정당성을 부여하기 위해 정신 나간 외국의 유명한 학자는 "일부 여성들이 강간을 당할 때 강력하게 저항하고 공격으

---

99) 성인성질환이란 감염된 사람과의 성행위로 인해 전파되는 전염성 질환을 말한다. 최근 성병이란 명칭에서 오는 부정적 인상으로 인해 최근에는 '성인성질환'으로 부른다 성인 성질환은 한번 걸린 후 치료된다고 해서 면역이 생기는 것은 아니다. 또한 성기에만 감염되는 것이 아니라, 항문, 입술, 손, 가슴 등 어느 부위에도 생길 수 있다. 성인성 질환은 종류가 다양한 만큼 그 증세도 다양하다.

로 충격을 받는 것을 극적인 쾌락으로 연결시켜, 실제로 오르가즘에 도달하며, 이로 인해 임신할 가능성이 높다."라는 연구 결과를 발표한 적이 있다. 만약 국내에서 이런 연구결과를 발표했다면 십중팔구 많은 지탄을 받았을 것이다. 어쨌든 많은 여성들이 극적인 카섹스를 원하는 경우와 비슷하다고 할 수 있다.

그러나 분명한 것은 수정에는 오르가즘이 필요하지 않으며, 강간당하는 동안 피해자의 정신적 고통을 이해하지 못한 채 일부 여성의 생리적 흥분에만 지나치게 많은 무게를 둔 연구라고 할 수 있다.

임신의 가능성은 성폭력이라는 긴장과 공포심으로 자궁경부를 수축시키고, 정액풀 속으로 성기를 깊이 넣음으로서 수정을 용이하게 하기 때문에 임신될 가능성이 높은 건 사실이지만, 강간범들은 배란일을 정확하게 맞추고 강간을 하지 않기 때문에 배란일에 맞추어 부부가 섹스를 하는 것보다는 임신될 확률은 떨어진다.

또한 여자를 기분 나쁘게 하는 것은 성적 관계가 아니다. 바로 감정적 관계다. 남성이 성적 간통을 가장 불쾌한 것으로 지적하는 반면, 여성은 반대로 감정적 간통을 가장 불쾌한 것으로 여긴다. 그래서 남자는 다른 남자와 잠자리를 한 아내나 애인과는 더 이상의 관계를 지속할 수 없어도 여자는 자신을 더 사랑한다면 다른 여성과 잠자리를 같이 했다고 해도 남자를 용서하고 다시 받아줄 수 있는 것이다. 그런 까닭에 자신들은 수십 아니 수백 명의 궁녀들을 거닐면서 궁녀가 한 번이라도 바람을 피우거나 외간 남자와 같이 있는 장면이 목격된다면 궁녀들은 매질을 당하거나 능지처참을 당했다.

결국 황제라서 혹은 국왕이라서 어쩔 수 없이 성적 노리개가 되지만, 육체적 쾌감이나 정신적 안정감은 떨어져 궁녀들 중에는 궁에 있는 환관이나 반 내시불알이 덜 제거되어 성기가 회복된 내시들과 간통하기도 하였다. 그들은 비록 성적 쾌감을 줄 수 있는 성기는 없지만, 강간범들보다는 훨씬 다정다감해 정신적으로나마 사랑을 교감할 수 있었기 때문이다.

여자는 귀로 사랑하고 남자는 육체로 사랑한다는 말도 있다. 여자는 다정한 말 한마디에 사랑을 느끼고 남자는 자신의 욕구를 위해 일단 여자를 정복해야 하는데, 그 정복이 여자도 만족시켜 줄 것이라는 착각을 한다. 하지만 수백 명이나 되는 궁녀들이 황제나 왕의 곁에 있으니 평생 단 한 번도 성관계하지 못하는 궁녀들도 있었기에 그들은 직접 임신할 수 없어 어린아이들을 입양해 자식으로 삼기도 하였다.

남녀 간의 섹스는 다리 사이에서 일어나는 것은 분명하지만, 그 효과는 몸 전체에 걸쳐 발생한다. 그로 인해 생긴 즐거움은 생식기와 머리 사이를 왔다 갔다 한다. 그 소통을 위한 선은 척수를 통해 생식기로부터 뇌까지 전달하는 신경이다. 이 장거리 소통은 음낭이나 음경, 클리토리스, 질, 자궁, 직장 같은 신체 부위와 뇌를 연결하는 신경 고속도로에 의해 처리된다. 클리토리스 하나만 해도 그러한 수천 개의 선에 의해 자극을 받는다.

남자의 성적 쾌락의 최고점은 시각을 통해 뇌의 중추신경으로 전달되는데 중추신경 안에는 쾌락중추라는 것이 있다. 이 쾌락중추를 최고조로 끌어 올리는 것이 바로 강제로 성관계를 통해 얻는 쾌락이다. 특히 강간범들이 강제로 어린 처녀들을 취하는 그 과정에서 얻어지는 짜릿함을 잊지 못해 그 같은 짓을 반복하게 되는데 권력을 가진 자들이 저지른 성적 폭력은 바로 그래서 계속되는 것이다. 당장의 쾌락 추구를 위해 그들은 뒤에 버려질 명예도, 권력도 내팽개칠 감정이 이성을 지배하기 때문에 이러한 행동을 서슴지 않는 것이다.

즐거움과 고통은 양날의 칼이다. 원해서 하는 섹스와 원치 않는 섹스든 여성의 생식기를 똑같이 자극하지만, 여성에게 있어, 원해서 하는 섹스는 즐거움을 주고 원하지 않는 섹스는 평생 정신적 고통을 수반한다.

그러나 남자라는 동물들은 그런 걸 따지지도 묻지도 않고 그저 아랫도리 한 자도 안 되는 성기만 흔들어 대고 사정만 하면 그만이다. 그 사정을 위해 질주하는 쾌락을 상상하고 행동에 옮기며 제어하지 못한다. 결국 느끼는 감정이 뇌를 자극하는 것이다. 이런 자극적인 강간으로 발생한 쾌감은 불행하게도 남성에게는 평생 잊히지 않는다고 한다. 그와 유사한 행위를 하기 위해 항상 불이 붙기를 기다리고 있는 다이너마이트 같다는 것이다. 그래서 아무리 무거운 처벌을 해도 그 순간을 피할 수 없는 것이다. 그리고 이런 감정은 권력과 부를 가질 때 극대화되어 주체할 수 없는 지경에 이른다.

우리 인간은 기쁨과 행복이라는 감정을 가지면 세로토닌이나 도파민이라는 신경전달 물질이 생성되지만, 불쾌감, 분노, 슬픔을 느끼면 코르티솔 같은 신경전달 물질이 생성되어 스트레스나 분노의 감정을 일으킨다. 불쾌감은 참을 수 있지만, 쾌락은 언제든 비슷한 상황이 되면 당겨지는 방아쇠처럼 상대를 향해 날아간다. 게다가 황제나 국왕의 옆에는 언제든 취할 수 있는 젊고 아리따운 여인들이 지천에 있는데 이들의 성욕을 저지시킬 방법은 없었을 것이다.

오늘날 우리는 섹스를 원하는 장기가 정확히 심장이 아니라는 사실을 알고 있다. 섹스의 욕구는 우선 먼저 사람의 눈을 찌른 후 뇌의 시상까지 깊게 뚫고 들어간다. 시상에서 처리된 시각적 메시지는 사람의 얼굴로 전달되고, 얼굴은 거짓말을 못해 곧 흥분의 표시를 보내 홍조를 띤다. 이 홍조는 얼굴 인식을 전담하고, 감정 경험을 조절하는 뇌의 편도체와 전전두엽의 피질에 연결되어 있다. 이러한 피질을 자극하는 물질은 바로 도파민이라는 호르몬에 의해 욕구, 즉 흥분을 일으키는 것이다.

도파민이 방출되면 안 먹어도 배고프지 않고, 수많은 궁녀와 잠자리해도 전혀 피곤해하지 않는다. 뇌에는 '보상체계'라는 즐거움만을 전담하는 중추가 있다. 보상체계는 감각적 기쁨의 오래된 목적이 진화한 것이며 뇌에서 가장 중요한 부분으로 여겨져 온 원시적인 장치다. 그리고 인간에게만 존재하는 것이 아니라 벌, 쥐, 개, 코끼리 등도 가지고 있다. 보상체계가 제대로 가동할 경우 음식을 먹는 것이나 섹스를 하는 것 같은 필수적인 행동들을 만족스럽게 경험하기 때문에 반복 가능성이 커진다.

한 가지 예로 원·명 황제나 조선왕들이 그렇게 많은 성관계를 가지고도 또 새로운 여자를 후궁으로 삼는 데는 그만한 이유가 있다. 뇌의 피질에 흐르는 도파민이라는 호르몬이 분비되면 보상 자체의 즐거움도 있지만, 그보다는 보상을 기대하는 희망적인 순간과 관련되어 있다. 이를테면 섹스에 대한 기대 같은 것이다.

조선의 왕 중에 해로울 정도로 과다한 성생활과 운동 부족으로 혈액성 염증질환과 성인병성병으로 시달렸던 인물은 세종과 성종이 대표적인 인물이다. 세종은 우리 역사상 가장 위대한 성군으로 알려졌지만, 그는 걸어다니는 종합병원이었다. 척추 관절의 인대와 힘줄이 유연성을 잃고 굳으면서 잘 움직일 수 없는 강직성척수염을 앓았고, 이로 인해 눈의 공막염, 포도막염, 홍채염을 유발했다. 결국 제대로 걷지도 못하고 잘 보이지도 않는 상태에서 고기를 좋아하고 온갖 보약으로 몸을 보호하려다 소갈증, 즉 당뇨까지 유발하고 말았다.

게다가 몸이 약한 상태에서 많은 자식까지 만들다 보니 임질로도 고생했다. 한의학자들은 '임질이란 소변을 자주 보지만 시원하지 않은 증상을 말한다고 한다. 임질은 신경을 많이 쓰거나 체력이 떨어지면서 소변을 물총처럼 짜내는 힘이 떨어져 아랫배 근육이 켕기는 증상이라고 말한다. 현대 의학에서 말하는 전립선과 유사하기도 하고 호사가들이 말하는 염증성 성병 후유증이기도 하다. 하지만 당시에는 세종이 후궁들과 성관계로 그런 몹쓸 병에 걸렸다고 기록하는 것은 조심스러웠을 것이다.[100] 그럼에도 《세종실록》에서는 세종이 임질에 걸렸다는 내용이 나오는 것을 보면 과한 성생활이 얼마나 악이 될 수 있는가를 알 수 있다. 그렇게 세종은 죽을 때까지 열심히 자식 농사에 전념한 결과 22명이라는 많은 자식을 얻었다.

호색가라면 빠지지 않는 임금 중에 성종이 있다. 성종을 일러 '주요순 야걸주晝堯舜 夜桀紂'라고 한다. 즉 낮에는 요순과 같은 성군이요, 밤

100) 정승호·김수진(2021), 《조선의 왕은 어떻게 죽었을까》, 인물과 사상사, p.66. 참조

에는 걸주와 같은 호색한이었다는 뜻이다. 조선시대 국왕은 밤에 대궐 밖을 못 나가도록 되어 있었다. 무슨 일을 당할지 모르기 때문이다. 그러나 성종은 수시로 밤에 대궐 밖을 나갔다. 그 때문에 야사 등에서는 성종이 여염집 여인네들과 놀았다는 이야기가 나온다. 심지어 문제의 여인 어울우동과 성종의 관계설까지 나돌았다. 그리고 이러한 문제를 신하들이 지적하자 이번에는 궁궐에 기생을 불러들여 그녀들과 놀았다. 당시 예를 중시하던 조선에서 기생들을 궁궐로 불러들여 논다는 것은 흔한 일이 아니었다. 그만큼 성종은 여성 편력이 심했고 호탕한 성격을 가지고 있었다. 성종은 여자 문제 때문에 이를 시기한 조강지처까지 폐비시키고 죽는 순간까지 주색에 빠져 살다가 배꼽 아래 이름 모를 혹으로 사망하고 만다. 당시 이 혹이 대장암, 아니면 전립선, 또는 요도 등의 암이었을 확률이 높다. 주색에 빠져 이른 나이에 죽었지만 강남 선릉에 묻혀 아직도 오색찬란한 강남의 유흥가 불빛을 바라보며 누워있다.

■ 선릉 주변의 야경

여자를 희생 삼아
남자를 영웅으로 만든다

조선이 그렇게 중시하던 《예기》라는 내용에는 이런 기록이 있다.

"천자에게 여인이 필요한 것은 반드시 '후사'가 될 아들이 있어야 하고 아
들이 많으면 많을수록 좋기 때문이다."

이게 뭔 소린가 좀 더 자세히 살펴보면 《예기禮記》 등 유가의 경전에
는 '고대에는 천자가 된 후에 육궁을 세우고, 부인 3명, 비빈 9명, 세
부世婦[101] 27명, 권문세가의 부인 81명을 세운다[古者天子後立六宮, 三夫人,
九嬪, 二十七世婦, 八十一御妻] − (명후궁 38)라는 등의 허무맹랑한 이야기가 실려
있다. 이는 황제의 후세를 계승시키기 위해 아들을 많이 낳아야 한다
고 보았기 때문이지, 절대 황제의 사리사욕을 채워주거나, 한 여자와

---

101) 세부란 첩여(婕妤), 미인(美人), 재인(才人) 각 9명을 말함

오래 성관계를 하다 보면 성욕도 시들시들해지니 그런 일을 미연에 방지하기 위해 매일 밤 파트너를 바꿔주겠다는 뜻이 아니었다.

유가의 논리에 의하면 황제가 한 여자만을 사랑하면 조정과 전국의 백성에게 득이 되지 않는다는 것이다. 황제의 흉금은 크고 작음을 막론하고 그 마음이 항상 일편단심이어야 하는데, 여인의 아리따움이 일편단심을 방해해서는 안 된다는 것이 그 이유였다. 비판할 가치조차 없는 내용이지만, 도대체 유가의 논리가 '황제의 여자는 많을수록 좋다.'는 것과 무슨 관계가 있는지 모르겠다. 유가의 주장은 황제가 성욕이 시들해지지 않도록 항상 아랫도리가 흥분된 채 언제든 성관계를 할 준비가 되어 있어야 한다는 소리와 같다.

갑자기 정복자 칭기즈칸의 명언 한마디가 생각나는데, 그는 다른 부족을 점령하거나 다른 나라를 정복할 때마다 이런 말을 남겼다.

"남자로 태어나서 가장 즐거운 일은 적의 아내를 자기 침대에 쓰러뜨리는 일이다."

칭기즈칸은 명나라 사람 눈에는 몽골의 오랑캐 내지 북방 오랑캐였지 정상적인 '사람'이 아니었다. 그래서 그런지 주원장은 '오랑캐를 몰아내고 중화를 회복'한 후, 칭기즈칸의 말에 첨예하게 대립하는 한마디를 했다. 자신은 군사를 일으킨 이래로 "나는 한 명의 여성도 무례하게 정복한 적이 없다 未嘗妄將一婦子"는 것이었다. "절대 다른 여염집의 딸과 아낙네를 함부로 빼앗아 본 적이 없다."라는 이 말은 주원장이 자기 입으로 직접 한 말이며, 그가 유신에게 명해 편찬하게 한 《대고》

에 실려 있다.

또한 유진의 《국초사적》은 이런 일을 기록하고 있다. 주원장이 아직 황제가 되기 전, 친히 무주婺州를 정벌하던 때에 남자 조카 하나이름은 기록되어 있지 않음가 그에게 미인 한 명을 진상한 적이 있었다고 한다. 나이 갓 20세를 넘긴, 시를 잘 짓는 재기 넘치는 미녀였다. 그런데 이때 주원장은 다음과 같이 말했다.

"나는 천하를 제패할 사람이거늘, 어찌 여색에 마음을 뺏기겠느냐(我取天下, 豈以女色爲心)?"

그는 이 말과 함께 당장 그녀를 번화한 시내로 끌고 가 처형시키도 록 했다. 그 어린 아가씨가 무슨 죄가 있다고 죽이기까지 한단 말인 가? 그녀는 당연히 아무 죄가 없었다. 죄가 없는 정도가 아니라, 아주 가련하기까지 했다. 그럼에도 주원장은 그녀의 머리를 내걸어서 사람 들에게 '진상품 사절'이라는 본보기를 확실히 보여준 것이다. "머리가 거리에 걸려있으니 미녀를 바치려는 사람은 여기를 보시오!"라고 말이 다.

명나라와 청나라의 수많은 서적에 하나같이 기록된 이 사건은 명 태조의 영웅호걸다운 기개를 방증하는 증거가 되었다.

"여인을 총애하면 나라를 망치고, 미녀는 화의 근원이 된다."

"대부분의 왕조가 미녀 때문에 국정을 그르쳤다."라고 모든 문헌에는 여인들의 희생을 발판 삼아 황제나 국왕들을 영웅화시켰다. 예를 들면, 엄청나게 비열한 월왕越王 구천勾踐을 들 수 있다.[102] 춘추시대 구천은 자신은 가시나무 덤불에 누워 쓸개를 맛보며 복수의 칼날을 갈았다. 오나라 왕 부차夫差에게는 절세의 미인 서시西施를 바쳐 부차의 혼을 쏙 빼놓는 치사한 미인계를 썼다. 구천의 이런 행동은 개별국가의 이해를 초월하여 모든 민족·국가 간의 협조·연대·통일을 지향한다는 국제주의를 춘추시대에도 널리 전파하기 위함이었을까? 절대 아니다.

부차를 한번 살펴보자. 미녀의 옥체에서 풍기는 그윽한 향기에 그의 눈, 코, 입이 다 막혀가는 동안, 오나라의 조정은 황폐해졌다. 결국 즐거움 뒤에 슬픔이 찾아온다는 말처럼 오나라는 폐망하고 부차 자신은 생명을 잃었다. "십 년간 국민을 생육 번성시켜 물자를 모으고, 십 년간 훈련을 시켰다."라는 구천의 복수 신화는 자신의 생명을 제물로 바친 꼴이 되어 버렸다.

중국 속담에는 "여인은 옷과 같다."라는 말이 있다. 혹은 "형제는 손발과 같고 아내는 옷과 같다."라는 말도 전해진다. 이 명언은 별 볼 일

---

102) 월왕 구천(勾踐): 아버지 윤상(允常)이 죽은 뒤 왕위를 이어받자마자 오왕(吳王) 합려(闔閭)와 싸워 그를 죽였다. 합려의 아들 부차(夫差)는 아버지의 원수를 갚기 위하여 섶나무 위에서 자며 복수심을 불태웠다고 한다. 2년 후인 BC 494년에 구천은 부차에게 패배하여 회계산(會稽山)에 숨었다가 버티지 못하고 용서를 빌어 오왕의 신하가 되었다. 그 후 구천은 회계산의 치욕을 씻기 위하여 쓸개를 핥으면서 부국강병(富國强兵)에 힘썼다. 그리하여 끝내 부차를 꺾어 자살하게 하고, 서주(徐州)에서 제후와 회맹(會盟)하여 패자(覇者)가 되었다. 이것이 부차와 구천 두 사람의 싸움으로 생긴 것이 '와신상담(臥薪嘗膽)'의 고사(故事)이다.

없는 시정잡배가 한 이야기가 아니라, 《삼국지》에서 최고의 영웅으로 칭송받는 유비가 자기 입으로 직접 한 이야기이다. 대단한 인물은 옷 장마다 새 옷이 그득그득하고 처첩이 떼를 이룬다. 그래서 집 안팎이 와자지껄해야만 그가 얼마나 위대한 인물인지를 과시할 수 있다. 그러나 어떤 공경公卿이 현인인지, 혹은 성인인지는 그의 '돈륜敦倫, 성생활을, '부부간의 인륜을 돈독히 하는 일'의 횟수와는 전혀 상관이 없는 일이었다.

그러나 황제나 국왕은 절대로 여인과의 열병 같은 사랑에 죽네 사네 하는 사고를 쳐서는 안 되었다. 그래서 군왕이라도 진한 스캔들 몇 번 만 터지면 우매하고 어리석은 위인 취급받는 것은 시간문제였다. 여기에 충신이라도 나서 간언이라도 하면 곧바로 무능한 왕으로 전락해야 했다. 그래서 그런지 고대의 정사와 전설을 살펴보면 뜨거운 러브스토리가 있었던 왕조는 모두 비참한 결말을 맞이해야 했다. 그 대표적인 경우가 항우와 우희의 이야기다. 마치 오강烏江에서 애가를 부르던 항우項羽와 우희虞姬처럼 이는 거의 모든 영웅신화에 등장하는 정해진 법칙이었다.

항우는 중국 남자 대부분이 가장 좋아하는 역사 속 인물이고, 우희는 중국인들이 가장 사랑하는 여인이다. 우리나라 사람들도 용맹스러운 항우를 많이 기억하지만, 항우를 언급할 때 그의 힘과 용맹함 이외에 우희우미인와의 사랑, 그리고 용마龍馬인 그의 오추마의 이야기를 빠뜨릴 수 없다. 역사 속 항우와 우희에 대한 영웅담에 대한 사실 여부를 떠나 항우와 우희의 만남의 시작은 이렇게 시작된다.

하늘에서 용이 호수로 내려와 이 용이 호수에서 날뛰며 큰 움직임을 일으켰고 그것을 본 마을 사람들은 그 광폭한 행동에 호수에 접근도 하지 못했다. 우연히 항우와 그 일행이 이 호숫가를 지나다 사납게 날뛰고 있는 용마를 보게 되었다. 항우가 그 모습에 감탄하며 등에 올라타자 용마는 미친 듯 날뛰었지만, 항우는 끝내 용마의 등에서 떨어지지 않고 버티었다. 마침내 항우의 용맹함에 복종한 바로 이 말이 이후 항우와 생사고락을 같이 한 오추마가 되었다고 한다. 그리고 그 광경을 지켜보던 마을 농민 중 한 부농이 항우의 예사롭지 않은 모습을 보고 자신의 집으로 들기를 권했다. 그 자리에서 농부는 자신의 딸인 우희虞姬를 아내로 맞이해 줄 것을 요청하였는데, 이 여인이 항우가 사랑하는 여인 우희이다.

유방의 군대에 포위돼 자신 때문에 나아가길 망설이자, 항우의 탈출에 짐이 되지 않기 위해 스스로 목숨을 끊은 우미인이 바로 그녀다. "말馬은 오추마, 미인美人은 우미인"이라는 말이 생겨날 정도로, 우희 역시 출중한 아름다움의 절세가인絶世佳人이었다.

유방의 군사에 쫓겨 해하垓下의 절벽으로 내몰린 항우는 피로와 병력의 열세로 전의를 상실하고 있었다. 진지를 벗어나 유방의 군대로 투항하는 초나라 군사의 수는 증가해갔고, 사방에는 남아 있는 항우 군사의 사기를 떨어뜨리기 위한 초나라의 노래가 흘러들고 있었다. 이것이 그 유명한 고사성어 사면초가四面楚歌이다.

수많은 전쟁터를 누비며 승리해온 항우는 최후의 결정을 해야 함을 느끼고 이 자리에서 자신의 절박한 처지와 우희의 뒷날을 걱정하는 마음을 표현하는데, 그 노래가 바로 '해하가垓下歌'이다. 하도 애절해 잠시 소개한다.

"힘은 산을 뽑아낼 만하고 기운은 세상을 덮을만한데

형편이 불리하니 오추마도 나아가질 않는구나.

우희야 우희야 너를 어찌할거나"

전세가 이미 기울었음을 안 항우는 "오추마가 나아가질 않는다."란 표현으로 전쟁의 승산이 없는 것을 표현하고 있다. 그러면서 적지를 탈출해야 하는 위기의 상황에 우희를 어찌할 수가 없어 그녀의 안전을 걱정하는 절박한 심정을 나타내고 있다. 천하를 호령하던 장수의 평범한 인간적인 면을 느껴 볼 수 있다. 이에 대해 우희는 다음과 같이 화답하며 항우에게 분발할 것을 촉구한다.

"한나라 병사들이 이미 모든 땅을 차지하였고

사방에서 들리느니 초나라 노래뿐인데

대왕의 뜻과 기운이 다하였으니

천한 제가 어찌 살기를 바라겠나이까"

우희는 말을 마치자마자 칼을 빼 들어 자진하고 만다. 그 뒤 항우는 자신을 따르는 기병들만을 데리고 적진을 돌파해 간다. 가까스로 오강烏江에 다다랐을 때, 유방의 군사가 뒤쫓아 오는 급박함 속에 오강의 정장은 항우에게 후일을 기약하며 배에 오르길 간청하였으나, 항우는 돌아갈 자격이 없음을 말하고 오추마를 정장에게 건넨 후 추격해 온 유방의 군사들과 최후의 결전을 펼치다 마지막에 이르러 자신의 칼로 목을 찔러 자결한다. 정강에 의해 배에 올라 이끌려가던 오추마도 주인의 죽음을 알았는지 크게 울면서 소리를 낸 후 오강에 뛰어들어 죽음을 택하게 된다.

결국 항우는 모든 전투를 승리로 이끌다 마지막 싸움에서 패함으로써 31세의 젊은 나이로 사랑하는 우희의 뒤를 따라 세상을 떠났고, 유방劉邦은 기원전 202년에 한韓나라를 열고 고조가 되어 진의 통일제국 이후 다시 천하를 제패하였다. 이와 같은 항우와 우희의 애절한 사랑 때문인지 《초한지楚漢誌》는 아직도 많은 남자들이 즐겨 읽고 있다.

이렇게 영웅의 역사를 되짚어보면 제대로 된 사내대장부는 함부로 감정표현을 해서는 안 될 뿐 아니라 자기 여자를 남다른 기개로 쫓아내거나 죽일 수 있어야 했다. 역사적으로 사내대장부는 매번 절체절명의 순간마다 아주 대담하게 여인과 아이를 전부 위험 속으로 몰아넣었다. 가족을 분신자살시키거나 목을 베고 우물이나 강에 뛰어들어 자살하도록 하는 일은 물론이고, 부하의 사기를 진작시키기 위해서 당대에 수양을 지키던 장순張巡의 이야기처럼 자기 아내의 인육을 먹기까지 했다.[103]

우리나라 역시 삼국시대 때 계백장군이 왜 유명해졌는지는 누구나 잘 알고 있다. 당시 신라가 한강 유역을 강점함으로써 그때까지의 나제

---

103) 장순은 중국 당나라 때의 장수로(709~757) 현종(玄宗) 때 안녹산(安祿山)의 반란이 일어나자 허원과 함께 군사를 일으켜 수양성(睢陽城)을 지켰는데, 포위된 지 수개월이 지나 양식이 떨어져 참새, 쥐 등을 먹고 견디다가 마지막에는 부녀자들과 노약자를 잡아 병사들에게 먹였다. 결국 윤자기에 의해 함락되어 피살되었다. 윤자기는 장순의 치아가 3~4개 밖에 없음을 알고 그가 의롭다고 판단해 풀어주려고 하였으나, 그의 꼿꼿한 신념과 의지는 이미 황실에 있었기에 그의 부장 36명과 함께 참수하였다.

동맹羅濟同盟이 결렬되자 백제는 고구려·일본 등과 친교를 맺고 신라에 대항하였다. 고립상태에 빠진 신라는 당唐나라와 동맹을 맺고 원병을 요청하였다. 당나라 고종高宗은 소정방蘇定方을 신구도대총관神丘道大摠管으로 임명하여 군사와 함께 바다를 건너 신라를 돕게 하여, 이른바 나당 연합군의 5만 병력이 백제를 치기 시작하였다.

이때 백제의 의자왕은 사치와 향락에 파묻혀 충신들의 훌륭한 작전 계획도 물리치고 있다가 사태가 위급해지자 계백을 장군으로 삼아 적을 막도록 하였다. 계백은 죽기를 각오한 군사 5,000명을 이끌고 출전하면서, 이미 나라를 보전하기 어렵다는 것을 직감하고 "살아서 적의 노비奴婢가 됨은 차라리 죽음만 같지 못하다."라며 자기의 처와 자식 모두를 죽여 비장한 결의를 보였다.

황산黃山 벌에 이르러 세 진영을 설치하고 군사들에게 맹세하기를 "옛날에 구천句踐은 5,000명의 군사로써 오吳나라 70만 대군을 쳐부쉈으니, 오늘날 마땅히 각자가 있는 힘을 다하여 최후의 결판을 내자." 하고, 신라의 김유신金庚信이 이끄는 5만의 군사를 맞아 네 차례나 그들을 격파하였다. 여기까지 들으면 마치 계백이 위대한 장수였음을 부인할 수밖에 없지만, 여자 입장에서 다시 생각해 보면 처자식이 무슨 죄가 있다고 죽어야 하는 것일까, 의문이 든다. 만약 계백이 승리하고 돌아온다면 처자식을 다시 살릴 방법은 없었을 텐데 말이다. 물론 남자는 새장가를 가면 그만이지만 이미 죽어버린 처자식은 어쩌란 말인가? 이렇듯 중국이나 조선의 역사에서 여자는 성 노리개뿐만 아니라 영웅을 탄생시키는 희생물이었다.

Epilogue

• 역사 인식과 국가주의

역사에 대한 비판은 매우 조심스럽게 다뤄야 한다. 역사에 대한 지나친 비하나 자학은 자칫 잘못하면 위대한 조선의 역사를 왜곡할 수도 있기 때문이다. 따라서 역사에 대한 비판은 어떠한 이념적 편향이나 정파적 이해도 배격한 채 오직 정확한 사실史實과 공정한 사관史觀만을 추구해야 한다.

역사비판의 목적은 정확한 조선 역사의 확립과 잘못된 역사에 대한 반면교사에 그 목적을 두고 있다. 즉, 잘못된 조선 국왕들의 인식과 성적개념을 바로잡아 다시는 그와 같은 일이 없도록 하는 것이다. 저자는 조선 역사 바로 세우기를 위해 그동안 등한시되었던 역사비판을 전면에 내걸었으며 그 선택은 관련 사적을 통한 탐구에 있다고 생각했다.

조선이 명나라에 사대하면서 명나라는 많은 조선의 후궁을 요구했고 이로 인해 명나라로 끌려간 조선 공녀들은 비극적인 삶을 살아야 했다. 이러한 비참한 공녀들의 삶을 다룬 것이 1부이며, 그리고 사대주의를 선택했던 조선 국왕들로 인해 명나라를 멸망시킬 기회를 놓친 아픈 역사를 살펴보는 것이 2부의 내용이다. 그리고 이렇게 조선을 마치 신하의 나라처럼 여기던 그 잘난 명나라는 알고 보니 조선 혈맥을 통해 계승되고 승계되었다. 이 부분을 3부에서 다룬 것이 본 서적의 주요 내용이다.

결국 중국인들이 존경하는 명나라 태조 주원장이나 성조 영락제가 고려 공녀의 자식이었으며, 그 후 영락제의 대를 이은 나머지 황제들도 조선 공녀들의 혈맥을 타고 계승되었다.

이는 놀라운 일이다. 오늘날 중국인들이 가장 자랑으로 여기는 명나라가 고려나 고려를 계승한 조선 공녀들에 의해 황제들이 태어나고 계승되어 명나라를 유지하게 만들었다는 것은 그만큼 오늘날을 살아가는 우리들의 자랑이자 세계에 알려야 할 역사적 진실인 것이다.

【참고문헌】

단행본

1. 신명호, 《궁녀》, 시공사, 2012.
2. 정승호·김수진, 《조선왕은 어떻게 죽었을까》, 인물과 사상사, 2021.
3. 조봉완, 《궁내의 살인》, 다트앤, 2017.
4. 박영규, 《조선왕실 로맨스》, 옥당, 2019.
5. 단죠 히로시壇上寬, 《영락제》, 아이월드, 2017.
6. 최창록 옮김, 《황제 소녀경》, 도서출판 선, 2015
7. 박상진, 《내시와 궁녀》, 가람기획, 2005.
8. 임원춘, 《중국 황실의 비밀 이야기》, 무당미디어, 1997.
9. 김만중, 《숨겨진 조선의 연애 비화》, 올댓북, 48가지.
10. 정희영 편역, 《이야기로 풀어보는 중국 모둠 역사서》, 산, 1997.
11. 이상옥, 《한국의 역사 9》, 마당, 1982.
12. 후단胡丹, 《명나라 후궁비사》, 홀리데이북스, 2019.
13. 소소생笑笑生, 《금병매 상·하》, 명문당, 1989.
14. 가오홍데이, 《절반의 중국사》, (주)메디치미디어, 2017.
15. 이덕일, 《조선왕조실록》, 다산북스, 2018.
16. 김경은, 《한·중·일 밥상문화》, 이가서, 2012.
17. 이상옥, 《한국의 역사 9》, 마당, 1982.
18. 《육전조례》, 〈진공〉, 사도시, 〈호전〉, 법제처, 1973.

국내 원전

1. 《조선왕조실록》
2. 《승정원일기》
3. 《경연일기經筵日記》
4. 《의정부추안議政府推案》
5. 《일성록日省錄》
6. 《지리지》 〈부여현〉
7. 《태조실록》, 《태종실록》, 《세종실록》, 《인조실록》
8. 《삼국사기》 제39권 〈직관〉조
9. 《성호사설星湖僿說》, 이익李瀷
10. 《연산군일기》
11. 《주례》

12. 《용비어천가龍飛御天歌》

13. 《경국대전》《속대전》, 형전

14. 《고종실록》

15. 《단종실록》

16. 《정조실록》

17. 《어관제도 연혁》, 장서각 도서 분류

18. 《비어고備禦考》, 정약용

19. 《기천집》, 최명진

20. 《존주휘편尊周彙編》

21. 《숙종실록》

22. 《삼봉집》 부록의 〈사실事實〉, 정도전

23. 《고려사(高麗史)》

24. 《시경》

25. 《대학연의》

26. 《청장관전서靑莊館全書》, 이덕무李德懋,

27. 《동문고同文考》, 신경준申景濬

28. 《장백전長白傳》

29. 《춘향전春香傳》

30. 《임하일기》, 이유원李裕元

31. 《사가시집四家詩集》, 유득공, 박제가, 이서구

32. 《건연집巾衍集》, 유득공, 박제가, 이서구

33. 《수역주자록殊域周咨錄》, 엄종간嚴從簡

34. 《청장전서》, 이덕무李德懋

35. 《해동역사》, 한치윤韓致奫

중국 원전

1. 《명사明史·후비전, 환관전》,

2. 《명태종영락제실록》

3. 《명시종明詩綜》, 주이준朱彝尊

4. 《승조동사습유기》, 모기령毛奇齡

5. 《궁사宮詞》, 왕사채王司彩

6. 《해동역사海東繹史》 권70, 〈인물고人物考〉4, '명성조권비明成祖權妃'

7. 《황명조훈皇明祖訓》, 홍무제

8. 《예기禮記》

9. 《대명회전大明會典》

10. 《청대조무황제실록》

11. 《박물지》, 張華

12. 《맹자孟子》

13. 《조훈록祖訓錄》

14. 《춘추공양전春秋公羊傳》, 정공定公

15. 《통감촬요通鑑撮要》

16. 《남촌철경록南村輟耕錄》, 도종의陶宗儀

17. 《황금보강黃金寶綱》, 롭산단잔

18. 《금병매金瓶梅》

19. 《聖政記》

20. 《心經書》

21. 《숙원잡기菽園雜記》

22. 《용홍자기》, 왕문록

23. 《대고》, 주원장

24. 《논어(論語)》

25. 《사기史記》, 사마천司馬遷

26. 《천황옥첩》

27. 《의례儀禮》

28. 《효자록孝慈錄》

29. 《금언今言》, 정효鄭曉

30. 《국각國権》, 담천談遷

31. 《삼원필기三垣筆記》, 이청李淸

32. 《국초사적》, 유진

33. 《춘추(春秋)》, 공자孔子

34. 《사기事記》, 사마천司馬遷

35. 《후한서》, 范曄·司馬彪

36. 《자치통감資治通鑑》

37. 《궁사宮詞》, 왕사채王司彩

38. 《인물풍속총담》〈청후궁지제〉, 구태지

명나라로 끌려간

조선 공녀 잔혹사

초판 1쇄   2022년 6월 7일

지은이   정승호 · 김수진
발행인   김재홍
총괄/기획   전재진
마케팅   이연실
디자인   박효은

발행처   도서출판지식공감
등록번호   제2019-000164호
주소   서울특별시 영등포구 경인로82길 3-4 센터플러스 1117호(문래동1가)
전화   02-3141-2700
팩스   02-322-3089
홈페이지   www.bookdaum.com
이메일   bookon@daum.net

가격   17,000원
ISBN   979-11-5622-692-5   93900